——岗位技能提升自我培训全书——

优秀仓管员岗位技能手册

刘继萍　编著

精心绘制插画　细化工作事项

精讲经典方法　提供实战工具

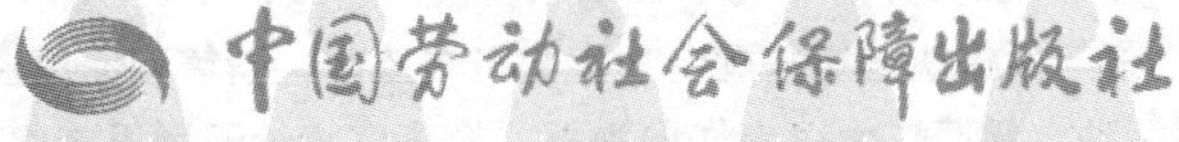

图书在版编目（CIP）数据

优秀仓管员岗位技能手册 / 刘继萍编著．—北京：中国劳动社会保障出版社，2013
（弗布克岗位技能培训系列）
ISBN 978-7-5167-0764-7

Ⅰ. ①优… Ⅱ. ①刘… Ⅲ. ①仓库管理—技术培训—手册 Ⅳ. ① F253.4-62

中国版本图书馆CIP数据核字（2013）第319981号

内 容 提 要

这是一本关于优秀仓管员岗位技能培训的指导手册，是仓管员进行自我培训、提升采购管理技能的指导用书。

本书首先从仓管员上岗所需的基本要求出发，说明了仓管员必备的职业素质要求、岗位责任，必备的技能要求和基础知识。在此基础上，详细阐述了仓储与仓储规划、仓库入库作业、仓库储位管理、库存物品保管与养护、记账与检查盘点、库存控制管理、仓库出库作业、仓库设备管理、仓库安全管理、仓储信息管理等十大仓储工作事项，列明了各工作事项的内容和知识、方法，还针对仓储管理过程中的问题给出相应的实用工具和范例，使得理论性和实操性兼具，能有效帮助仓储人员提升岗位技能。

本书适合企业仓储管理人员、物流师、物流管理咨询及培训人员，以及物流与供应链领域的研究者阅读和使用。

中国劳动社会保障出版社出版发行
（北京市惠新东街 1 号　邮政编码：100029）

*

中国铁道出版社印刷厂印刷装订　新华书店经销

787 毫米 ×1092 毫米　16 开本　15.5 印张　294 千字
2014 年 1 月第 1 版　2014 年 1 月第 1 次印刷
定价：39.00 元

读者服务部电话：（010）64929211/64921644/84643933
发行部电话：（010）64961894
出版社网址：http://www.class.com.cn

优秀的职业技术人员，是市场经济发展的中坚力量。让职业技术人员具备岗位所必备的素质、知识和岗位技能，是企业开展岗位培训工作的重点。

各类职业技术人员在工作过程中，都遇到过专业知识不全、岗位操作不熟练、实用工具不顺手等问题，这就需要企业通过岗位技能培训和教育，让这些职业技术人员掌握必备的知识和技能。

“弗布克岗位技能培训系列”丛书第一批共6本，包括《优秀采购员岗位技能手册》《优秀营销员岗位技能手册》《优秀仓管员岗位技能手册》《优秀品管员岗位技能手册》《优秀跟单员岗位技能手册》《优秀监理员岗位技能手册》。

本系列丛书体现了**“以岗位活动为导向，以岗位技能为核心”**的指导思想，全面阐述岗位所需的**实用知识和技能**，并配套提供实用的**流程**、**表单**、**方案**等实战工具，力求为企业各类职业技术人员解决工作上的困扰，帮助企业培养高水平、高技能、高效率的业务骨干。

与市场上其他岗位技能培训类图书相比，本系列丛书具有以下三大优势。

一、生动有趣、图文并茂

本系列丛书一改市场上岗位技能培训图书枯燥晦涩的特点，创新性地使用了和岗位知识或技能息息相关的漫画插图，使得全书内容更加生动有趣、通俗易懂，并更加方便读者理解专业知识和技能。

二、内容精细化、体系化

本系列丛书将岗位的工作事项不断地细化，深入阐述了各岗位工作内容、必备知识和岗位技能，使得全书内容体系化、精细化，能够帮助读者搭建全面的知识和岗位技能体系，方便读者查漏补缺，针对性地进行提升。

三、理论知识与实战工具相结合

本系列丛书突破市场上岗位技能培训图书只讲理论方法的局限性，将理论知识与各岗位的工作实践相结合，在阐述岗位理论知识的同时，还提供了流程、表单、方案等实用工具模板，给读者提供参考，真正做到实用化，不仅有利于岗位工作人员健全自身的知识体系，还有利于在实际工作中“稍改即用”。

所以，本系列丛书既可以作为企业开展各项业务的指导手册，也可以作为各类从业人员进行自我培训和提升的指导用书。

“弗布克岗位技能培训系列”丛书第一批共推出6本，《优秀仓管员岗位技能手册》是其中的一本。

随着经济不断发展，市场竞争加剧，企业越来越重视物流与供应链的管理。物流与供应链管理过程中的优势已经成为企业竞争力的重要体现。但是，很多企业还缺乏高水平、高技能的专业化物流仓储管理人才，急需对仓管人员开展专业化的岗位技能培训。

本书详细阐述了优秀仓管员在工作过程中需要用到的管理知识、必备技能、经典方法和实用工具，全书具有以下三大特点。

一、内容全面实用、针对性强

本书从从仓储管理岗位所需的基本职业素质、必备能力要求和必备的基础知识出发，详细阐述了仓储与仓储规划、仓库入库作业、仓库储位管理、库存物品保管与养护、记账与检查盘点、库存控制管理、仓库出库作业、仓库设备管理、仓库安全管理、仓储信息管理等10大仓储管理工作事项，列明了各工作事项的内容和知识、方法和工具范例，全书内容翔实，理论性和实操性兼具，能有效帮助仓储管理人员提升岗位技能。

二、图文并茂便于阅读

本书集结了作者多年在企业指导、物流咨询过程中实际运用的资料和工具，其最大的特点就是以图文并茂的形式，将理论与实践密切结合，既生动地介绍了仓储管理的相关理论，又将其与一线操作紧密结合，并且精心设计了生动的仓储管理工作场景漫画插图，使得内容更易于被理解。

三、实战工具便于使用

因书中给出的方法、策略、图表、流程、方案等大部分都是作者在企业仓储物流管理实战过程中经过实际演练和操作的，所以读者仅需要根据本企业的实际进行稍加改动的套用，就能在实际工作中发挥有效的作用，快速提升仓储管理工作技能。

在本书编写过程中，孙立宏、孙宗坤、刘井学、程富建、刘伟、董连香负责资料的收集和整理，王玉凤、廖应涵、王建霞、王影负责图表的编排，王淑燕参与编写了本书的第1

章，王琴参与编写了本书的第2章，董建华参与编写了本书的第3章，杨彩参与编写了本书的第4章，薛显东参与编写了本书的第5章，杨晓溪参与编写了本书的第6章，高娃参与编写了本书的第7章，张洁浩参与编写了本书的第8章，严刘建参与编写了本书的第9章，王德敏参与编写了本书的第10章，王瑞永参与编写了本书的第11章，全书由刘继萍统撰定稿。

编者

2013年12月

目录
弗布克岗位技能培训系列

第3章 仓库入库作业

第4章 仓库储位管理

第5章 库存物品保管与养护

第6章 记账与检查盘点

第7章 库存控制管理

第9章 仓库设备管理

第10章 仓库安全管理

第11章 仓储信息管理

仓管员知识技能导图

仓管员技能导图
仓储规划
仓库设施规划
仓库储位规划
仓库规模及布局
仓库选址与布点
仓库类别规划
接货工作管理
确定货物存放位置
安排接货
接货问题处理
入库管理
入库验收
明确验收内容
确定验收方法
验收不合格处理
入库手续办理
填写入库单
登记明细账
设置保管卡
建立入库档案
货物储存安排
货物储位管理
货物堆码管理
货位选择管理
货物编码管理
出库管理
审核出库单据
配货管理
货物复核
货物包装
办理交接手续
出库登账
现场清理
保管与养护
仓库温湿度控制
仓库货物防霉控制
仓库害虫防治
仓库5S管理
特殊货物养护
危险品养护
金属品防锈
高分子品防老化
账务及盘点
账物日常登记
账务清查管理
库存货物盘点
选择盘点方式
实施实地盘点
盘点结果处理
仓库设备管理
仓储设备选型
设备采购管理
设备使用管理
作业过程监控
设备保养维护
设备报废管理
库存控制
库存成本核算
呆废料处理
库存定额管理
确定安全库存量
确定库存周转综合定额
计算合理储备
库存成本控制
仓储信息管理
条形码技术
条形码类型及编码规则
条形码识读方式
条形码识读器械
信息系统管理
信息系统构建
信息系统运行
信息系统维护
自动化智能仓库管理
仓库安全管理
仓库安全培训教育
安全检查管理
安全隐患排查
安全事故处理
消防安全管理

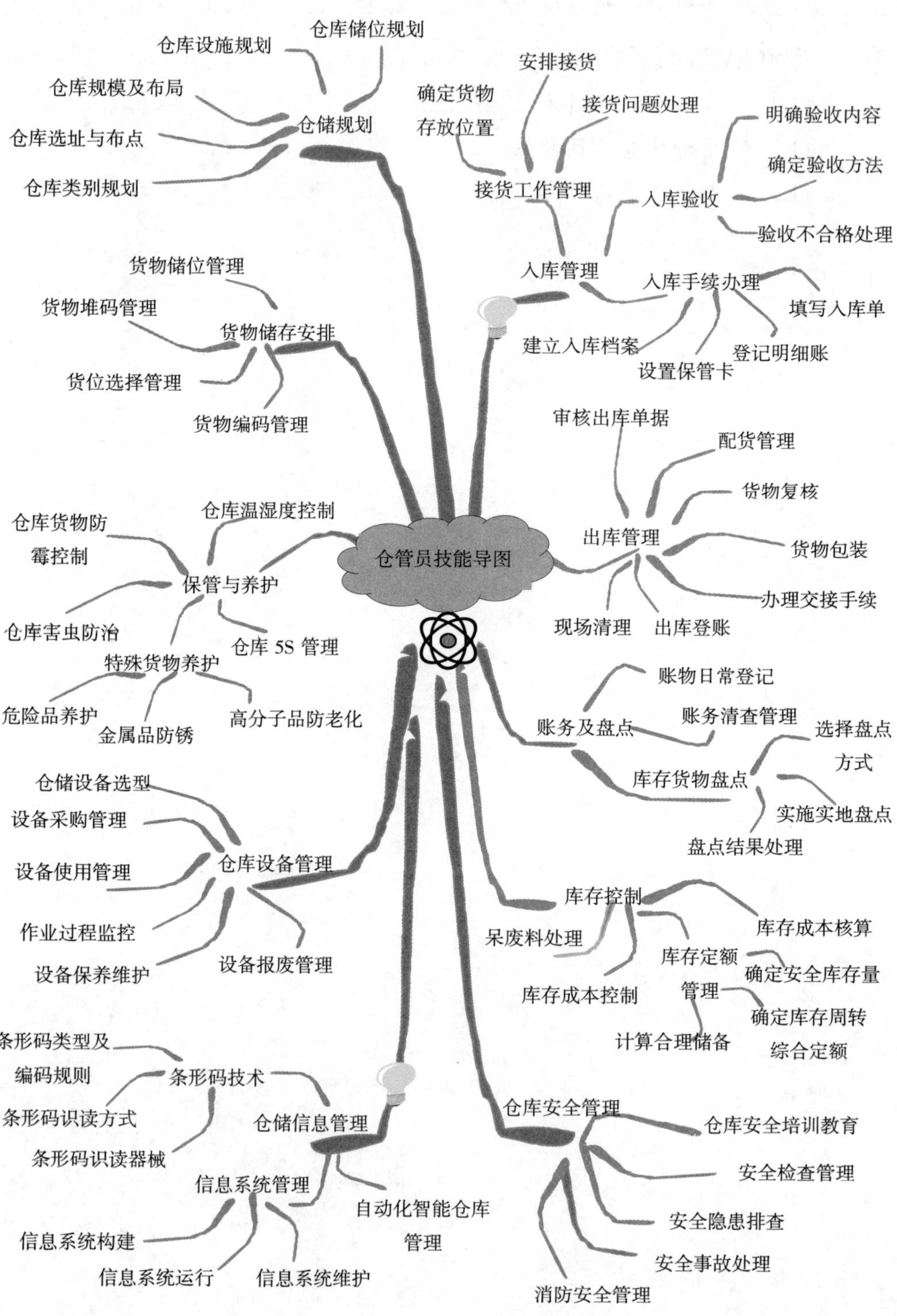

第1章

优秀仓管员基本要求

1.1 优秀仓管员素质要求

1.1.1 仓管员基本素质

仓管员是企业较为重要的岗位，在招聘仓管员时，对于其基本素质有着严格的要求。具体内容如图1—1所示。

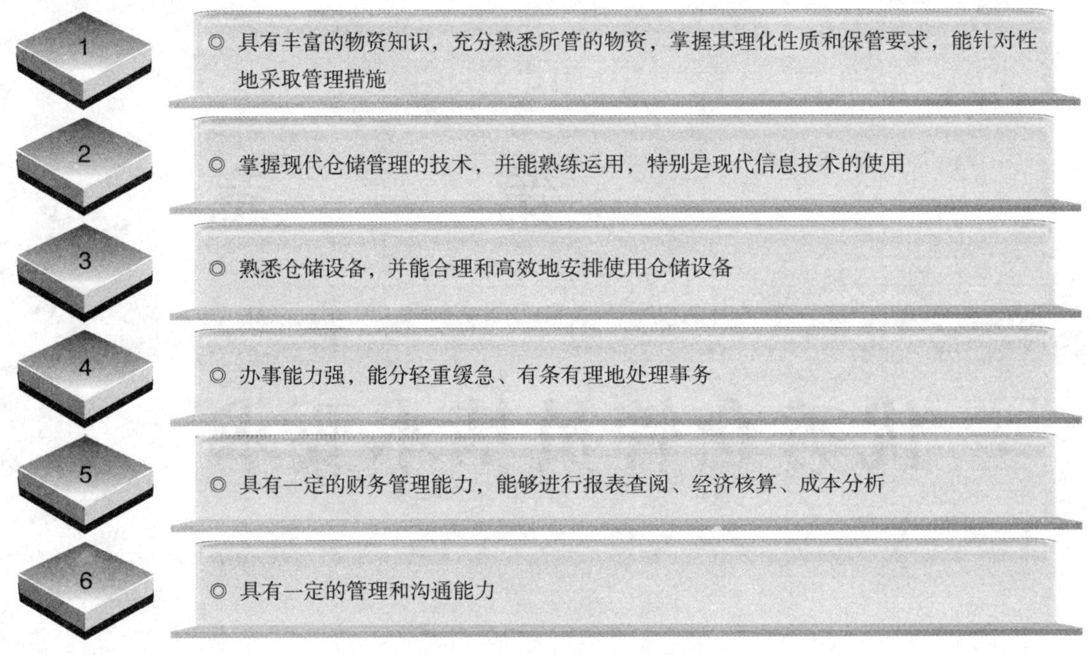

图1—1 仓管员基本素质说明

1.1.2 仓管员职业道德

职业道德是指人们在职业生活中应遵循的基本道德，它既是对本职人员在职业活动中行为的要求，同时又是职业对社会所负的道德责任与义务。

良好的职业道德是每一个优秀仓管员必备的素质。仓管员所必备的职业道德内容如图1—2所示。

1.1.3 仓管员心态要求

作为一名优秀的仓管员，其心态要求如图1—3所示。

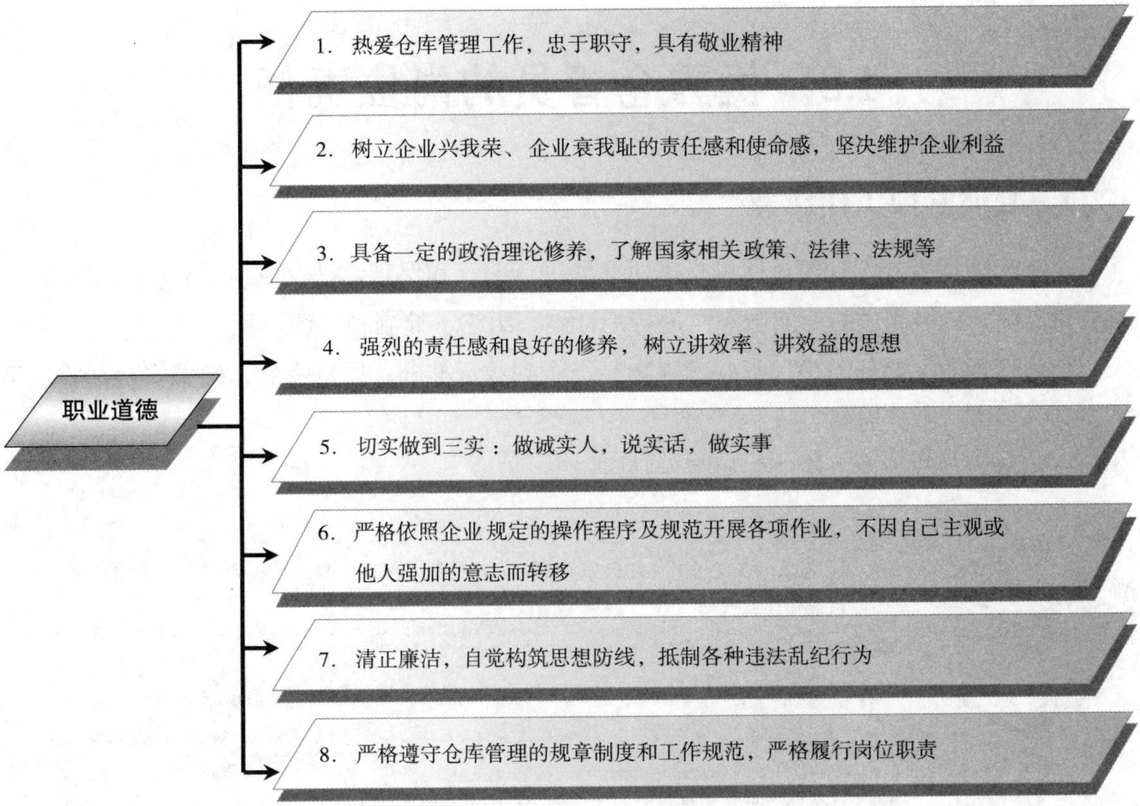

职业道德
1. 热爱仓库管理工作，忠于职守，具有敬业精神
2. 树立企业兴我荣、企业衰我耻的责任感和使命感，坚决维护企业利益
3. 具备一定的政治理论修养，了解国家相关政策、法律、法规等
4. 强烈的责任感和良好的修养，树立讲效率、讲效益的思想
5. 切实做到三实：做诚实人，说实话，做实事
6. 严格依照企业规定的操作程序及规范开展各项作业，不因自己主观或他人强加的意志而转移
7. 清正廉洁，自觉构筑思想防线，抵制各种违法乱纪行为
8. 严格遵守仓库管理的规章制度和工作规范，严格履行岗位职责

图1—2 仓管员职业道德说明

认真细心
反应迅速
1
2
优秀仓管员的心态要求
4
3
严格把关
积极主动

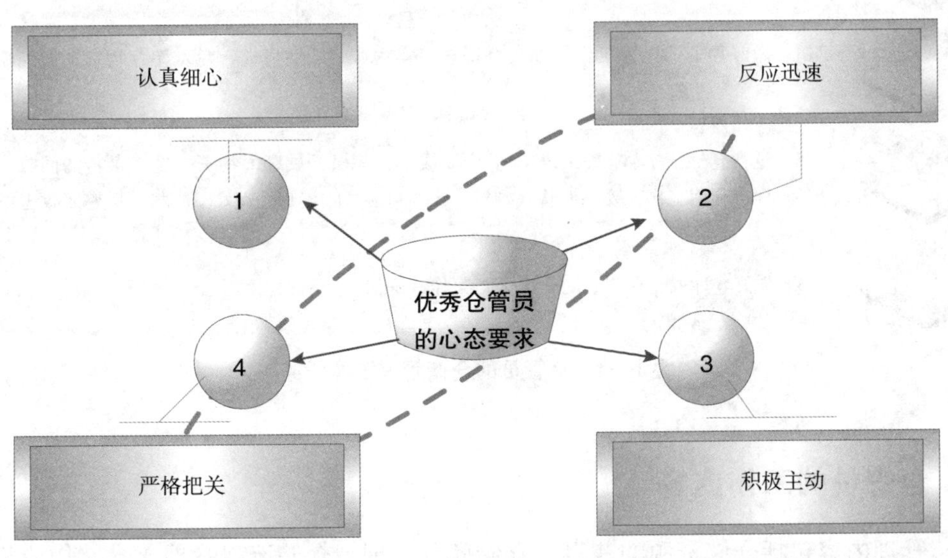

图1—3 优秀仓管员的心态要求

1.2 优秀仓管员的岗位责任

1.2.1 仓储管理工作任务

仓储管理是指仓库管理员通过仓库对商品进行储存和保管，是企业为了充分利用所具有的仓储资源，提供高效的仓储服务所进行的计划、组织、控制和协调过程。

仓储管理的主要任务是保管好库存物品，做到数量准确，质量完好，确保安全，收发迅速，面向销售，服务周到。

仓管员的仓储管理工作任务如图1—4所示。

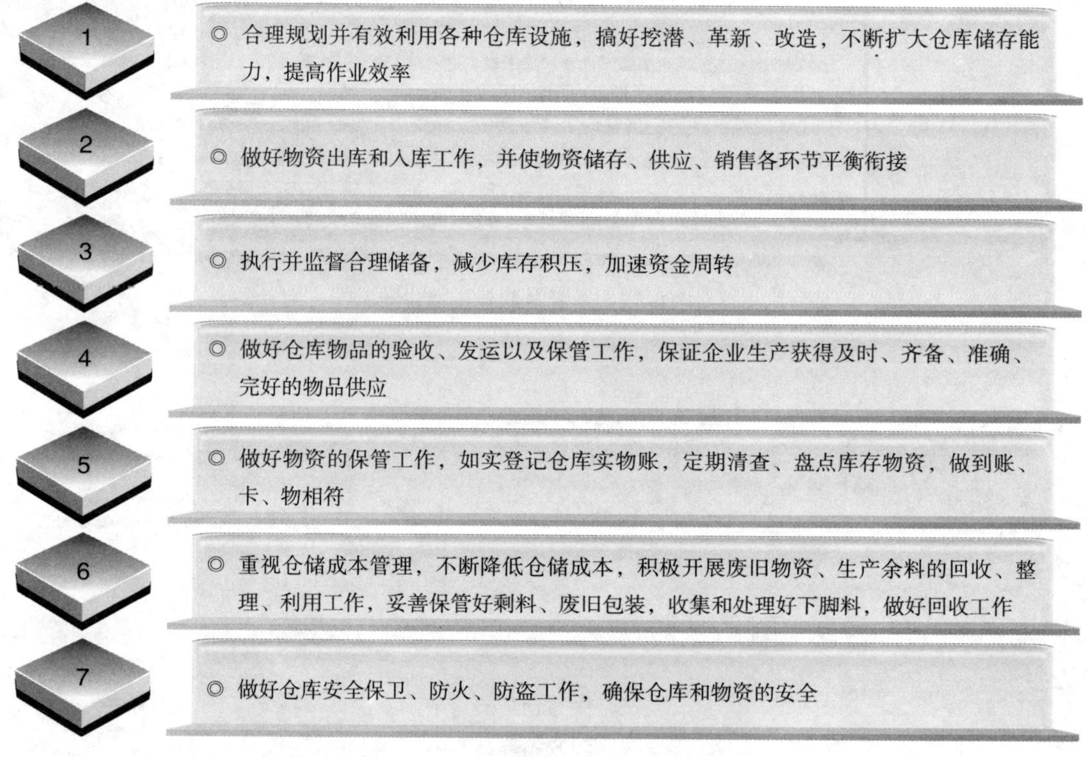

图1—4 仓管员的仓储管理工作任务

1.2.2 仓管员的工作内容

仓储管理内容包括仓储资源的获得、仓储商务管理、仓储流程管理、仓储作业管理、保管管理、安全管理等多种管理工作及相关的操作。

仓库管理员主要负责企业所有物资的管理工作，及时准确地上报相关数据，确保所辖库区收、发、存、移、退操作的顺利运转，保障库内商品安全，协助主管做好库工的管理及培训工作。具体内容见表1—1。

表1—1　　仓管员工作内容一览表

主要工作	分项	具体内容
仓储规划管理	仓储战略规划	◆ 合理制定仓储发展战略规划，熟悉仓库的结构和仓库规划，掌握熟悉堆码、苫垫技术和堆垛作业要求 ◆ 确定仓库的经营方针和运作模式，制定各项仓储业务的目标
	仓储作业规划	◆ 运用搬运分析、动作分析等方法，优化物流人员的作业方法，提升作业效率 ◆ 优化仓储区域、作业现场的作业顺序，提升作业效率 ◆ 妥善安排货位，合理高效地利用仓容
物资验收管理	验收工作实施	◆ 组织物资的入库验收工作，安排验收人员、场地及工具等 ◆ 认真开展物资验收工作，亲自核对货号、尺码明细及数量与供应商发货单是否一致，检查货物质量，做好验收记录并编制报告
	验收结果处理	◆ 妥善处理不合格物资，根据其质量状况采取偏差特采、退货、返修等各类处理措施 ◆ 对物资数量短缺等各类异常情况作出妥善的处理
物资入库管理	接运	◆ 合理安排物资的接运工作，确保物资妥善到达仓库 ◆ 确保接货过程中损坏物资的数量降到最低
	储位安排	◆ 对入库物资进行合理的编码，并将物资编码录入仓储系统中，确保入库信息更新的及时性 ◆ 根据物资特性及编码，对其安排储位，及时将物资存储在合理区域，同一物品或类似物品应放在同一地方保管 ◆ 出货和进货频率高的物品应放在靠近出入口、易于作业的地方，流动性差的物品放在距离出入口稍远的地方，季节性物品则依其季节特性来选定放置的场所
	入库手续办理	◆ 审核各项物资入库手续及验收凭证，确保入库物资凭证完整率 ◆ 对入库物资进行记录并妥善保存，为仓储管理工作提供重要依据
物资存储保管	仓库日常管理	◆ 做好仓库物资的巡检工作，检查物资数量是否正确、包装是否完整，查看物资是否发生损坏或质变 ◆ 保管好仓储作业设备和相关器具，要求各作业人员掌握设备和器具的使用方法，确保妥善使用
	仓储环境控制	◆ 做好仓库温湿度的调节工作，充分利用通风、降温、吸湿等措施，将仓库温湿度控制在适宜物资存储的范围内 ◆ 定期对仓库周边的垃圾进行清理，确保仓库整洁、有利于物资存储
	物资保养	◆ 定期对仓库物资进行保养，确保物资的完好率 ◆ 对仓储物资进行防霉腐、除尘处理，防止其出现霉变对物资造成损害 ◆ 及时对仓库环境进行清理，杜绝病虫害出现的源头

续表

主要工作	分项	具体内容
盘点管理	实施盘点工作	◆ 做好盘点工作的组织，并认真落实盘点工作 ◆ 记录盘点过程的数据，确保盘点结果与实际相符
	盘点结果处理	◆ 将盘点结果与系统数据进行核对，并计算误差 ◆ 及时对盘点的盈亏状况进行处理 ◆ 分析盘点结果，通过其准确掌握库存信息，了解库存状况
	呆废料处理	◆ 重视仓储成本管理，不断降低仓储成本，积极开展废旧物资、生产余料的回收、整理、利用工作 ◆ 妥善保管好剩料、废旧包装，收集和处理好下脚料，做好回收工作
库存管理	库存控制	◆ 根据生产计划和历史库存信息等，制定库存消耗定额，并据其对库存水平进行控制 ◆ 及时汇总分析各项库存成本和费用，对库存成本进行核算，根据成本现状制定成本节约的计划，并积极落实 ◆ 根据仓库及物资消耗的实际情况，选择合适的库存成本控制方法，降低库存总成本
物资出库管理	做好物资出库工作	◆ 严格审核出库及领取凭证，确保出库物资出库凭证真实有效 ◆ 规划拣货路线，快速完成出库物资的分拣工作，对出库物资进行质量检验，确保出库物资符合出库质量要求 ◆ 对出库物资进行捆绑和包装，减少在运输过程中造成的质量损害 ◆ 安排人员仔细核对出库物资的品名、数量等，确保出库物资与出库单据的相符性
物资装卸搬运	实施装卸搬运工作	◆ 做好物资入库、出库及库内的装卸搬运工作，提高作业及时完成率 ◆ 合理使用和维护叉车、起重机、堆高机等装卸搬运设备，并定期对其进行维护，确保器具完好
	设备维护	◆ 合理使用与维护叉车、起重机、堆高机等装卸搬运设备，确保器具及设备的正常 ◆ 可以根据装卸搬运设备的需要提出装卸搬运设备和器具的采购需求
仓储安全管理	制定安全管理规范	◆ 积极落实仓库各项作业的安全管理规范，杜绝安全责任事故的发生 ◆ 开展仓库安全教育培训工作，要求员工都具备安全意识及基础知识
	仓库防盗管理	◆ 做好仓库出入登记工作，严控仓储出入库人员 ◆ 做好仓库各个区域的监控工作，杜绝仓库物资的失窃 ◆ 贵重物品仓库应做好出入库的检查工作，防止工作人员盗窃物品
	仓库消防安全管理	◆ 定期检查仓库的电源、插座、电线等情况，做好仓库防火工作 ◆ 妥善管理仓库中的危险品，以免发生安全事故 ◆ 仓库杜绝出现各类火种、明火等，防止发生仓库火灾

1.2.3 仓管员的工作程序

仓库是企业供应体系的一个重要组成部分，是企业各种物资周转储备的重要环节，同时担负着货物管理的多项业务职能。

1. 仓储规划工作程序

仓储规划是指在进行仓储活动之前，对于仓储模式、仓储设施、储存空间、信息管理系统等进行决策及设计。

仓储规划工作程序如图1—5所示。

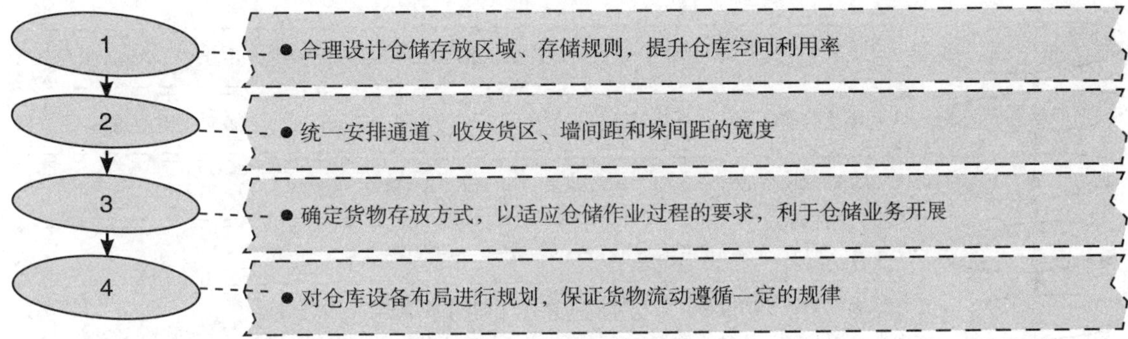

图1—5　仓储规划工作程序

2. 货物验收工作程序

货物验收是指在一定条件下，仓管员借助某种手段和方法，按照合同、标准等，对物资的质量、规格、数量及包装等进行检查，以确定物资能否验收入库的过程。

货物验收工作程序如图1—6所示。

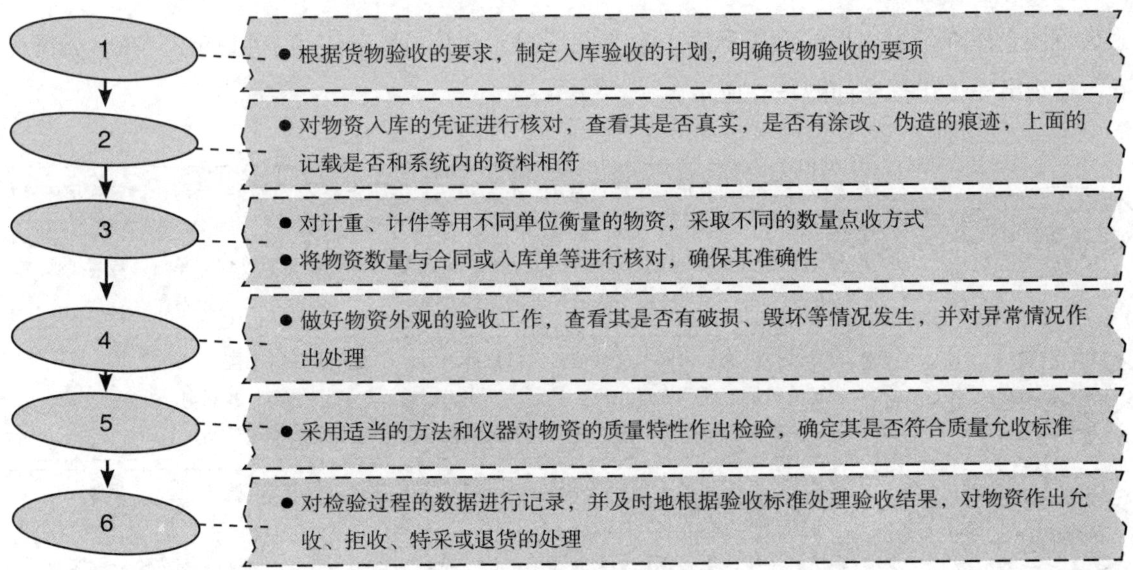

图1—6　货物验收工作程序

3. 货物入库工作程序

货物入库业务主要是指仓管员在收到实际货物和相应入库单据的情况下，按照仓库管理制度，清点货物并按照要求将货物存放到指定地点的过程。

货物入库工作程序如图1—7所示。

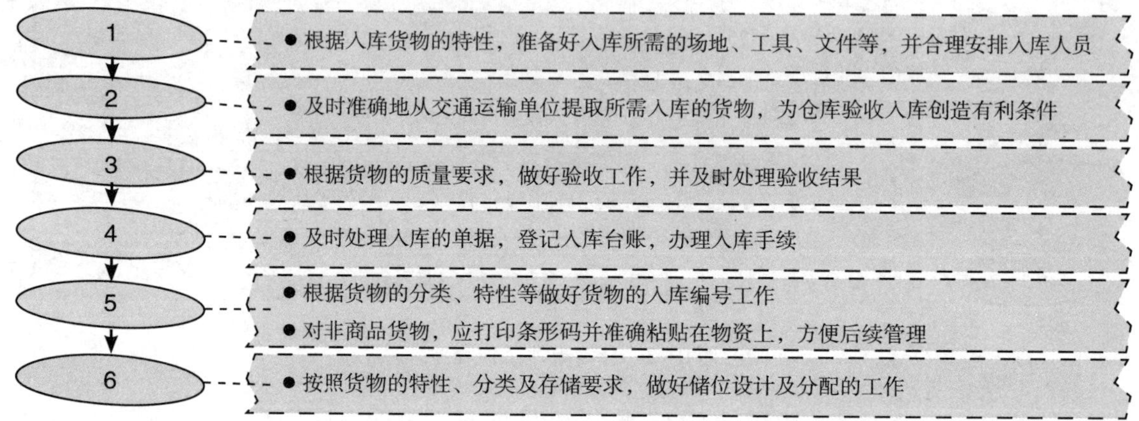

图1—7 货物入库工作程序

4. 货物出库工作程序

货物出库业务是指仓管员根据货主或业务部门的出库指令，对物品进行备料、复核、包装和发货等作业过程。

不同仓库在货物出库的操作程序上会有所不同，仓管员的分工也有粗有细。在一般情况下，货物出库工作程序如图1—8所示。

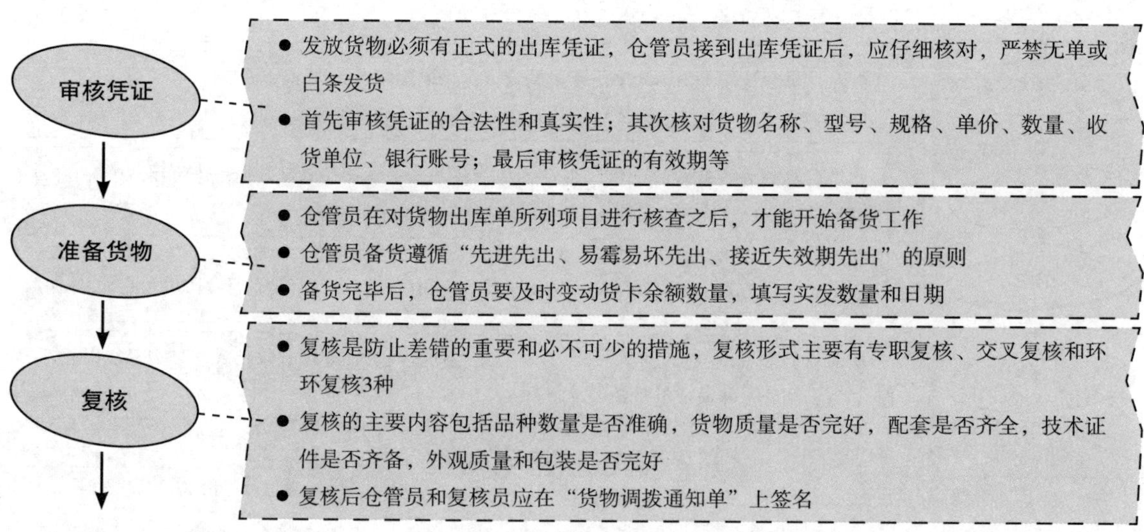

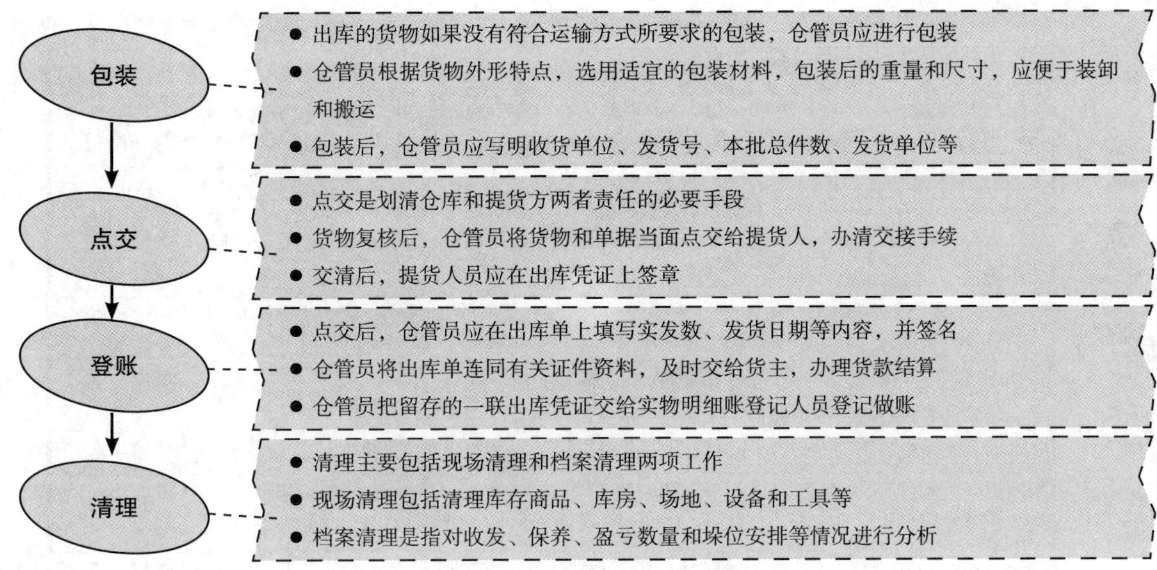

图1—8　货物出库工作程序

5. 货物盘点工作程序

货物盘点，是仓管员为了掌握货物的流动情况（入库、在库、出库的流动状况），定期或临时对库存货物的实际数量进行清查、清点的作业。

货物盘点工作程序如图1—9所示。

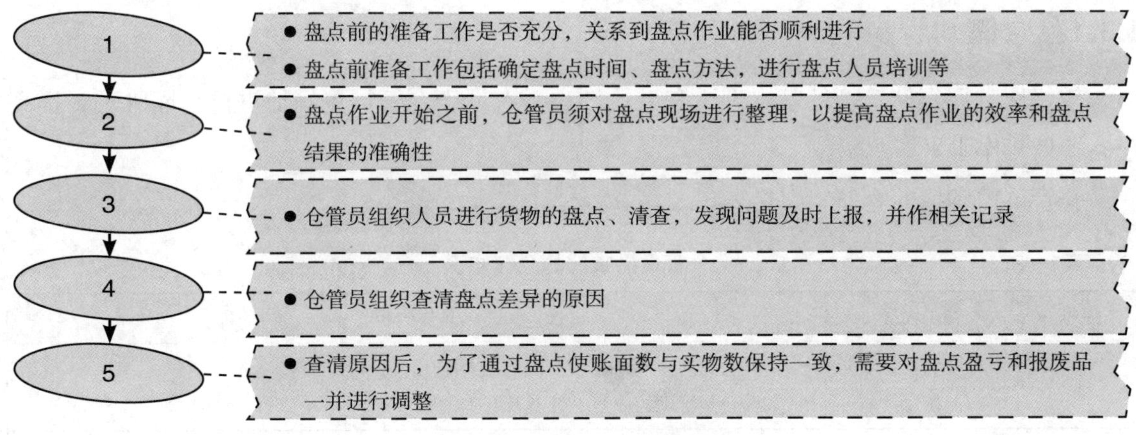

图1—9　货物盘点工作程序

1.2.4　仓管员的岗位责任

在仓库管理作业过程中，仓管员的岗位责任如图1—10所示。

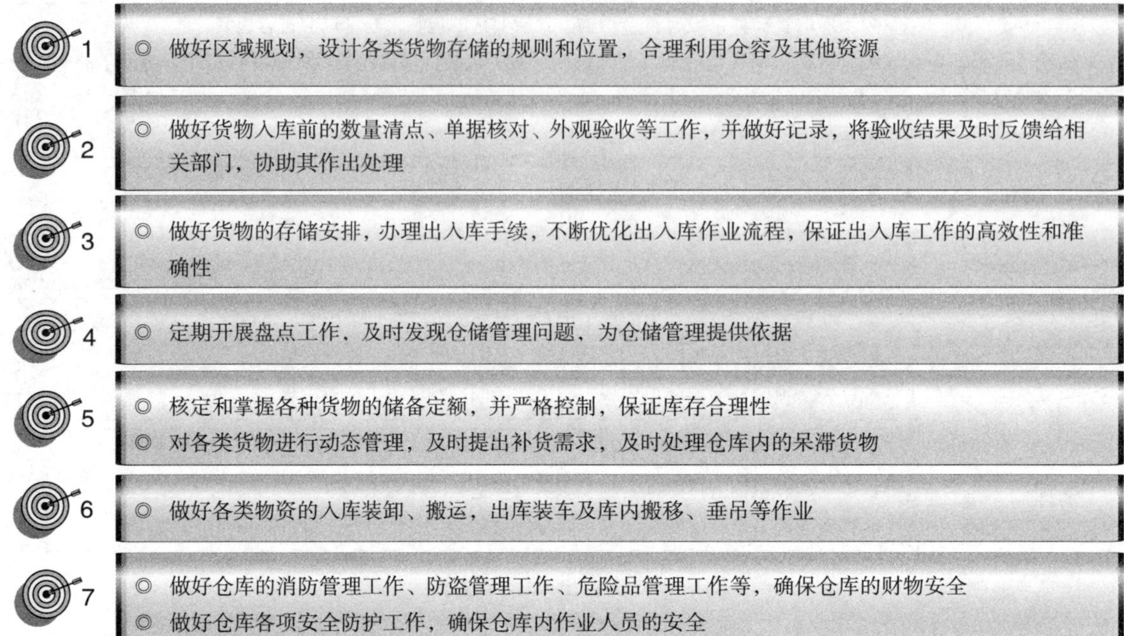

图1—10 仓管员的岗位责任

1.3 优秀仓管员的所需知识

1.3.1 仓储知识

较好地掌握仓储管理的基本理论和专业知识，有助于仓管员更好地进行仓库管理，提高仓储管理工作水平。

仓管员需掌握的仓储知识见表1—2。

表1—2 仓管员需掌握的仓储知识

序号	知识大类	具体内容
1	仓储管理概念	◆ 了解仓储的概念、活动类型、主要作用 ◆ 掌握仓储管理的内容、任务及基本的要求
2	仓库基础知识	◆ 了解仓库主要类型及划分依据 ◆ 了解各类仓库的基本功能
3	仓库设计规划知识	◆ 熟悉仓库的结构、布局、技术定额，熟悉仓库的规划 ◆ 了解仓库类别的规划、仓储设施规划方法 ◆ 了解仓库规模的确定方法与布局设计方法 ◆ 熟悉企业仓储战略规划及仓储业务规划方法和程序

续表

序号	知识大类	具体内容
4	货物入库作业知识	◆ 熟知接货的工作程序、接货问题的种类及处理方式 ◆ 掌握货物验收入库的方法、流程及注意事项 ◆ 掌握货物入库问题处理的相关知识 ◆ 掌握入库货物信息管理及货物编码的基础知识
5	货物保管知识	◆ 了解货物保管的概念、原则、要求、方式，掌握货物合理存放应考虑的因素 ◆ 了解货物的性能、技术特点、使用和消耗特点，以及检验、保管、养护、包装、运输等方面的要求 ◆ 了解货物堆码、苫垫的基本形式及作业要求，以及各类堆码形式所使用的货物类型等 ◆ 掌握货物保管养护、仓库环境调节的相关知识及作业技能 ◆ 掌握仓库5S及仓库安全管理的基础知识
6	货物出库作业知识	◆ 了解货物出库作业的概念、依据、要求和形式，掌握出库作业操作程序 ◆ 熟悉出库作业流程，熟悉出库作业中备货、分拣、配货、包装等专业知识及出库单据管理的相关内容 ◆ 了解条码技术及自动分拣技术在出库作业中的应用，能够妥善处理货物出库时出现的各种问题 ◆ 了解货物包装的基本形式及基础知识，掌握物流包装的方法
7	库存控制基础知识	◆ 掌握库存控制的基础知识，了解库存成本的构成、库存管理中各种指标及定额的计算等知识 ◆ 掌握库存控制的基本方法以及库存成本的核算办法，能够熟练运用ABC库存控制法、定额库存控制法等并能准确地核算库存成本 ◆ 了解库存管理的先进方法和理念
8	装卸搬运管理知识	◆ 了解装卸的概念、特点、分类及原则，掌握装卸搬运作业形式 ◆ 掌握各种储物的搬运方法，熟练操作各种搬运工具，熟悉装卸搬运工作流程及注意事项 ◆ 掌握装卸搬运过程中的安全管理知识及注意事项等
9	仓储设备基础知识	◆ 了解仓储工作中所使用设备的种类，如装卸搬运设备、保管设备、计量设备、消防安全设备等 ◆ 了解各类仓储设备的选购方法、使用方法及注意事项，熟悉各种设备的维护、保养知识
10	仓储信息管理知识	◆ 了解仓储各类信息的类型、处理方式等 ◆ 了解仓储信息系统的基本模块，系统运行和维护方法等
11	仓储自动化知识	◆ 了解自动化仓库的概念及基本功能、结构等 ◆ 了解自动化仓库中所运用的货架系统、运输系统、计算机系统和通信系统的基础知识

1.3.2 物流知识

物流是指物资的物质实体由供应者向需求者的流动，包括物资的空间位置的变动、时间的变动和形状性质的变动。具体地说，物流包括运输、保管、装卸搬运、配送、包装、流通加工和信息处理等环节。

仓管员需掌握的物流基础知识见表1—3。

表1—3 仓管员需掌握的物流基础知识

序号	知识大类	具体内容
1	物流及其构成要素	◆ 了解物流的定义，现代物流的内容，物流与商流、资金流和信息流的关系 ◆ 明确掌握物流活动六大构成要素的内容
2	物流系统规划	◆ 主要了解物流系统构成要素和物流系统的五个目标
3	运输与配送	◆ 了解铁路、公路、水路、航空和管道运输方式及其特点 ◆ 明确物流系统规划的内容，了解物流信息系统，能够进行物流系统规划与设计 ◆ 了解配送的主要功能要素、配送中心的定义和种类、共同配送的概念
4	第三方物流管理	◆ 了解第三方物流的概念、特征及其服务内容 ◆ 掌握第三方物流合同管理的内容、应注意的问题
5	企业物流管理	◆ 了解企业物流的水平结构和垂直结构 ◆ 掌握企业采购与供应物流管理的内容，学习企业生产物流管理和销售物流管理相关知识
6	库存管理	◆ 了解库存的作用和类型，明确库存管理的目的 ◆ 掌握库存量的控制方法及降低库存的措施
7	物流信息化	◆ 了解物流信息化的目的和要求 ◆ 熟练掌握物流信息系统的内容

1.3.3 商品知识

仓储的主要管理对象是商品（货物），作为一名从事仓库管理工作的人员，必须对商品知识全面了解和把握。具体内容见表1—4。

表1—4 优秀仓管员需掌握的商品知识

序号	知识大类	具体内容
1	商品分类	◆ 了解商品分类的概念、意义、原则、方法 ◆ 掌握商品分类的基本原则及常用的商品分类标志 ◆ 了解商品目录及商品编码的种类，熟记我国产品分类与代码
2	商品标准	◆ 了解商品标准的概念及种类 ◆ 掌握国内外商品标准的级别及表现形式
3	质量管理	◆ 明确商品质量的概念及其特性，掌握质量认证和质量体系认证的内容及其区别

续表

序号	知识大类	具体内容
4	商品包装	◆ 了解商品包装的概念、作用及分类 ◆ 熟练掌握商品运输包装、销售包装相关知识 ◆ 熟记产品包装标志及其图示
5	商品交易组织	◆ 了解批发市场和贸易中心商品交易组织的特征、功能及交易形式
6	商品中介组织	◆ 了解商品中介组织的形式、各自的特点及活动方式
7	商品流通政策	◆ 熟悉商品流通相关政策的内容，如商品流通组织政策、技术政策、布局政策、投融资政策和对外开放政策

1.3.4 检验知识

检验是指商品的产方、买方或者第三方在一定条件下，运用科学的检验技术和方法，按照相关标准或惯例，对商品的质量、规格、重量、数量、包装、安全及卫生等方面进行检查，确定商品使用价值的过程。

仓管员需掌握的检验知识如图1—11所示。

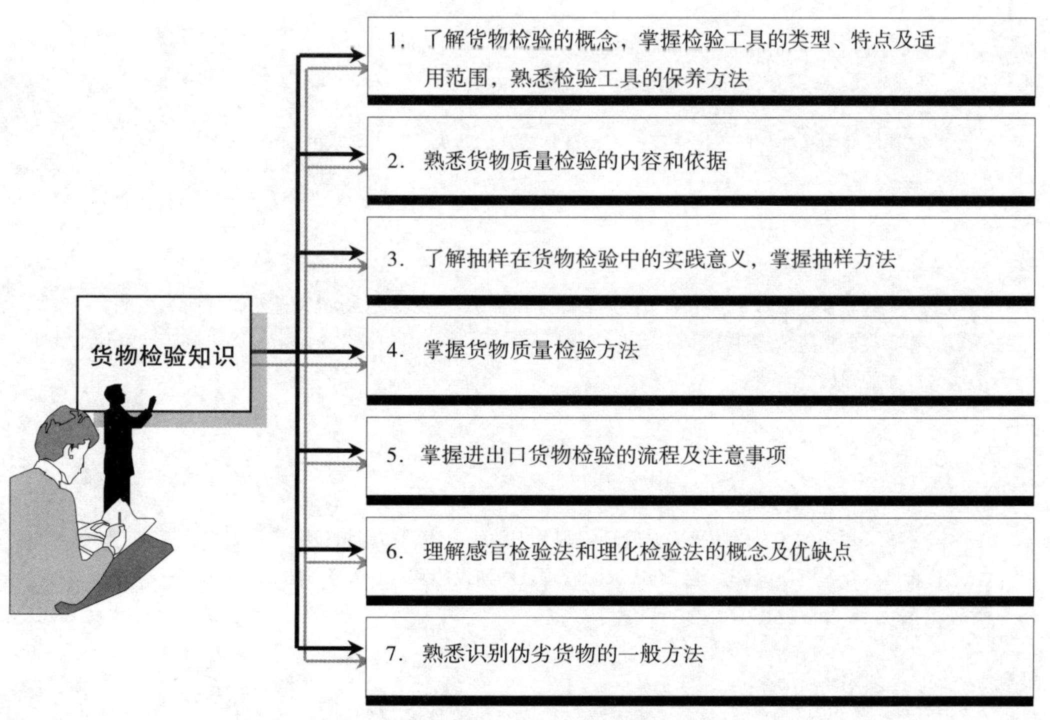

图1—11 仓管员需掌握的检验知识

1.3.5 安全知识

作业安全是开展各类活动的前提，仓储作业安全主要包括仓库保卫及仓库消防两个方面。

1. 仓库保卫知识

要想做好仓库的保卫工作，防止库存商品丢失，仓管员必须掌握如图1—12所示的知识。

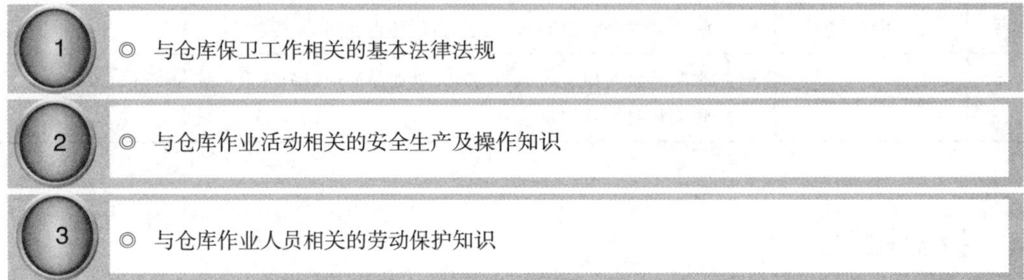

图1—12 仓管员需掌握的仓库保卫知识

2. 仓库消防知识

消防工作是仓库安全工作的重点，要做好仓库的消防工作，仓管员必须掌握以下4个方面的知识，具体如图1—13所示。

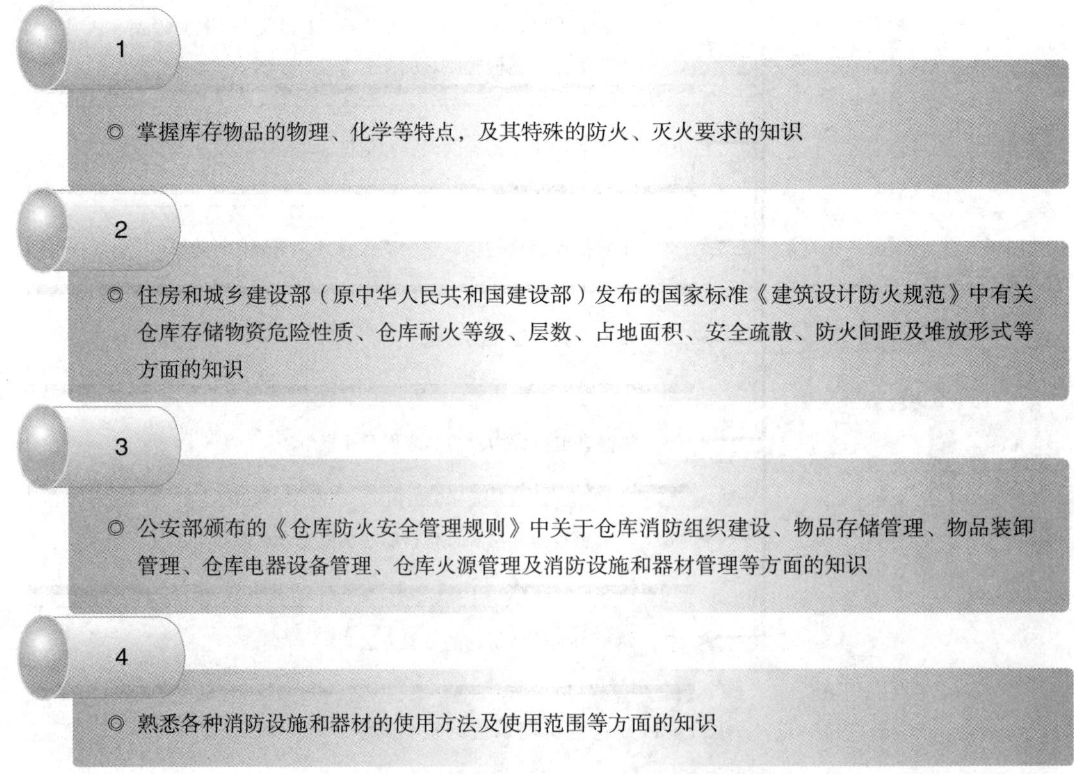

图1—13 仓管员应掌握的仓库消防知识

1.4 优秀仓管员的必备技能

1.4.1 必备业务技能

在仓储管理过程中，优秀仓管员应熟悉仓储管理业务，具备较强的业务知识水平和技能。仓管员必备的业务技能如图1—14所示。

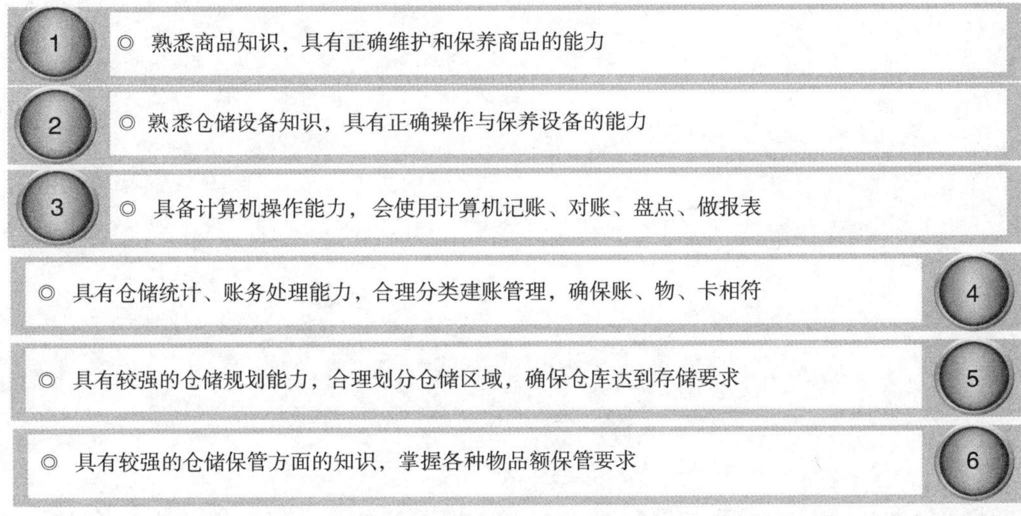

图1—14 仓管员必备的业务技能

1.4.2 必备通用技能

通用技能是相对于专业技能而言，对于任何职业都是适用的技能，是职业人取得成功的基本能力。包括个体分析判断能力、学习创新能力、沟通协调能力、团队合作能力等。仓管员必备的通用技能如图1—15所示。

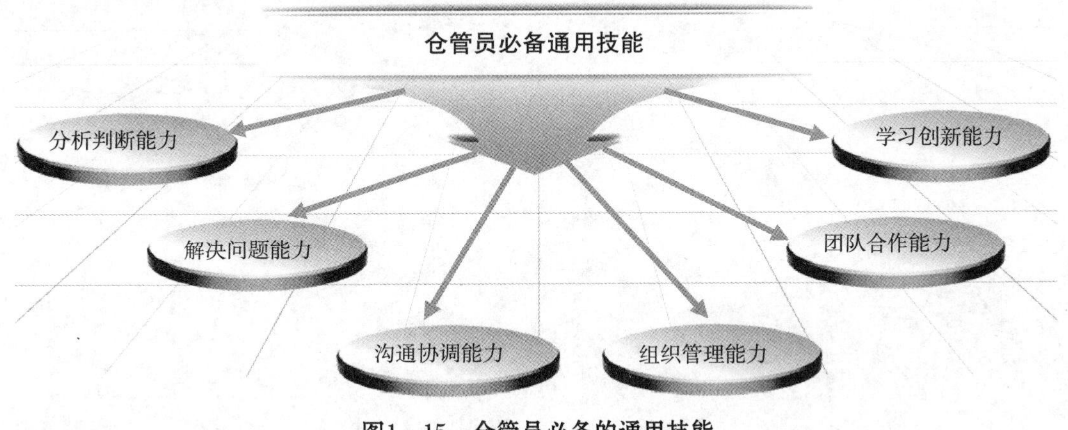

图1—15 仓管员必备的通用技能

第2章

仓储与仓储规划

2.1 仓储管理

2.1.1　仓储的概念

仓，即仓库；储，即储存、储备。

仓储就是利用仓库存放货物的行为，是货物在供需之间转移中存在的一种暂时滞留。

从物流管理的角度看，仓储是指根据市场和客户的要求，为了确保货物没有损耗、变质和丢失，为了调节生产、销售和消费活动以及确保社会生产、生活的连续性，而对原材料等货物进行储存、保管、管理、供给的作业活动。

对仓储概念的理解要抓住以下4个要点，具体如图2—1所示。

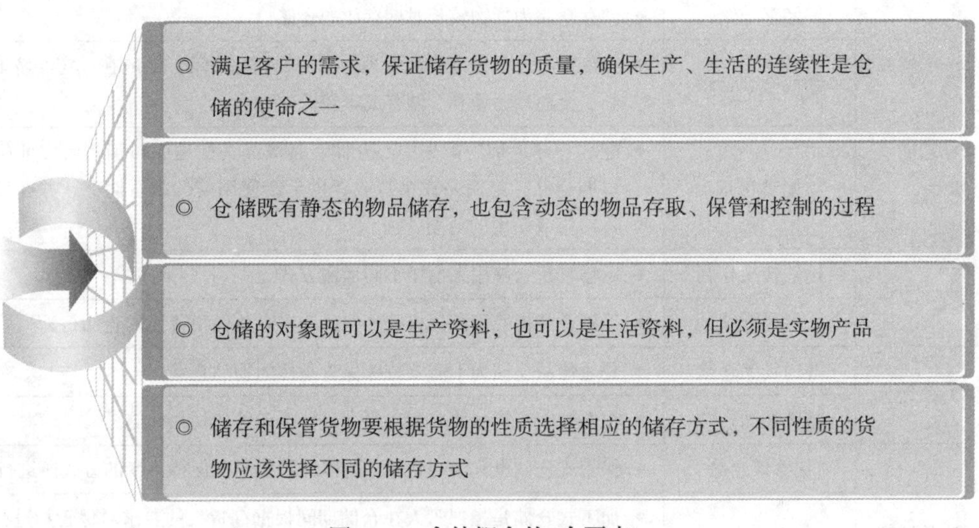

图2—1　仓储概念的4个要点

2.1.2　仓储活动的类型

仓储是产品生产、流通过程中因订单前置或市场预测前置而使产品、物品暂时存放于仓库的行为，它是集中反映企业货物活动状况的综合场所，是连接生产、供应、销售环节的中转站，对促进提高生产效率起着重要的辅助作用。

按照不同的划分标准，仓储的类型也有所不同，具体见表2—1。

表2—1　仓储的类型说明

划分标准	主要类型	具体说明
按仓储经营主体划分	企业自营仓储	◆ 企业自营仓储包括生产企业和流通企业的自营仓储 ◆ 生产企业自营仓储是生产企业使用自有的仓库设施对生产使用的原材料，生产的中间产品、最终产品实施储存保管的行为 ◆ 流通企业自营仓储是流通企业以其拥有的仓储设施对其经营的商品进行仓储保管的行为

续表

划分标准	主要类型	具体说明
按仓储经营主体划分	商业营业仓储	◆ 仓储经营人以其拥有的仓储设施，向社会提供商业性仓储服务（提供货物仓储服务和提供仓储场地服务）的仓储行为 ◆ 该仓储目的是为在仓储活动中获得经济回报，实现利润最大化
	公共仓储	◆ 公共仓储是公用事业的配套服务设施，为车站、码头提供仓储配套服务 ◆ 该仓储目的是为保证车站、码头的货物作业，有内部服务性质
	战略储备仓储	◆ 国家根据国防安全、社会稳定的需要，对战略货物实行储备而产生的仓储 ◆ 战略储备由国家政府进行控制，通过立法、行政命令方式进行
按仓储功能划分	储存仓储	◆ 储存仓储为货物较长时期存放的仓储
	物流中心仓储	◆ 物流中心仓储是以物流管理为目的的仓储活动，一般在一定经济地区的中心、交通较为便利、储存成本较低处进行
	配送仓储	◆ 配送仓储也称为配送中心仓储，是商品在配送交付消费者之前所进行的短期仓储，是商品在销售或者供生产使用前的最后储存，并在该环节进行销售或使用的前期处理
	运输转换仓储	◆ 运输转换仓储用来衔接不同运输方式
	保税仓储	◆ 保税仓储指使用海关核准的保税仓库存放保税货物的仓储行为
按仓储对象划分	普通物品仓储	◆ 普通物品仓储为不需要特殊保管条件的物品仓储
	特殊物品仓储	◆ 在保管中有特殊要求和需要满足特殊条件的物品仓储
按仓储物的处理方式划分	保管式仓储	◆ 保管式仓储也称为纯仓储，是以保管物原样保持不变的方式所进行的仓储
	加工式仓储	◆ 加工式仓储是指保管人在仓储期间根据存货人的要求对保管物进行一定加工的仓储方式
	消费式仓储	◆ 保管人在接受保管物时，同时接受保管物的所有权，保管人在仓储期间有权对仓储物行使所有权

2.1.3 仓储作用和性质

1. 仓储的作用

仓储是物流不可缺少的一环，是以改变“物”的时间状态为目的的活动，在克服产需之间的时间差中发挥着很好的作用。具体内容如图2—2所示。

2. 仓储的性质

仓储是对物品进行保存及对其数量、质量进行管理控制的活动。其性质如图2—3所示。

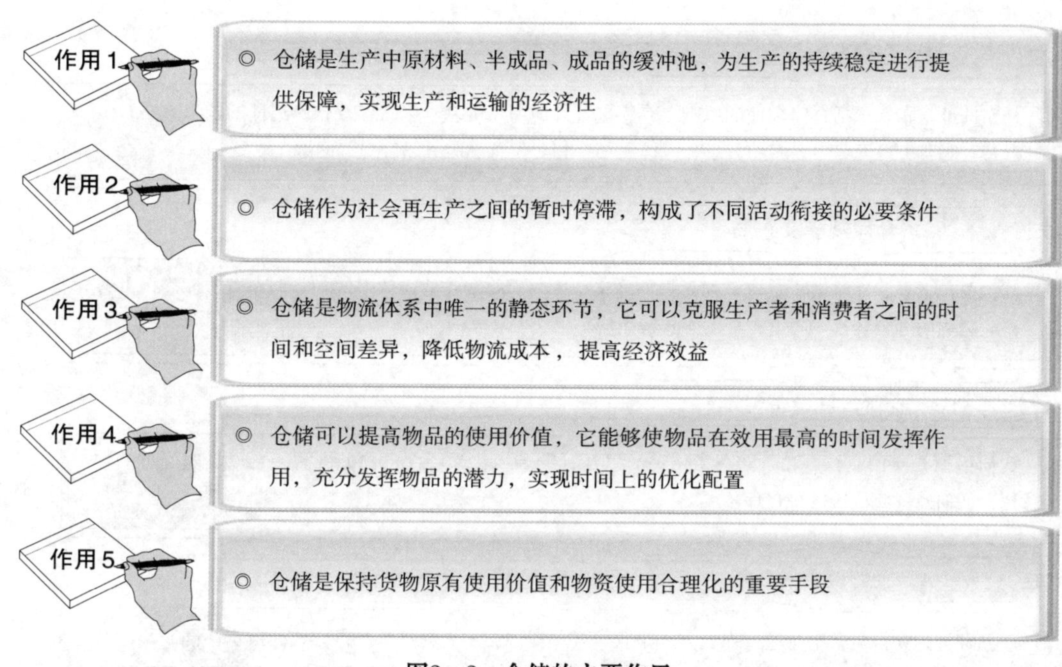

图2—2 仓储的主要作用

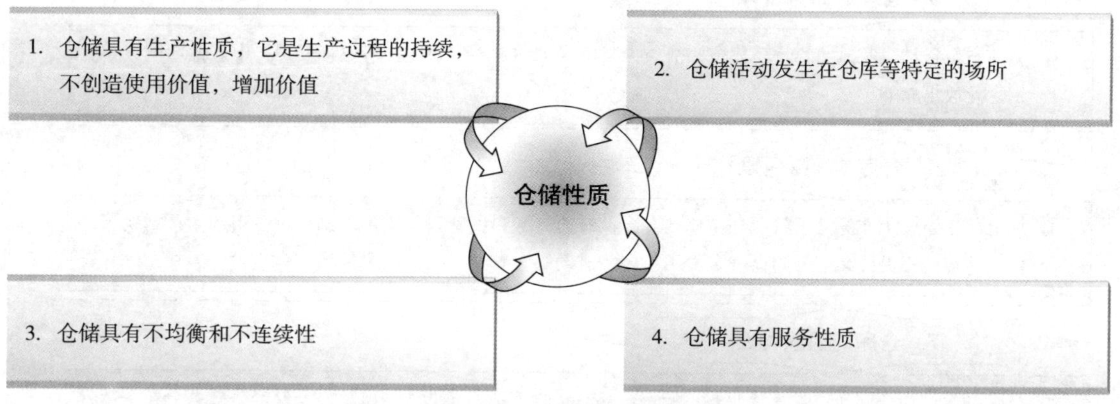

图2—3 仓储的性质

2.1.4 仓储管理的内容

仓储管理是指对仓库和仓库中储存的货物进行管理。从广义上看，仓储管理是对物流过程中货物的储存以及由此带来的商品包装、分拣、整理等活动进行的管理。

仓储管理主要是对商品流通过程中货物储存环节的管理，具体内容如图2—4所示。

此外，仓储业务考核、新技术新方法在仓库管理中的运用、仓库安全与消防、仓储人力资源管理、仓储经营管理等，都是仓储管理的内容。

1. 仓库选址与布点

◎ 仓库选址与布点包括仓库选址的原则、仓库选址时应考虑的基本因素以及仓库选址的技术方法；多点布置时要考虑网络中仓库的数量和规模大小、相对位置和服务的客户等问题

2. 仓库规模及布局

◎ 其主要包括仓库库区面积及建筑物面积的确定，库内道路和作业区的平面和竖向布置，库房内部各作业区域的划分和作业通道布置的方式等内容

3. 仓储设施设备管理

◎ 如何根据仓库作业特点和所储存货物种类以及其物理、化学特性，选择机械装备以及应配备的数量，如何对这些机械进行管理

4. 仓储资源的获得

◎ 仓储资源的获得包括企业通过什么方式来获得仓储资源，不同的资源获得方式其成本不同

5. 仓库的业务管理

◎ 如何组织货物入库前的验收，如何存放入库货物，如何对在库货物进行保管养护，申通快递网点查询，发放出库等

6. 仓库的库存管理

◎ 如何根据企业生产的需求状况和销售状况，储存合理数量的货物，既不因储存过少引起生产或销售中断造成的损失，又不因储存过多占用过多的流动资金

7. 仓库的组织管理

◎ 货源的组织，仓储计划，仓储业务，货物包装，货物养护，仓储成本核算，仓储经济效益分析，保税制度和政策，保税货物的海关监管，申请保税仓库的一般程序等

8. 仓库的信息技术

◎ 仓库管理中信息化的应用以及仓储管理信息系统的建立和维护等问题

图2—4 仓储管理的内容

2.1.5 仓储管理的任务

仓储管理的任务分为宏观任务和微观任务，具体内容如下：

1. 仓储管理宏观任务

仓储管理在宏观方面的任务具体如图2—5所示。

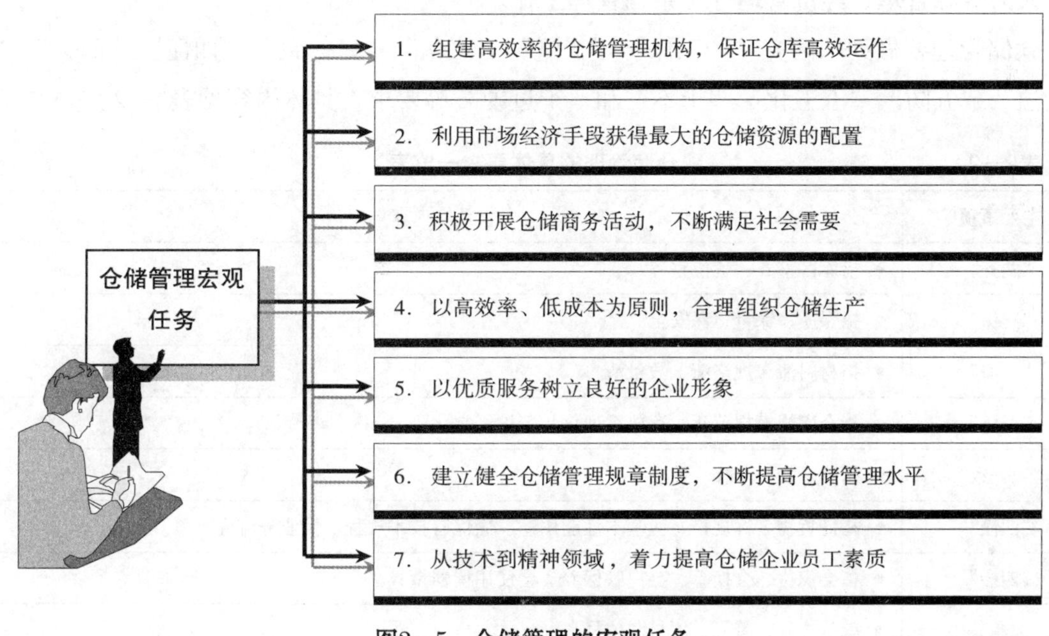

图2—5　**仓储管理的宏观任务**

2. 仓储管理微观任务

仓储管理在微观方面的任务是提高仓储企业的效率，降低储运成本，减少仓储损耗。具体如图2—6所示。

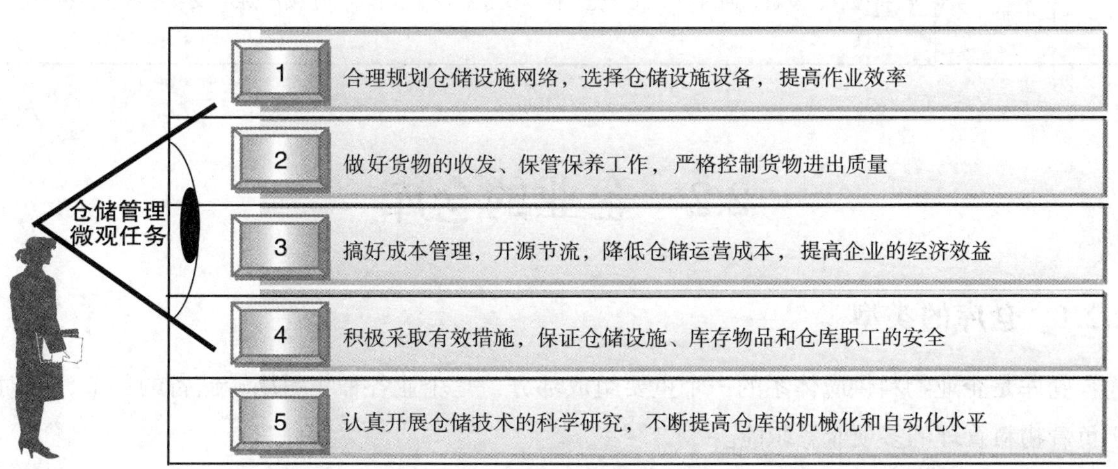

图2—6　**仓储管理的微观任务**

2.1.6 仓储管理的要求

仓储管理包括仓储资源的获得、经营决策、商务管理、作业管理、仓储保管、安全管理、人力资源管理、经济管理等一系列管理工作。

仓储管理要做到“两齐”“三保”“三清”“三化”“三一致”“四懂”“四会”“四号定位”“五防”“五五化”“十不”和“十过硬”等要求。具体内容见表2—2。

表2—2 仓储管理的具体要求一览表

主要事项	具体内容
“两齐”	◆ 指库区整齐、货位整齐
“三保”	◆ 指保质、保量、保安全
“三清”	◆ 指材料清、规格清、数量清
“三化”	◆ 指仓库规模规范化、存放系列化、养护经常化
“三一致”	◆ 指账、物、卡相一致
“四懂”	◆ 指懂货物名称规格、懂基本性能用途、懂保管技术规程、懂业务流程
“四会”	◆ 指会识货、会换算、会保管保养、会使用衡器量具
“四号定位”	◆ 就是库号、牌号、层号、位号 ◆ 优点是查找方便、收发讯速、盘点容易、库容整洁
“五防”	◆ 指防火、防盗、防潮、防虫、防变形
“五五化”	◆ 指根据器材的不同品种、规格、形状和出厂要求，以五为基数，分别摆成五的倍数，高的成行、大的成方、短的成堆、带腿的成串、小的成包、长的成垛等定量装箱，过目成数
“十不”	◆ 指不锈、不潮、不冻、不腐、不霉、不变、不坏、不混、不漏、不爆
“十过硬”	◆ 指验收、发料、四对口、五五化、四号定位、账本、报表、原始记录、交接手续、执行制度过硬

2.2 企业的仓库

2.2.1 仓库的类型

仓库是企业物料供应体系的一个重要组成部分，是企业各种物料周转储备的环节，同时担负着物料管理的多项业务职能。

仓库按不同的标准可进行不同的分类，具体内容见表2—3。

表2—3　　仓库的分类一览表

划分依据	仓库类型		职能说明
仓库在产品生产中所处的领域	生产领域	物料仓库	◆ 储存并发放企业生产中所需的原材料、零部件等物料
		成品仓库	◆ 存放生产企业已经制成并经检验合格可以直接进行销售的产品
	流通领域	物流中转仓库	◆ 物料企业向其他企业提供物流服务时，对商品进行储存、保管、检验，并进行流通加工和开展配送业务等
		零售商仓库	◆ 为满足企业业务需要，储存各种零售商品
		国家储备仓库	◆ 存储国家为预防自然灾害、战争及各种意外而准备的各种货物
仓库在商品流通中所负担的职能	采购供应仓库		◆ 储存从全国的生产企业收购和从国外进口的货物
	批发仓库		◆ 存储从采购供应类仓库调进和在当地收购的货物
	零售仓库		◆ 为商业零售企业氮气储货，以供卖场销售
	转运仓库		◆ 储存中转分运和需转换运输工具的特运商品 ◆ 这类仓库一般设在车站、沿海口岸或码头附近
	加工仓库		◆ 存储货物并对某些货物进行挑选、整理、分级分装等简单工作
	物流配送仓库		◆ 为商业系统物流配送的货物提供储存保管服务
仓库的隶属关系	工业企业附属仓库		◆ 储存企业生产的原材料、零部件、半成品及成品
	储运公司附属仓库		◆ 根据公司经营的需要，暂时存储各种货物
	货物供销机构所属仓库		◆ 为本系统的生产提供各种货物的存储服务
仓库存储条件	库房		◆ 存储受气候条件影响大的货物，如化工原料及产品、家用电器、生产零部件等
	货棚		◆ 存储受气候条件影响不大的货物，如汽车、桶装液体等
	货场		◆ 存储大型钢材、水泥制品及集装箱等
仓库存储货物的类别	综合性仓库		◆ 分区分类存储若干大类货物
	专业性仓库		◆ 只存储某一大类货物
	特种仓库		◆ 存储性质特殊的货物，如保温库、冷藏库、危险品库等
仓库的作业方式	人力仓库		◆ 规模小，采用人工作业方式，主要存储电子元器件、备品备件等
	半机械化仓库		◆ 入库采用机械作业方式（如叉车等），出库采用人工作业的方式 ◆ 适合存储批量入库、零星出库的货物
	机械化仓库		◆ 入库和出库均采用机械作业（如叉车、运输机等） ◆ 适合存储整批入库、整批出库的笨重货物
	半自动化仓库		◆ 配备高层货架和运输系统，采用人工操作巷道堆垛机的方式，常用于储存各种备件
	自动化仓库		◆ 以高层货架为主，配备自动巷道作业设备和运输系统

2.2.2 仓库的基本功能

仓库基本功能是指为了满足市场的基本储存需求，仓库所具有的基本操作或行为。主要包括以下6个方面，如图2—7所示。

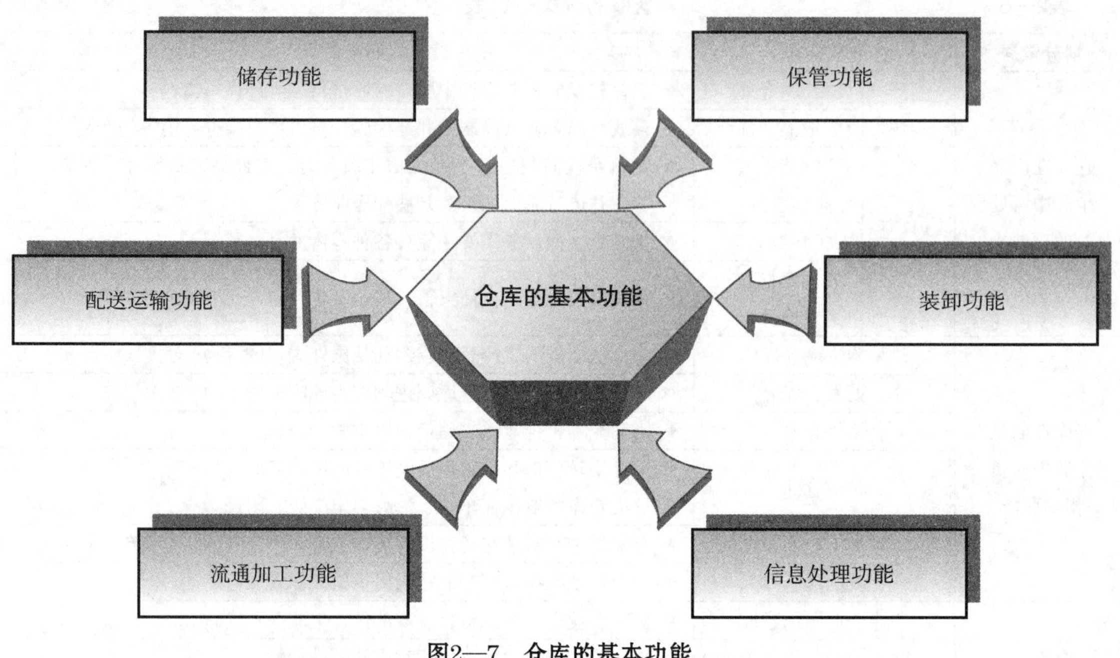

图2—7　仓库的基本功能

其中，储存和保管是仓库最基础的功能，通过基础作业，使货物得到有效的、符合市场和客户需求的仓储处理。

2.3　企业仓储规划

2.3.1　仓库类别的规划

仓库的种类很多，由于各种仓库所处的地位不同，所承担的储存任务不同，再加上储存货物的品种规格繁多、性能各异，就可以根据不同的分类标准，将仓库分为不同的类型。

仓库类别的规划是企业仓库设计规划的第一步，为提高存储效率，降低存储成本，企业要根据具体情况，合理规划仓库类别。

1. 仓库经营类型选择

（1）经营类仓库说明

根据仓库的经营类型，仓库可以分为自用型仓库、公用型仓库、合同仓库三大类。各类仓库的特点见表2—4。

表2—4 各经营类型仓库特点说明

经营类型	特点	适用情况
自用型仓库	◆ 固定投资大，企业对库存的控制能力比较强、专用性较好 ◆ 涉及工业用地购买和基建投资	◆ 适用于融资能力较强、仓储环境库较好、库存周转量大且较为稳定的企业
公用型仓库	◆ 增强物流系统的灵活性，通过协议实现个性化服务要求，增强对库存或配送管理的控制 ◆ 固定资产投资较少，库存周转量的要求较低	◆ 企业对仓储环境的要求类同普通货物，而且库存周转量小 ◆ 货物需求量波动剧烈，企业资金紧张时，适合使用公用型仓库
合同仓库	◆ 货主和仓库经营人之间签订长期协议，仓库经营人和货主共同承担经营中的风险 ◆ 仓库设施和仓储管理的专用性比较强，服务对象专一，利用仓库经营人原有的库房设施	◆ 适用于企业要求较为独特、专用型较强，且货主对货物控制力要求较高的情况

（2）仓库经营类型选择模型

企业可以根据各类经营方式的特点和适用情况，运用模型分析，选择合适的仓库类别。仓库经营类型选择的成本模型如图2—8所示。

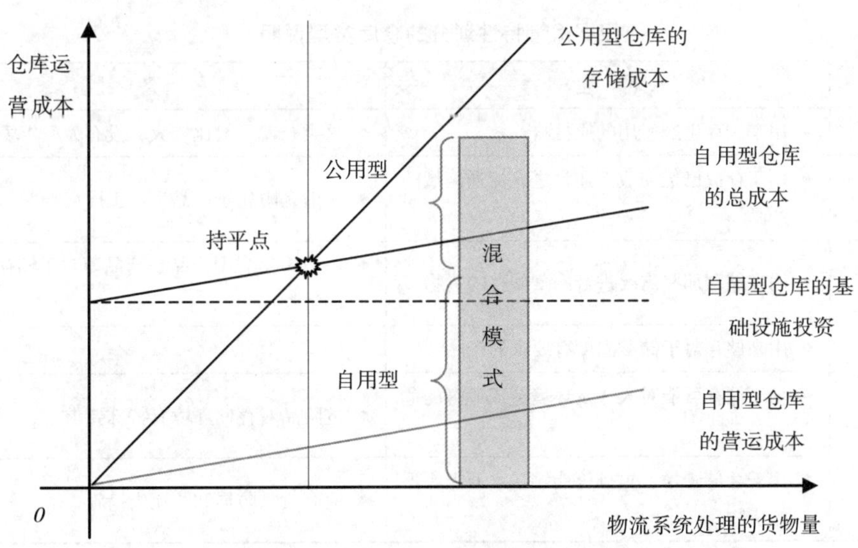

图2—8 仓库经营类型选择的成本模型

当企业的特点不是非常明显时，企业应根据各类经营方式的运营成本，取成本较低者。

2. 按仓库用途选择仓库类型

根据仓库用途的不同，仓库可以分为采购供应仓库、批发仓库、零售仓库、储备仓库、中转仓库、加工仓库、保税仓库等。

仓库规划人员应根据仓库的用途，选择合适的仓库类型。具体建设要求见表2—5。

表2—5　各类用途仓库的建设要求说明

仓库类型	建设要求
采购供应仓库	◆ 仓库库场一般设在商品生产比较集中的大中城市，或商品运输枢纽所在地
批发仓库	◆ 一般贴近商品销售市场，规模同采购供应仓库相比一般要小一些
零售仓库	◆ 一般是提供店面销售，零售仓库的规模较小，所储存货物周转快
储备仓库	◆ 货物在这类仓库中储存时间一般比较长，并且会定期更新，以保证质量
中转仓库	◆ 一般设置在公路、铁路的场站和水路的港口码头附近，以方便货物的装运
加工仓库	◆ 加工的货物会有一定延迟
保税仓库	◆ 经过批准后，可以在保税仓库内对货物进行加工、存储等作业

3. 按货物的特性选择仓库类型

每种货物均有其不同的保管特性，仓库规划人员应根据保管货物的特性，设计不同的仓库类型。具体见表2—6。

表2—6　根据保管特性划分的仓库类型说明

仓库类型	用　途	备　注
原料仓库	◆ 用来储存生产所用的原材料	◆ 这类仓库一般比较大，设有大型货场
产品仓库	◆ 用于存放已经完成但还没进入流通区域的产品	◆ 一般是附属于产品生产工厂
冷藏仓库	◆ 用来储藏那些需要进行冷藏储存的货物	◆ 一般多是农副产品、药品等对于储存温度有要求的货物
恒温仓库	◆ 用来储存对于储藏温度有要求的产品	
危险品仓库	◆ 用于储存可能对人体及环境造成危害的危险品	◆ 危险品对存储环境有特殊要求
水面仓库	◆ 用于存储圆木、竹排等能够在水面上漂浮的货物	◆ 应有货物防损和防流失措施

2.3.2 仓库选址与布点

仓库选址是指在一个具有若干供应点及若干个需求点的经济区域内，选一个地址设置仓库的规划过程。较佳的选址方案能使物品通过仓库的汇集、中转、分发，直至送达需求点的全过程的成本最低。

1. 仓库选址的原则

企业在选择仓库地址时，应遵循以下原则，具体如图2—9所示。

图2—9 仓库选址应遵循的原则

2. 影响仓库选址的因素

企业在进行仓库选址规划时，主要受自然环境因素、经营环境因素、基础设施状况和其他因素影响。具体内容见表2—7。

表2—7 影响仓库选址的因素

影响因素	主要内容	详细说明
自然环境因素	气象条件	◆ 主要考虑年降水量、空气温湿度、风力、无霜期长短、冻土厚度等
	地质条件	◆ 主要考虑土壤的承载能力，仓库是大宗商品的集结地，货物会对地面形成较大的压力 ◆ 如果地下存在着淤泥层、流沙层、松土层等不良地质环境，则不适宜建设仓库
	水文条件	◆ 搜集选址地区近年来的水文资料，远离容易泛滥的大河流域和上溢的地下水区域 ◆ 地下水位不能过高，故河道及干河滩也不适宜建设仓库
	地形条件	◆ 仓库应建在地势高、地形平坦的地方，尽量避开山区及陡坡地区，最好选长方地形
经营环境因素	政策环境背景	◆ 主要考虑选择建设仓库的地方是否有优惠的物流产业政策对物流产业进行扶持和当地的劳动力素质状况
	顾客需求分布	◆ 仓库尽量选择建在接近物流服务需求地，如大型工业、商业区，以便缩短运输距离，降低运费等物流费用
	服务水平	◆ 在选择仓库地址时，要考虑货物是否能及时送达，应保证客户向仓库提出任何需求，都能获得满意的服务
基础设施状况	交通条件	◆ 仓库的位置必须交通便利，最好靠近交通枢纽，如港口、车站、交通主干道（国、省道）、铁路编组站、机场等
	公共设施状况	◆ 要求城市的道路畅通，通信发达，有充足的水、电、气、热的供应能力及污水、垃圾处理能力
其他因素	国土资源利用	◆ 仓库的建设应充分利用土地，节约用地，充分考虑地价的影响，还要兼顾区域与城市的发展规划
	环境保护要求	◆ 仓库的建设要保护自然与人文环境，尽可能降低对城市生活的干扰，不影响城市交通，不破坏城市生态环境
	地区周边状况	◆ 仓库周边不能有火源，不能靠近住宅区 ◆ 仓库所在地周边地区的经济发展情况，是否对物流产业有促进作用

3. 仓库选址的策略

常用的仓库选址策略如图2—10所示。

- 市场定位策略是指将仓库选在离最终用户最近的地方，常用于食品分销仓库的建设
- 影响因素：运输成本、订货周期、产品敏感性、订货规模、当地运输的可获得性和要达到的客户服务水平

- 制造定位策略是将仓库选在接近产地的地方，通常用来集运制造商的产成品影响因素主要包括：原材料的保存时间、产成品组合中的品种数、客户订购的产品种类和运输合并率

中间定位策略

- 中间定位策略是把仓库选在最终用户和制造商之间的中点位置
- 中间定位仓库的客户服务水平通常高于制造定位的仓库，但低于市场定位的仓库

图2—10 仓库选址策略说明

4. 仓库选址的步骤

仓库的选址可分为两个步骤，第一步为分析阶段，具体有需求分析、费用分析、约束条件分析；第二步为筛选及评价阶段，根据所分析的情况，选定具体地点，并对所选地点进行评价。具体内容见表2—8。

表2—8 仓库选址的步骤说明

主要阶段	主要内容	详细说明
分析阶段	需求分析	◆ 根据物流产业的发展战略和产业布局，对某一地区的顾客及潜在顾客的分布进行分析
	费用分析	◆ 工厂到仓库之间的运输费、仓库到顾客之间的配送费、与设施和土地有关的费用及人工费等 ◆ 运输费随着距离的变化而变动，而设施费用、土地费是固定的，人工费是根据业务量的大小确定的
	约束条件分析	◆ 地理位置是否合适，是否符合城市或地区的规划 ◆ 是否符合政府的产业布局，有没有法律制度约束 ◆ 选址地点的地价情况
筛选及评价阶段	地址筛选	◆ 在对所取得的上述资料进行充分的整理和分析，考虑各种因素的影响并对需求进行预测后，就可以初步确定选址范围，即确定初始候选地点
	定量分析	◆ 针对不同情况选用不同的模型进行计算，得出结果 ◆ 对多个仓库进行选址时，可采用奎汉・哈姆勃兹模型、鲍摩—瓦尔夫模型等 ◆ 对单一仓库进行选址，可采用重心法等
	结果评价	◆ 结合市场适应性、购置土地条件、服务质量等条件对计算所得结果进行评价，看其是否具有现实意义及可行性
	复查	◆ 分析其他影响因素对计算结果的相对影响程度，分别赋予它们一定的权重，采用加权法对计算结果进行复查
	确定选址结果	◆ 在用加权法复查通过后，则计算所得的结果即可作为最终的计算结果 ◆ 但是，所得解不一定为最优解，可能只是符合条件的满意解

5. 仓库选址的注意事项

仓库是指用来保管、储存物品的建筑物和场所的总称，仓库位置的选择直接影响货物保管的质量、仓库的安全、投资及作业的费用。企业在选择仓库位置时应注意以下内容：

（1）不同类型仓库选址

不同类型仓库选址时的注意事项如图2—11所示。

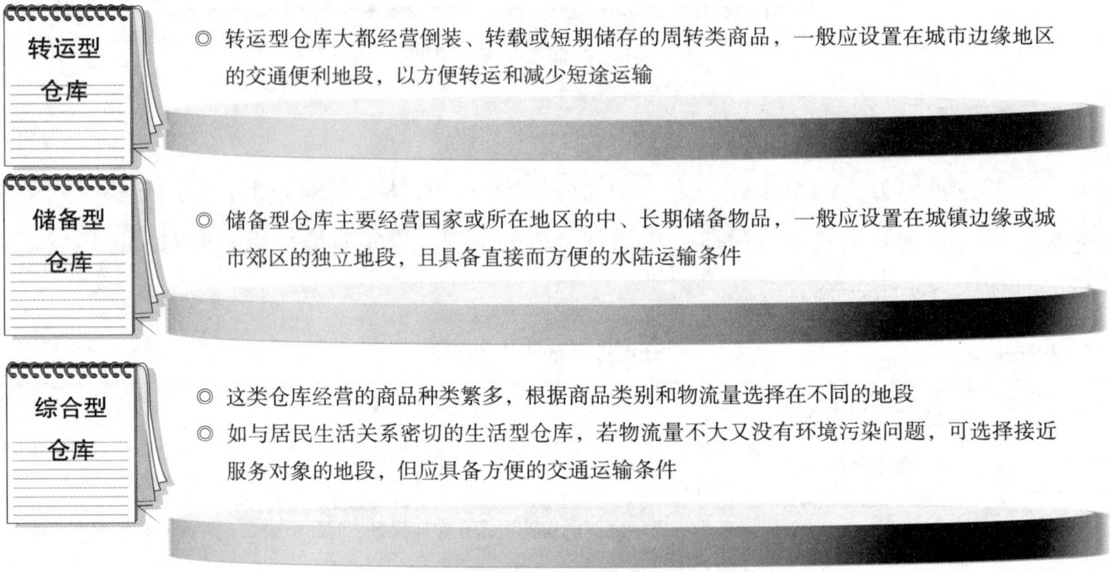

转运型仓库

◎ 转运型仓库大都经营倒装、转载或短期储存的周转类商品，一般应设置在城市边缘地区的交通便利地段，以方便转运和减少短途运输

储备型仓库

◎ 储备型仓库主要经营国家或所在地区的中、长期储备物品，一般应设置在城镇边缘或城市郊区的独立地段，且具备直接而方便的水陆运输条件

综合型仓库

◎ 这类仓库经营的商品种类繁多，根据商品类别和物流量选择在不同的地段

◎ 如与居民生活关系密切的生活型仓库，若物流量不大又没有环境污染问题，可选择接近服务对象的地段，但应具备方便的交通运输条件

图2—11 不同类型仓库选址时的注意事项

（2）经营不同商品的仓库选址

在对经营不同商品的仓库选址时，应注意的事项如图2—12所示。

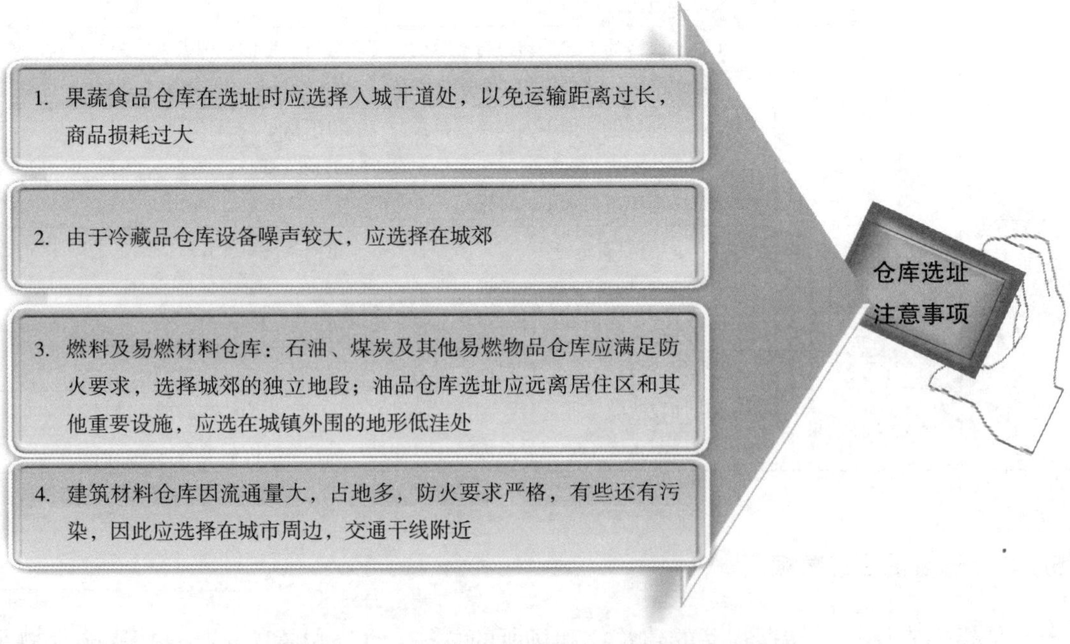

1. 果蔬食品仓库在选址时应选择入城干道处，以免运输距离过长，商品损耗过大
2. 由于冷藏品仓库设备噪声较大，应选择在城郊
3. 燃料及易燃材料仓库：石油、煤炭及其他易燃物品仓库应满足防火要求，选择城郊的独立地段；油品仓库选址应远离居住区和其他重要设施，应选在城镇外围的地形低洼处
4. 建筑材料仓库因流通量大，占地多，防火要求严格，有些还有污染，因此应选择在城市周边，交通干线附近

图2—12 不同商品的仓库选址时的注意事项

2.3.3 仓库规模及布局

1. 仓库规模的决策

仓库规模，是指仓库能够容纳货物的最大数量或总体积，通常情况下，仓库的规模用面积、容积和吞吐能力来表示。影响仓库规模的主要因素如图2—13所示。

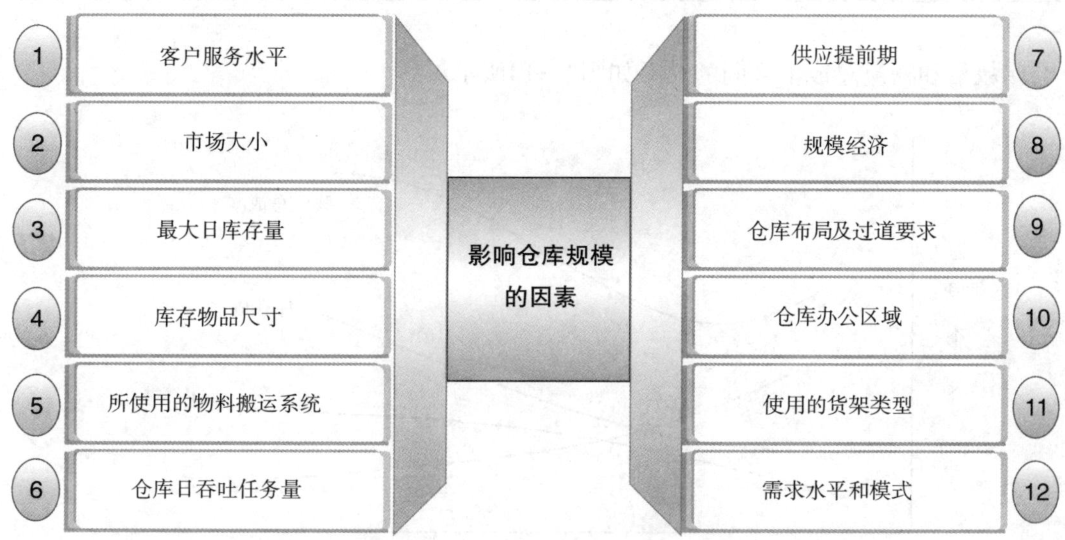

图2—13 影响仓库规模的主要因素

2. 仓库数量的决策

仓库数量的多少主要受成本、客户要求的服务水平、运输服务水平、中转供货的比例、计算机网络的运用、单个仓库的规模等因素的影响。具体内容见表2—9。

表2—9 影响仓库数量的因素

主要因素	详细说明
成本	◆ 影响仓储数量的成本主要是物流总成本和失销成本，一般来说，随着仓库数量的增加，运输成本和失销成本会减少，而存货成本和仓储成本将增加
客户要求的服务水平	◆ 对于企业来讲，商品的可替代程度与所需的客户服务水平之间存在着很强的相关关系 ◆ 当客户对服务标准要求很高时，就需要更多的仓库来及时满足客户需求
运输服务水平	◆ 若不能提供合适的运输服务，企业就要增加仓库来满足客户对交货期的要求
中转供货的比例	◆ 当一个地区或企业中转供货的比例小，而直达供货的比例大时，这个区域或企业需要的仓库数量就会比较少，而单个仓库的规模则会比较大

续表

主要因素	详细说明
计算机网络的应用	◆ 利用计算机可以提高仓库资源的利用率和运作效率，使仓库网点规划中空间位置与数量之间的矛盾得以缓解，实现以较少的仓库满足现有用户需求的目标 ◆ 物流系统的响应越及时，对仓库数量的需求就越少
单个仓库的规模	◆ 从仓库规模来看，当单个仓库的规模大且计算机管理运用程度高的时候，仓库数量可以少一些；反之，则应增加数量以弥补容量及业务能力的不足

仓库数量和物流总成本之间的关系如图2—14所示。

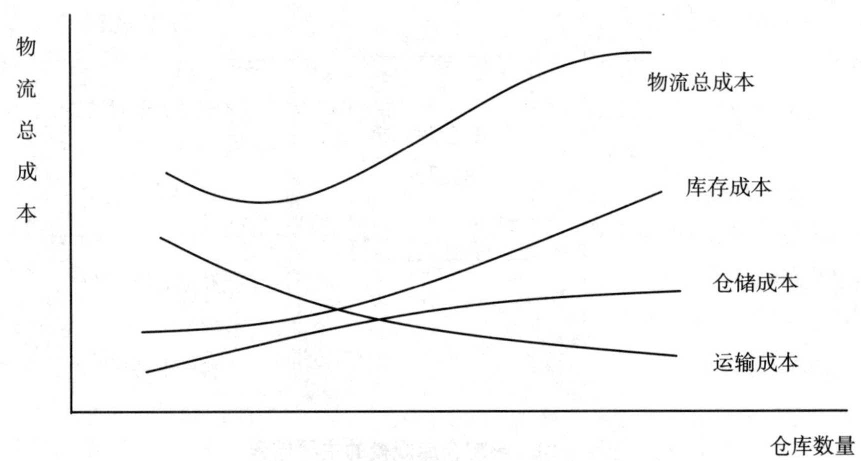

图2—14　仓库数量与物流总成本的关系

由此可以看出，随着仓库数量的增加，运输成本和失销成本的迅速下降导致总成本下降。但是，当仓库数量增加到一定规模时，库存成本和仓储成本的增加额会超过运输成本和失销成本的减少额，于是总成本开始上升。当然，不同企业的总成本曲线不尽相同。

3. 仓库的布局

仓库布局是指在一定区域或库区内，对仓库的数量、规模、地理位置和仓库设施道路等各要素进行科学规划和整体设计。

（1）仓库的总体构成

一个仓库通常由生产作业区、辅助生产区和行政生活区三大部分组成。如图2—15所示。

（2）仓库布局的原则

仓库管理人员进行仓库布局设计时，应遵循以下原则，如图2—16所示。

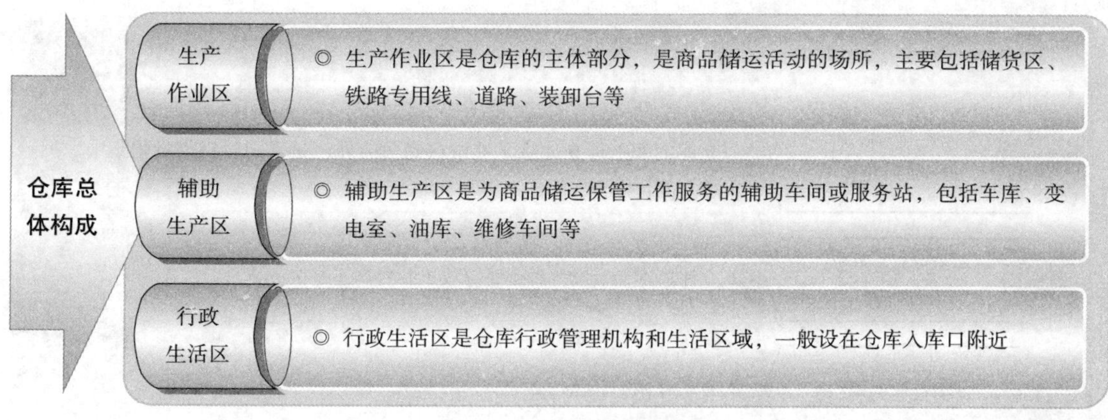

图2—15　仓库总体构成

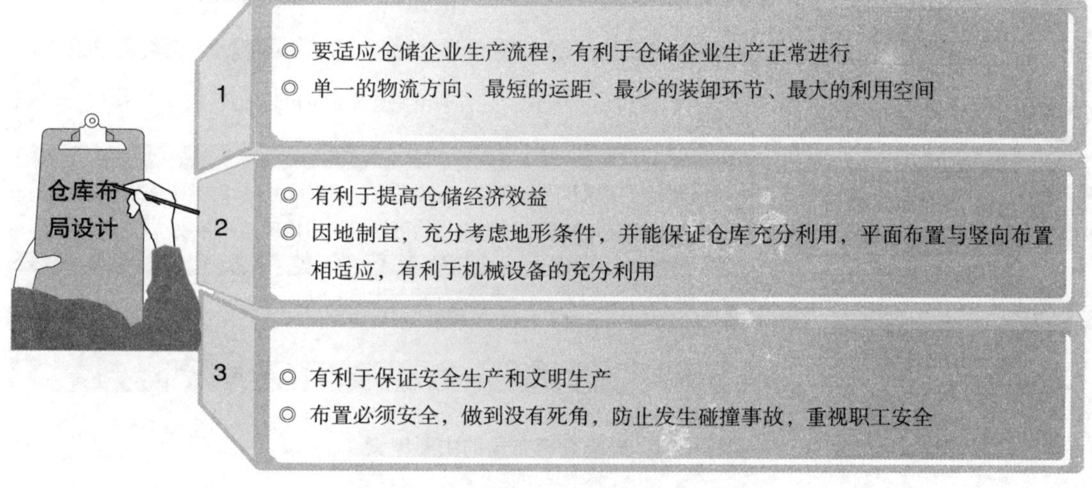

图2—16　仓库布局设计应遵循的原则

（3）影响仓库布局的因素

影响仓库布局的因素主要包括仓库的职能、仓库所存储的货物的种类、货物存储的规格、货物的属性、货物的包装、货物储存定位的方法和库存周转速度7个方面，具体内容如图2—17所示。

4. 仓库布局设计

（1）仓库布局的内容

仓库布局设计主要内容如图2—18所示。

仓库管理人员遵循“布局整齐、紧凑适用、节省用地、方便生产、便于管理”的原则，根据仓库总体设计要求，科学地解决仓库区域的布局问题，包括具体安排主要业务场所、辅助业务场所、生活区的办公场所、生活场所及其他附属设施的位置。

因素		具体内容
1	仓库的职能	仓库的职能即仓库除了提供存储功能外，是否同时提供货物集中、拆装、混合等多项服务
2	仓库所存储货物的种类	仓库所存储货物的种类是存放单一货物还是多种货物
3	货物存储的规格	货物存储的规格指存储货物的重量、体积
4	货物的属性	货物的属性指存储货物的特点和性质对存储条件的要求
5	货物的包装	存储货物的包装形态，是否采用托盘等成组包装形式
6	货物储存定位的方法	分为定位存储和随机存储。定位存储一般对特定货物指定固定位置；随机存储没有此类要求，进库货物可根据入库情况随机存放
7	库存周转速度	现代仓库一般对周转慢的货物特别划定存储区进行保管

图2—17　影响仓库布局的主要因素

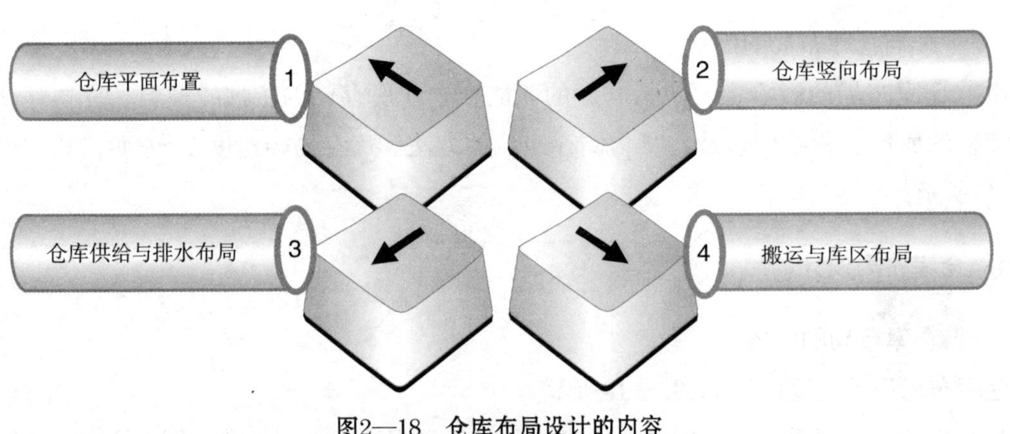

图2—18　仓库布局设计的内容

仓储面积利用系数计算公式如下：

$$\lambda = \sum S/F\ (\%)$$

式中：λ——仓库面积利用系数；

$\sum S$——仓库和货物建筑面积总和，m^2；

F——仓库总面积，m^2。

（2）仓库布局的形式

仓库布局的形式主要有U型、直线型和T型三种。详细内容见表2—10。

表2—10 仓库布局形式说明

布局形式	具体形式	特 点
U 型	收货、存储、拣货、发货	◆ U型布局可根据进出货频率大小，将物流量大的物品安排在靠近进出口端的储区，缩短这些物品的拣货搬运路线 ◆ 如果有大量的产品，一入库马上就进行出库操作，可以先考虑U型 ◆ 存储区靠里布置，比较集中，好利用，且易于控制和安全防范
直线型	收货、储存、拣货、发货	◆ 无论订单大小与拣货品项多少，均要通过仓库全程。适合于作业流程简单、规模较小的物流作业 ◆ 可以应对进出货高峰同时发生的情况 ◆ 常用于接受相邻加工厂的货物，或不同类型车辆的出货和发货
T 型	存储；收货、拣货、发货	◆ 快速满足流转和储存两大功能 ◆ 可以根据要求增加储存面积，适用范围广

2.3.4 仓储设施的规划

仓储设施是指能够满足储藏和保管物品需要的技术装置和机具。

1. 仓储设施规划的原则

仓库管理人员在进行仓储设施规划时应遵循的原则如图2—19所示。

2. 仓储货架规划

在仓库设备中，货架是指专门用于存放成件物品的保管设备。货架在物流及仓库中占有

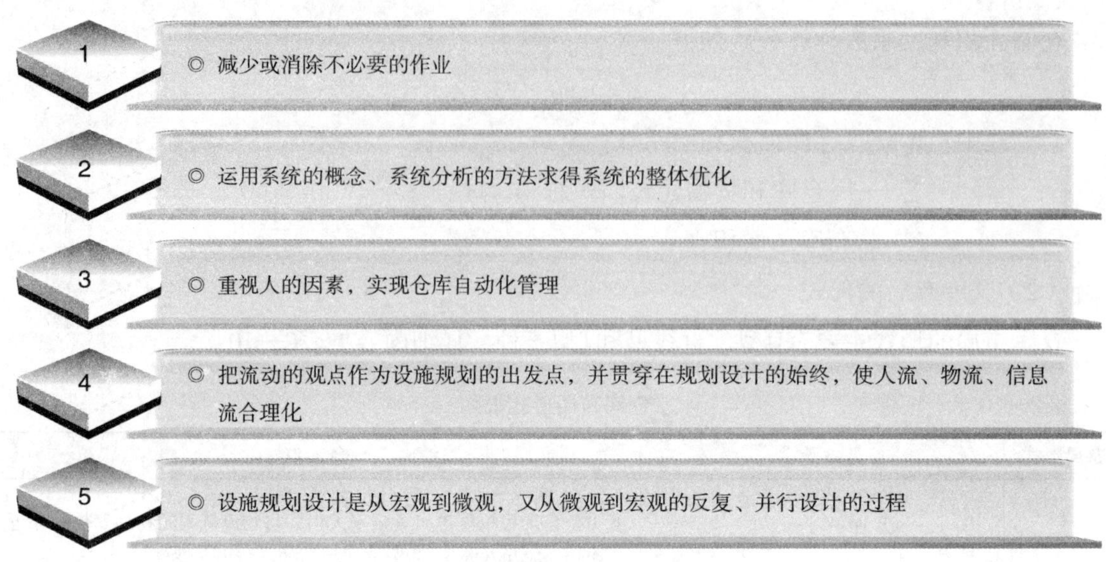

图2—19　仓储设施规划的5个原则

非常重要的地位。

（1）货架的分类

根据不同的分类标准，货架可分为不同种类。具体内容见表2—11。

表2—11　货架种类一览表

划分标准	主要类型
货架的发展	◆ 货架分为传统式货架（如层架）和新型货架（如旋转式货架、重力式货架等）
货架的适用性	◆ 货架分为通用货架和专用货架等
货架的制造材料	◆ 货架分为钢货架、钢筋混凝土货架、钢与钢筋混凝土混合式货架、木制货架和钢木合制货架等
货架的封闭程度	◆ 货架分为敞开式货架、半封闭式货架和封闭式货架等
货架的结构特点	◆ 货架分为层架、层格架、橱架、抽屉架、悬臂架、三脚架和栅型架等
货架的可动性	◆ 货架分为固定式货架、移动式货架、旋转式货架、组合式货架、可调式货架和流动储存货架等
货架的载货方式	◆ 货架分为悬臂式货架、橱柜式货架和棚板式货架等
货架的高度	◆ 货架分为低层货架（高度在 5 米以下）、中层货架（高度在 5 ~ 15 米）和高层货架（高度在 15 米以上）等
货架的重量	◆ 货架分为重型货架、中型货架和轻型货架等

（2）货架设计规划要点

仓库管理人员进行仓储货架设计规划时，应注意的要点如图2—20所示。

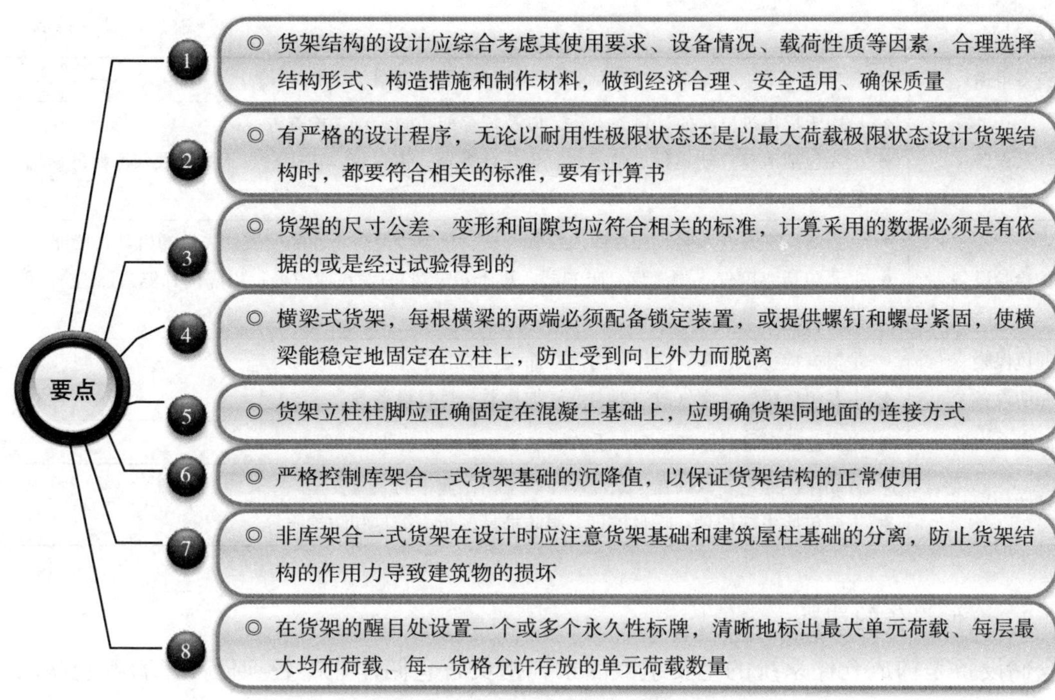

图2—20 仓储货架设计要点说明

3. 仓储设备规划

仓储设备是仓储与物流技术水平高低的主要标志。

（1）仓储设备的种类

仓储工作中所使用的设备按其用途和特征可以分成装卸搬运设备、保管设备、计量设备、养护检验设备、通风保暖照明设备、消防安全设备、劳动防护用品以及其他用途设备和工具等。

仓储设备的种类见表2—12。

表2—12 仓储设备的种类

设备用途	设备分类及介绍	
装卸搬运设备	装卸堆垛设备	◆ 包括桥式起重机、轮胎式起重机、门式起重机、叉车、堆垛机、滑车、跳板及滑板等
	搬运传送设备	◆ 包括电平搬运车、皮带输送机、电梯及手推车等
	成组搬运工具	◆ 包括托盘、网络等
保管设备	苫垫用品	◆ 起遮挡雨水和隔潮、通风等作用，主要包括苫布（油布、塑料布等）、苫席、枕木、石条等
	存货用具	◆ 包括各种类型的货架、货橱

续表

设备用途	设备分类及介绍
计量设备	◆ 是用于货物进出时的计量、点数，以及货存期间的盘点、检查等 ◆ 主要包括地磅、轨道秤、电子秤、电子计数器、流量仪、皮带秤、天平仪及较原始的磅秤、卷尺等
养护检验设备	◆ 是指商品进入仓库验收和在库内保管测试、化验以及防止商品变质、失效的机具、仪器 ◆ 主要包括温度仪、测潮仪、吸潮器、烘干箱、风幕(设在库门处，以隔内外温差)、空气调节器、商品质量化验仪器等
通风保暖照明设备	◆ 是根据货物保管和仓储作业的需要而设计的 ◆ 主要包括风机、空气过滤器、空气加热器、灯具设备等
消防安全设备	◆ 主要包括报警器、消防车、手动抽水器、水枪、消防云梯等
劳动防护用品	◆ 劳动保护的主要目的在于确保仓库职工在作业中的人身安全 ◆ 主要包括头部护具、呼吸护具、眼防护具、听力护具和防护服等

（2）仓储设备的选择

仓储设备是构成仓储系统的重要组成因素，担负着仓储作业的各项任务，影响仓储活动的每一个环节，在仓储活动中处于十分重要的地位。

仓储设备选用程序如图2—21所示。

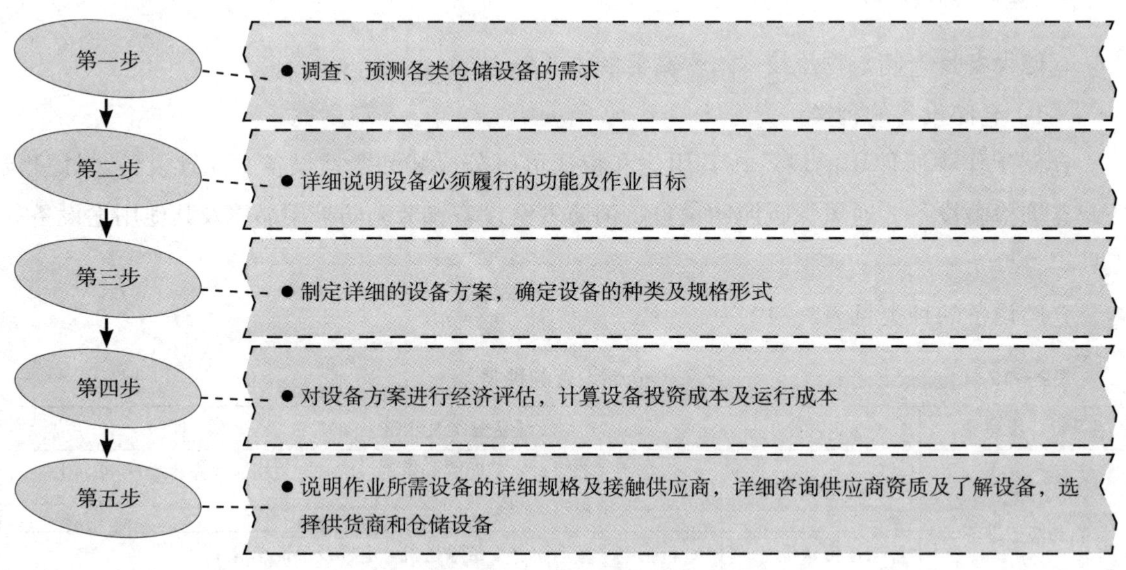

图2—21 仓储设备选用程序

选择仓储设备的关键看“设备是否适合作业需求”，因此一定要从自身实际出发，选择合适的仓储设备。此外，还需选择有实力的供应商。

2.3.5　仓储业务的规划

1. 仓储业务规划的原则

仓库管理人员在规划仓储业务时应遵循的原则如图2—22所示。

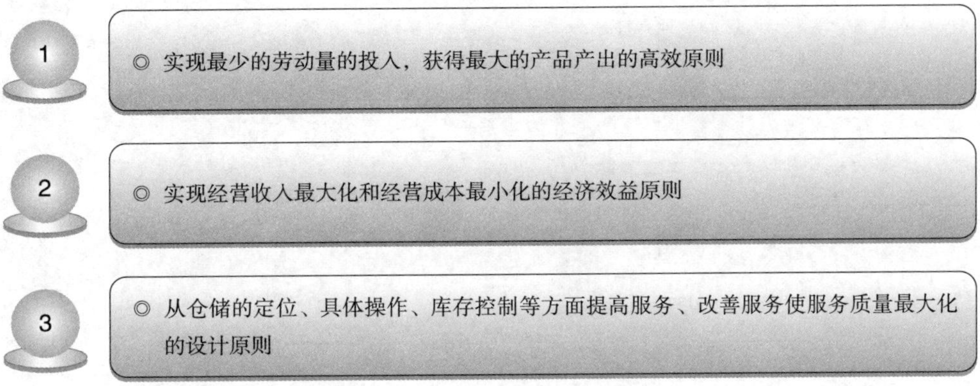

1
◎ 实现最少的劳动量的投入，获得最大的产品产出的高效原则
2
◎ 实现经营收入最大化和经营成本最小化的经济效益原则
3
◎ 从仓储的定位、具体操作、库存控制等方面提高服务、改善服务使服务质量最大化的设计原则

图2—22　**仓储业务规划的原则**

2. 仓储业务规划的内容

仓储业务规划的主要内容如图2—23所示。

货物出入库作业的规划
仓库储位规划
物资定期的盘点与库存量管理规划
货物储存保管作业规划
物资的装卸、搬运及配送管理作业规划
仓储业务规划
仓库的账务管理规划
仓储安全管理的规划

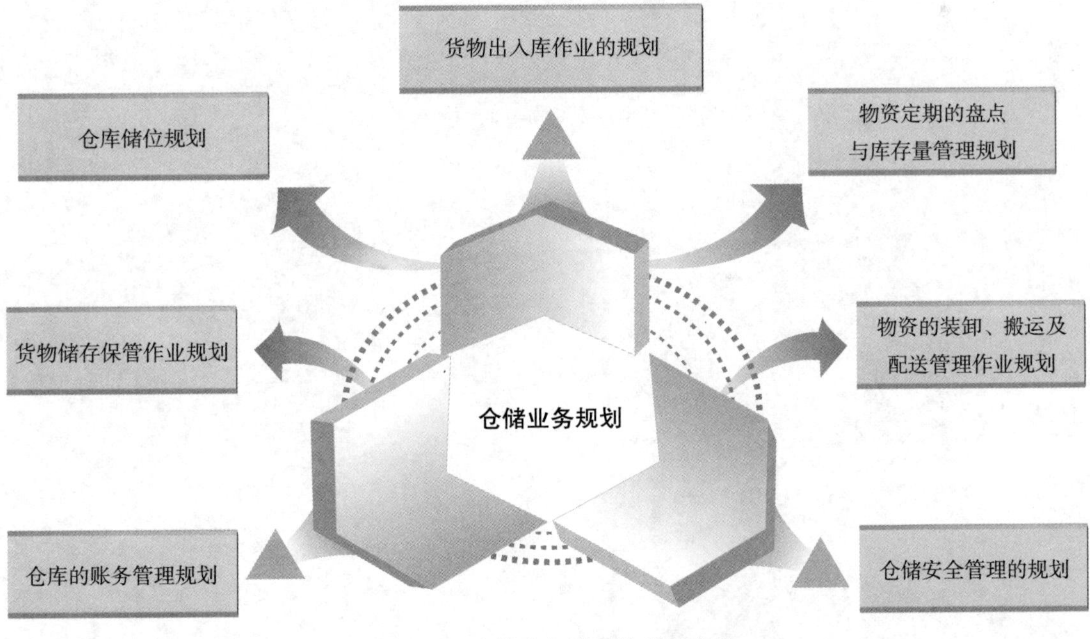

图2—23　**仓储业务规划的主要内容**

第3章

仓库入库作业

3.1 接货工作程序

3.1.1 货物入库方式

货物入库方式多种多样，根据不同的划分标准可分为以下几种，见表3—1。

表3—1　　货物入库方式

依 据	方式分类	具体说明
按货物的交接方式	提货入库	⊙ 是指仓管人员组织到车站、码头、民航、邮局或者生产厂家、流通企业提取货物，再行入库
	送货入库	⊙ 是指采购供应商自己将采购货物运送到仓库
按运输工具	铁路专线到货	⊙ 是指入库货物由火车占用专有铁路运送到仓库，由仓库与铁路部门直接在库交接货物
	汽车运输到货	⊙ 是指入库货物由汽车运送到仓库
按货物交接人	承运单位到货	⊙ 是指与仓库相对应的货物交接人为承运单位，即承接其他企业或单位的物流配送任务的单位
	供货单位到货	⊙ 是指与仓库相对应的货物交接人为供货单位，即采购供应商亲自将采购货物送至仓库
按照货物性质	正常入库	⊙ 是指非特殊原因入库的货物入库方式，包括采购入库、生产成品入库等
	工艺性外协入库	⊙ 是指外协厂商用企业仓库中货物加工生产的入库方式
	退货入库	⊙ 是指客户因各种原因退货回收入库的入库方式，入库仓库首先应为返修仓库
	调拨入库	⊙ 又叫“移库入库”，是指货物由一个仓库移至另一个仓库专用的入库方式
	报损入库	⊙ 是指因仓库存放保管原因造成报废的货物，入报废仓库的入库方式
按入库是否检验	采购质检入库	⊙ 是指采购类货物需要质检科检验的入库方式
	采购免检入库	⊙ 是指采购类货物不需要质检科检验的入库方式

3.1.2 保管场所安排

货物入库前，仓库管理人员需要根据要到货的预入库单据合理安排收货站台、时间，尤其是合理安排保管场所。

仓库管理人员在安排货物保管场所时应遵循如图3—1所示的流程。

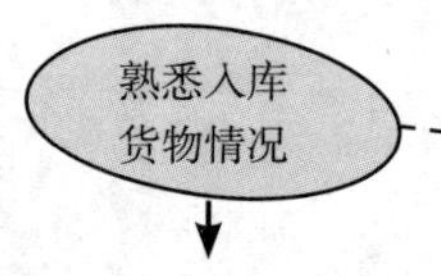

● 仓库管理人员应根据要到货的预入库单据了解货物的品种、规格型号、数量、包装状态、单体体积、到库确切时间、货物存期、货物的理化特性以及保管要求，以便合理安排、准备货位

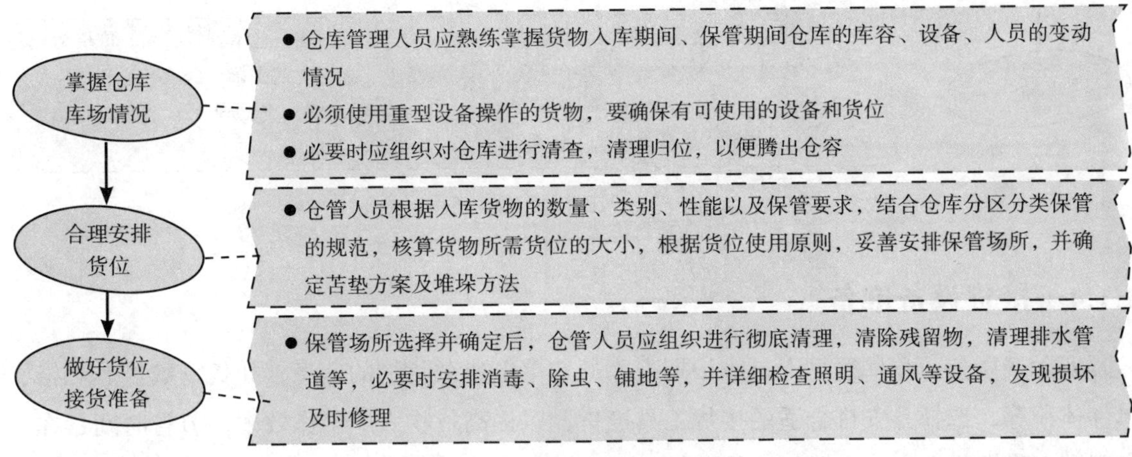

图3—1　货物保管场所安排流程

3.1.3　接货工作流程

由于货物到达仓库的形式不同，除了一小部分由供货单位直接运到仓库交货外，大部分要经过铁路、公路、航运、空运和短途运输等运输工具转运。凡经过交通运输部门转运的货物，均需经过仓库接运后，才能入库验收。因此，接运是货物入库业务流程的第一个作业环节，也是仓库直接与外部发生的经济联系。

接货工作是后续入库工作的基础。仓库管理人员组织进行接货工作时应遵循如图3—2所示的工作流程。

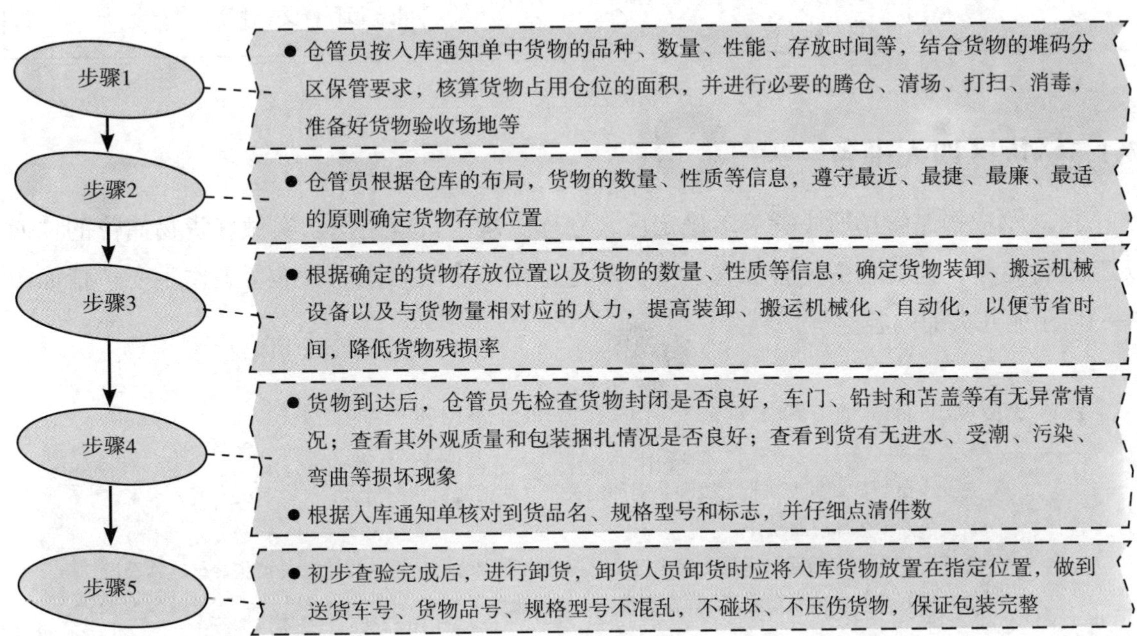

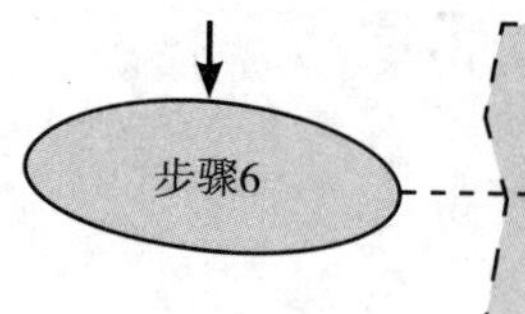

● 卸货完毕后，仓管员根据入库通知单核对发货单，核对内容包括到货品名、规格型号、数量、货主名称，核对单无误后填写收货单，办理内部交接。准确登记到货品名、规格型号、数量、到货日期、货物始发站、发货单位、送货车号、货物验收状况等

图3—2　入库接货工作流程

3.1.4　接货设备准备

实际接货前，仓库管理人员应根据入库通知单上所载货物的信息，如货物数量、规格、单件体积等，选择并安排合适的接货工具接货，以提高货物入库工作效率，节省时间，在一定程度上降低货损率。常用的接货设备见表3—2。

表3—2　常用的接货设备

工具类型	作用说明	常用设备举例
装卸、搬运设备	◆ 用来搬移、升降、装卸和短距离输送货物的设备	机械动力叉车、手工动力叉车、起重机等
堆垛设备	◆ 用于集装、堆放货物以便于装卸货物搬运和运输的水平平台的设备，可提高装卸速度，减少货损	平托盘、箱式托盘等
站台设备	◆ 站台设备就是连接仓储空间与交通运输车辆的接口设备	装卸平台、站台接泊板、剪式升降平台、移动式登车桥等
计量设备	◆ 利用机械原理或者电测原理对物品的重量、长度、数量、容积等量值进行度量的器材、仪器的总称	地磅、电子轨道衡、电子秤、自动检重秤、电子吊秤、皮带秤等

3.1.5　货区四无准备

预入库货物保管场所（货位）确定后，仓库管理人员应组织切实做好货物储位的“四无”准备工作，为货物的妥善保管、养护奠定基础。货区“四无”准备工作主要包括如图3—3所示的几方面内容。

无火灾

◎ 仓储人员须认真贯彻执行上级和公安部门关于仓库消防工作的指示、规章制度和有关规定，接受公安消防部门的监督

◎ 仓库管理人员应确保仓库消防组织健全，坚持定期训练，按有关规定配备消防器材，并保证器材完好有效、水源充足，仓库没有重大火灾隐患

无盗窃

◎ 仓库管理人员应健全安全保卫组织，坚持执行值班、值宿、巡逻、联防等制度

◎ 总结发生的盗窃事故经验教训，制定改善措施，并组织积极落实

无霉变虫害

◎ 货物存放分区分类，合理堆码，经常保持库内外清洁卫生

◎ 积极推行《货物保管养护技术规范》，改善货物储存条件，配置必要的温湿度检测、调控仪器设备，以适应货物储存的要求，为货物安全储存奠定基础

无差错事故

◎ 办理货物入库手续的人员应熟练掌握货物入库手续制度，把好入库验收关，收货差错的笔数不超过收货总笔数的万分之五

图3—3 入库接货工作流程

3.2 货物入库的验收

3.2.1 外观质量验收

货物入库验收的项目有很多，外观质量验收是其中之一。外观质量验收是货物验收人员通过感觉器官，对货物外观进行验收的方法。

1. 货物外观质量验收流程

仓库验收人员应按照如图3—4所示的流程对货物外观进行质量验收。

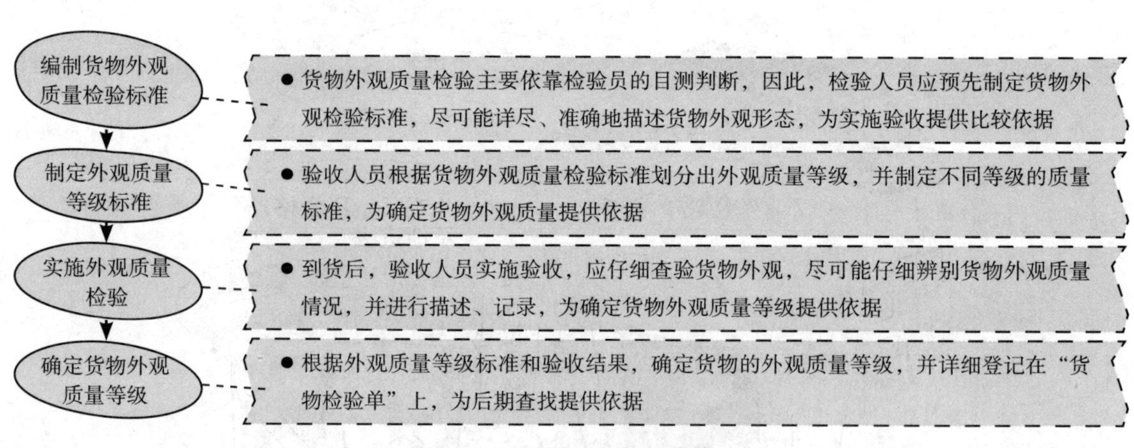

图3—4 外观质量验收流程

2. 货物外观质量验收内容

仓管人员应通过查验如图3—5所示的四个方面内容进行货物外观质量验收工作。

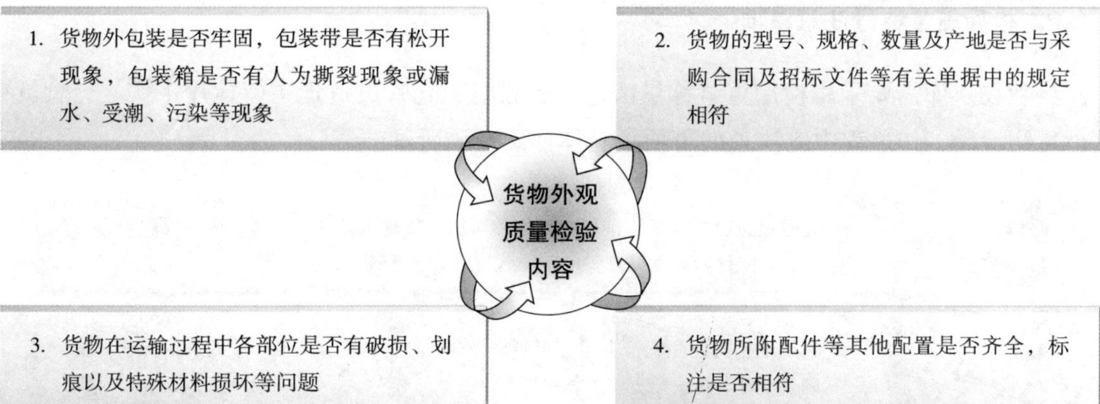

图3—5 外观质量验收查验内容

3.2.2 检斤重量称量

检斤，是指对实体货物（如粮食、钢材、石油等）的重量进行检查、过秤，统计货物的实际重量。

检斤重量称量法，是指利用重量计量设备或工具对货物重量进行称量、计算的货物入库验收方法。凡按重量交货的货物，验收时应全部过磅称量。

1. 检斤重量称量流程

检斤重量称量主要包括两部分内容，即称皮重和称毛重。在采购货物或生产成品入库时，一般情况下，首先称毛重，再称皮重。图3—6以整车检斤为例，说明检斤重量称量的具体流程。

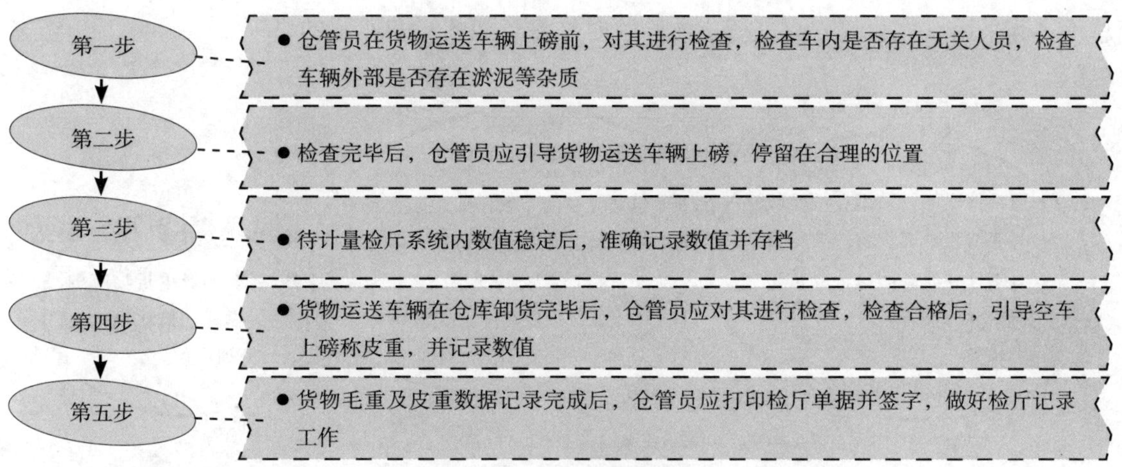

图3—6 检斤重量称量流程

2. 检斤重量称量注意事项

当货物入库需要采用检斤重量称量法进行验收时，仓管员负责主持检斤工作。仓管员在进行货物检斤工作过程中应注意的事项，具体如图3—7所示。

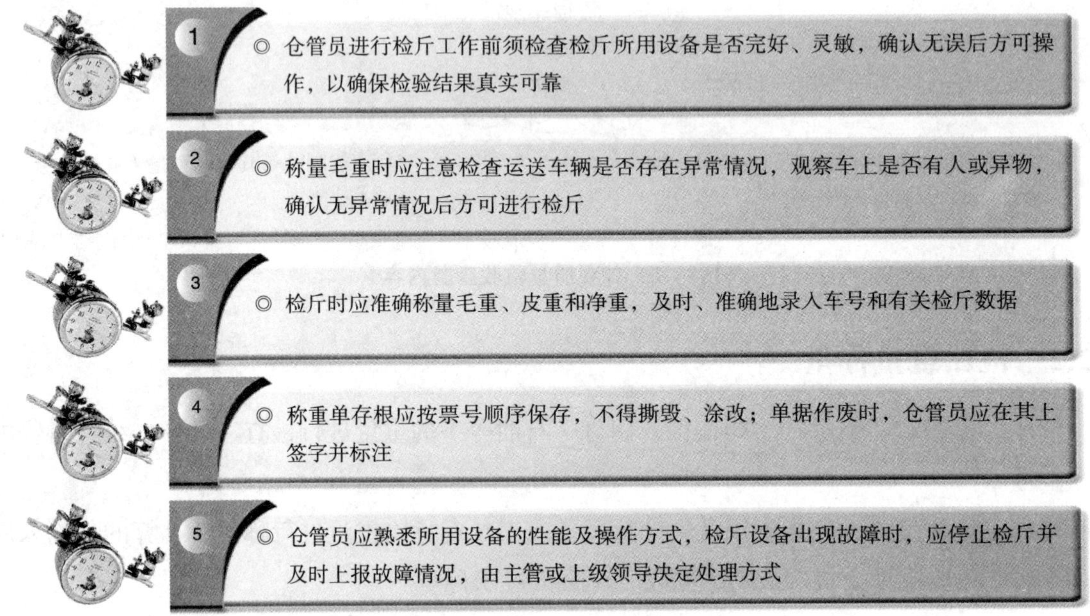

图3—7　检斤重量称量验收注意事项

3.2.3　点数验收方法

点数验收方法是数量验收方法中的一种，适用于按同一重量包装的货物。

点数验收的步骤通常是首先清点货物件数（包装数量），再根据单件重量乘以总件数计算总重量。采用点数验收方法进行货物验收时须注意如图3—8所示的事项。

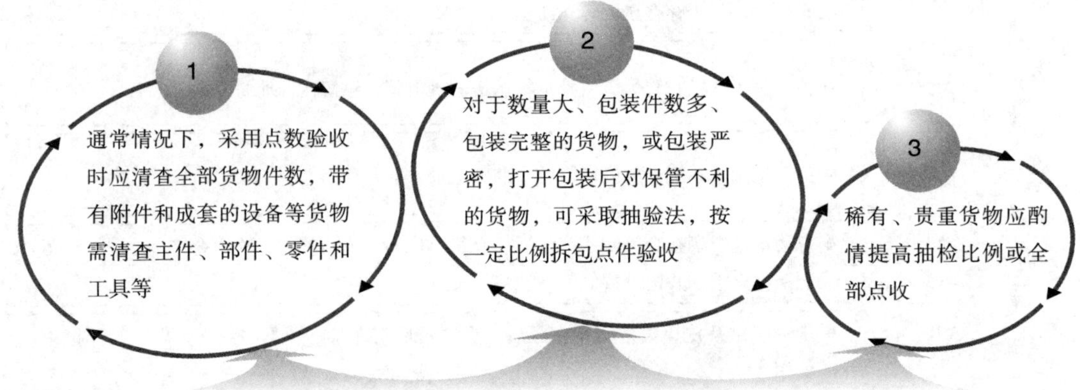

图3—8　点数验收注意事项

3.2.4 检尺求积验收

检尺求积验收方法是数量验收方法中的一种，适用于对以体积为计量单位的货物的验收，如木材、竹材、沙石等数量比较大的建筑材料。

检尺求积验收流程如图3—9所示。

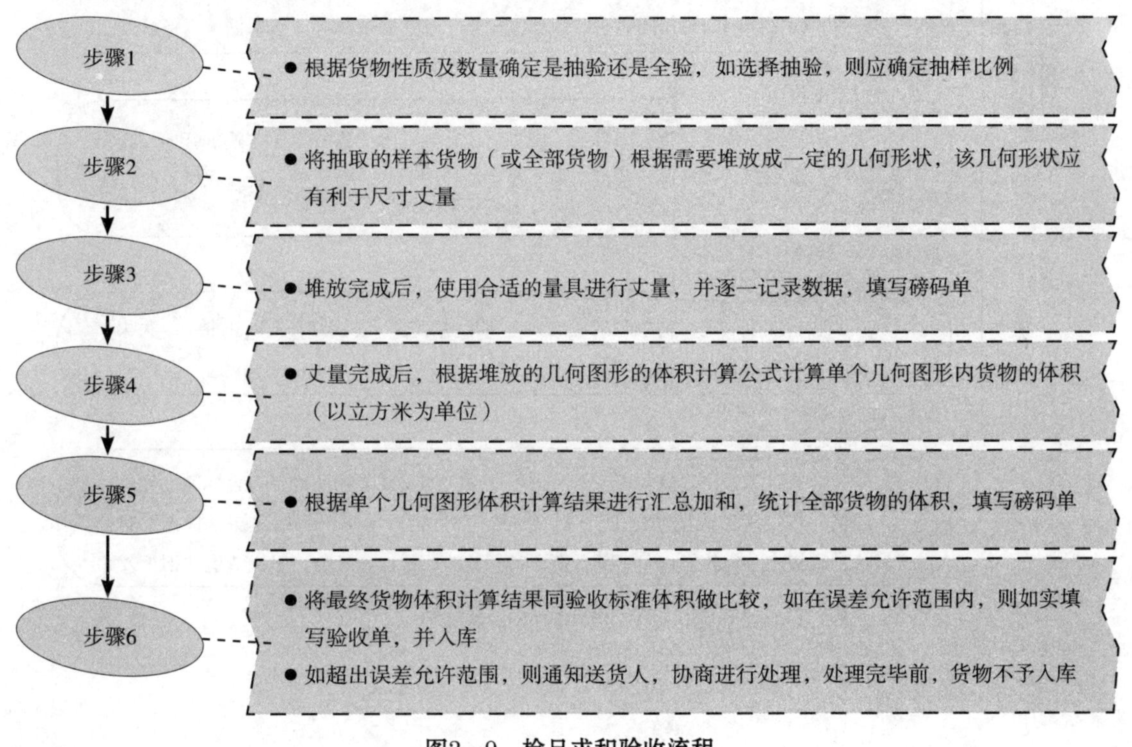

图3—9 检尺求积验收流程

3.2.5 验收注意事项

所有到库货物，必须在入库前进行验收，只有在验收合格后方可正式入库。货物验收记录是货物在库保管和养护的基础，是仓库提出退货、换货和索赔的依据，是避免货物积压、减少企业经济损失的重要手段。

因此，货物验收工作尤其重要，仓管人员对到库货物进行验收时应注意如图3—10所示的工作事项。

1. 明确质量验收标准

◎ 对于即将入库的货物，在采购订货或产品生产时就按照货物样品，明确质量标准，即质量验收标准，并将样品封存，作为商品验收时的依据

2. 随时验收

◎ 货物一运送到达仓库，仓库管理人员就要组织有关人员，及时、准确、迅速地进行验收，即做到随时到货随时验收。验收完毕，填好验收单等应填单据，以备核查

3. 逐层验收

◎ 从仓库上门提货（提货入库方式）或货物运送到仓库（到货入库方式）开始，直到货物入库上架，每个操作环节中都要随着货物的装卸、搬运等，进行逐层验收，明确责任

4. 问题货物单独存放

◎ 凡验收中发现问题等待处理的货物，应该单独存放，妥善保管，防止混杂、丢失、损坏，且在处理前不得动用

5. 及时处理问题

◎ 验收货物时，如出现问题，应及时进行处理。如发现货物质量不符合标准，或协商退货，或换货，或按质论价，降价接收；如货物数量不符，或通知送货人及时补足，或扣除差货款额；对于危及消费者利益的假冒伪劣货物，坚决清退，不予入库

图3—10 货物验收注意事项

3.3 验收问题处理

3.3.1 破损问题的划分及处理

1. 货物破损等级标准及相应对策

破损，是指货物包装或货物本身因碰撞、刮擦、挤压、水浸、暴晒等后导致变形、掉漆、弯曲、污染、失去使用价值等不同程度的损害。

入库验收员在执行货物入库验收工作前，应收集和熟悉该批货物的验收凭证及有关资料，全面了解该批货物的性能、特点和数量，以便熟练掌握和运用货物破损等级标准。

货物破损等级标准以及建议处理对策见表3—3。

表3—3 货物破损等级标准及处理对策说明

等 级	破损程度描述	处理对策
A级	◆ 货物外包装破损程度高于40%，货物本身受到损坏，有关技术性能达不到质量标准	◆ 按实际情况填写验收单，通知采购负责人货损情况，采购人员联系供应商办理退货或换货
B级	◆ 货物外包装破损程度高于40%，货物外观受到一定程度的损害，但不影响货物使用价值	◆ 按实际情况填写验收单，通知采购负责人货损情况，采购人同供应商协商解决，或换货，或按降价接收
C级	◆ 货物外包装破损，破损程度低于40%，丝毫不影响货物性能及美观价值	◆ 按实际情况填写验收单，准予入库

2. 货物破损问题处理流程

货物入库验收时，如出现货物破损问题，有关人员则应按照如图3—11所示的工作程序进行处理。

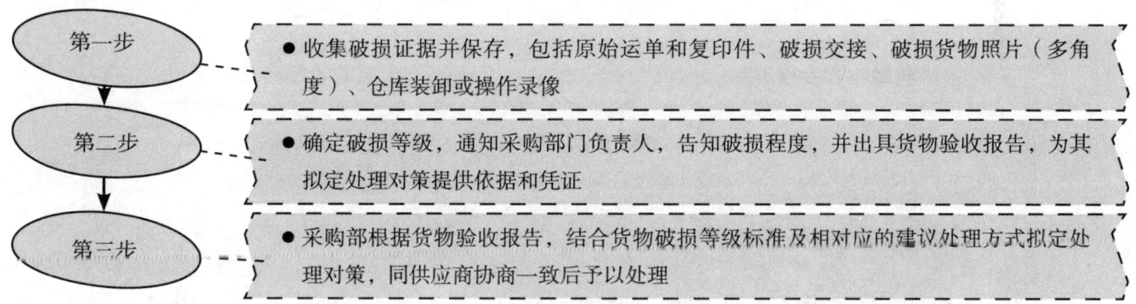

图3—11 货物破损问题及处理对策

3.3.2 数量问题的划分及处理

货物入库验收时会发现很多的问题，货物数量不符是常见的问题之一。一般情况下，货物数量验收有两种结果，具体情况说明及相应处理对策如图3—12所示。

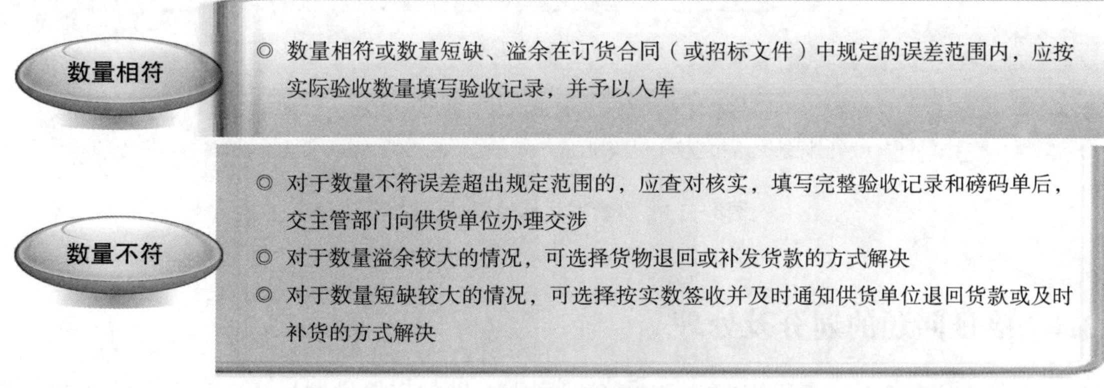

图3—12 数量问题及处理对策

3.3.3 质量问题的划分及处理

1. 质量问题划分标准

入库货物质量检验员在货物质量检验完成后，计算货物质量合格率，并通过合格率的高低判定该批货物验收结果。具体说明如图3—13所示。

质量验收合格	质量验收不合格
◎ 该批货物的质量合格率达到__%（在允许误差范围内）以上的，填写“验收记录单”合格项，准予入库，通知仓管人员办理入库手续	◎ 该批货物的质量合格率低于__%，则确定该批货物不符合入库标准，填写“验收记录单”不合格项，及时通知有关主管人员进行协调解决，并通知仓管人员对不合格品暂时隔离，为采购部提供残次品样本和质量检验报告

图3—13 质量问题划分标准

2. 质量不达标问题的处理对策

验收后，货物质量不符合验收标准，质量验收人员判定验收结果为不合格时，解决对策主要有以下几种，具体说明如图3—14所示。

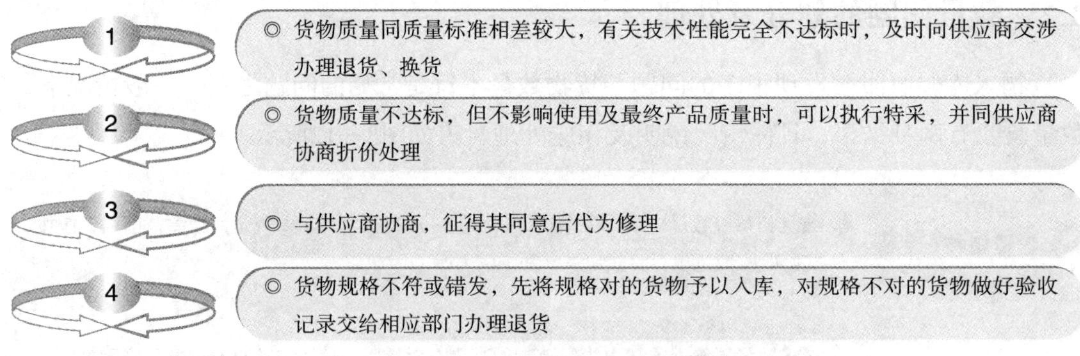

图3—14 质量不达标情况处理对策

3.3.4 单证问题的划分及处理

入库货物必须具有入库通知单、订货合同副本、供应商提供的材质证明书（或技术证明书）、磅码单、发货明细表以及承运单位的运单等文件资料。如验收时发现单证不符或不全的，验收人员应分情况进行处理。

常见的单证不符或不全的情况有以下几种，具体情况说明及处理对策见表3—4。

表3—4　　单证不符情况及处理对策说明

情况分类	情况说明	处理对策
货物串库	验收时发现该批货物同手中现有单据不符，有串库现象	◇ 此时，如果是初步检查时发现串库现象，应立即拒收；如在验收细数中发现的串库货物，应及时通知送货人办理退货手续，同时更正单据
有货无单	即验收区内货物已到位，但是无与货物相关的单据	◇ 此时，应及时向供货单位索取，该批货物则作为待验货物堆放在待验区，待与货物相关的资料齐全后再验收
有单无货	即验收人员手中有一批待验货物的单据，但验收区并无该批货物	◇ 此时，验收人员应同仓管员联系，及时查明原因，将单证退回并注销
货未到齐	即单证已齐全，货物只到了一部分的情况	◇ 此种情况下有两种处理方法，一是等待货物全部到齐后再一起验收（等待时间不能超过 2 小时）；二是对该部分货物进行验收，并分单签收

3.4　货物入库手续办理

3.4.1　货物入库登账管理

货物检验合格后，仓管员应根据验收结果，在货物入库单上签收，办理货物入库手续，包括登账、立卡、存档等工作，如上图漫画所示，这是货物入库阶段的最后环节。

1. 入库登账的主要内容

登账，即仓管员将此次入库的货物登记在货物仓储明细账上，主要登记货物入库、出库、结存的详细情况，用以记录库存货物的入库过程和动态。货物入库登账的主要内容如图3—15所示。

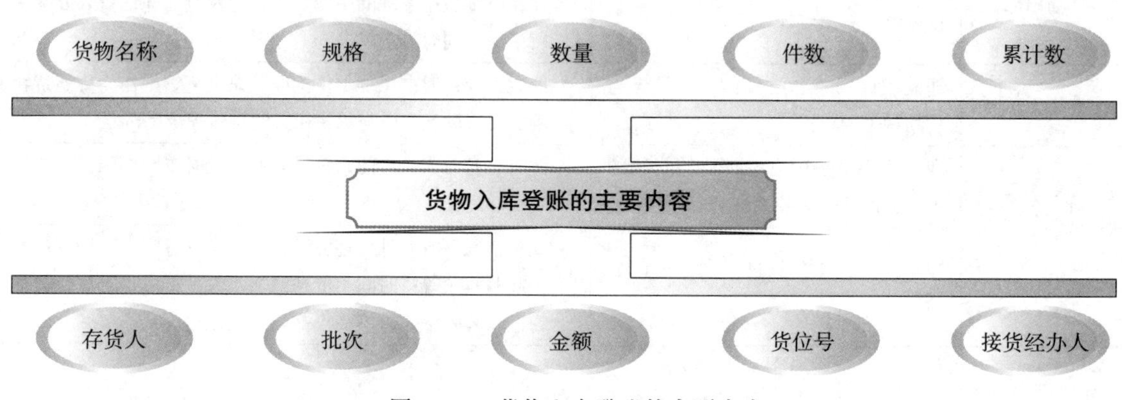

图3—15 货物入库登账的主要内容

2. 入库登账遵循的规则

仓管员进行货物入库登账时应遵循如图3—16所示的规则。

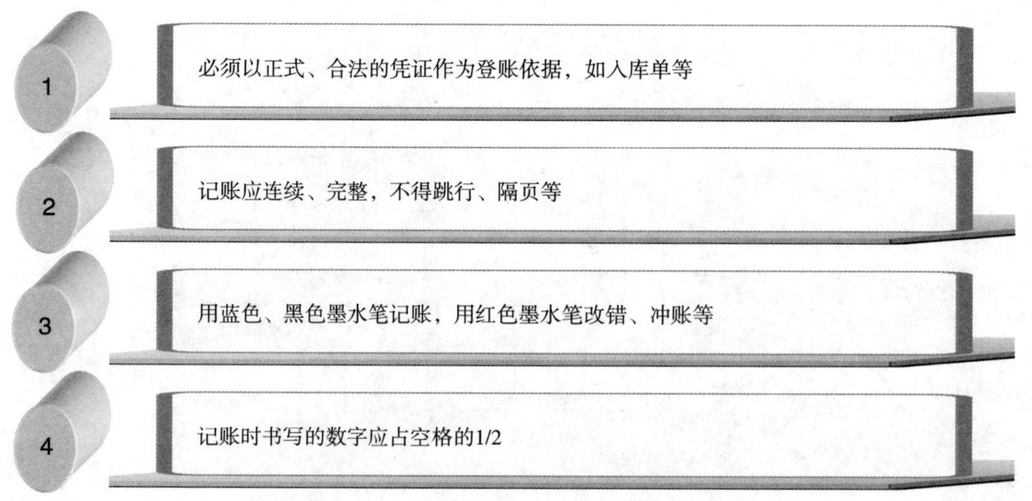

图3—16 货物入库登账遵循的规则

3.4.2 货物入库立卡管理

立卡，又称为货卡、料卡或保管卡，它是一种货物的标签，插放在货架上货物下方的货物支架上或摆放在货物货垛正面的明显位置上。货物入库或上架后，仓管员应按照入库单所列内容填写立卡。

按作用不同，立卡可分为状态卡、识别卡、储存卡三种，具体见表3—5。

表3—5 立卡分类说明

分 类	具体说明
状态卡	⊙ 用于反映货物质量状态，它是表明货物所处的业务状态或阶段的标志，如合格、不合格、待检验、待处理等状态
识别卡	⊙ 用于反映货物的名称、规格、生产商等
储存卡	⊙ 用于反映货物的入、出、库存状态

货物不同状态或阶段的状态卡如图3—17所示。

（货物状态）

供应商名称：	编 号：
名 称：	进货日期：
批 号：	生产日期：
标 记 日 期：	标 记 人：
备 注：	

图3—17 状态卡示例图

3.4.3 存储建档的资料内容

货物入库后，仓管员应及时建立相应的档案，将货物入库作业全过程的有关依据、凭证、技术资料进行整理、核对，分类归档保存，其目的是为了更好地管理货物的凭证、资料。货物建档有助于提高企业的科学管理水平。

入库货物建档工作应遵循一物一档原则和统一编号的原则。入库货物存档资料的主要内容如图3—18所示。

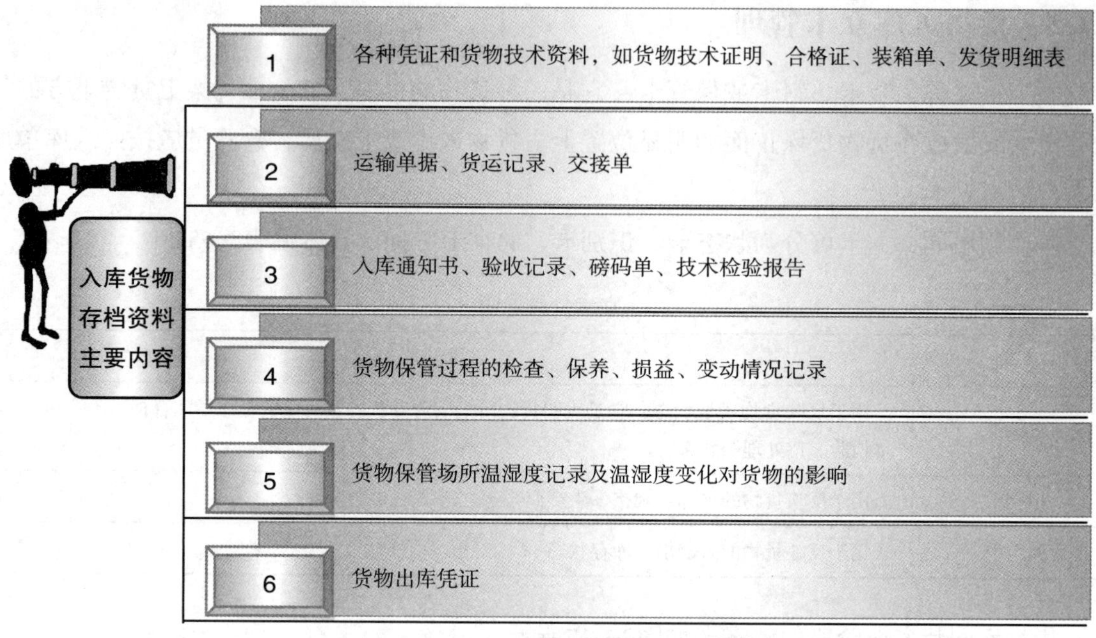

图3—18　入库货物存档资料的主要内容

第4章

仓库储位管理

4.1 货物分类存储

4.1.1 仓库存储安排原则

仓库中货物应按照一定原则安排存储，具体原则如图4—1所示。

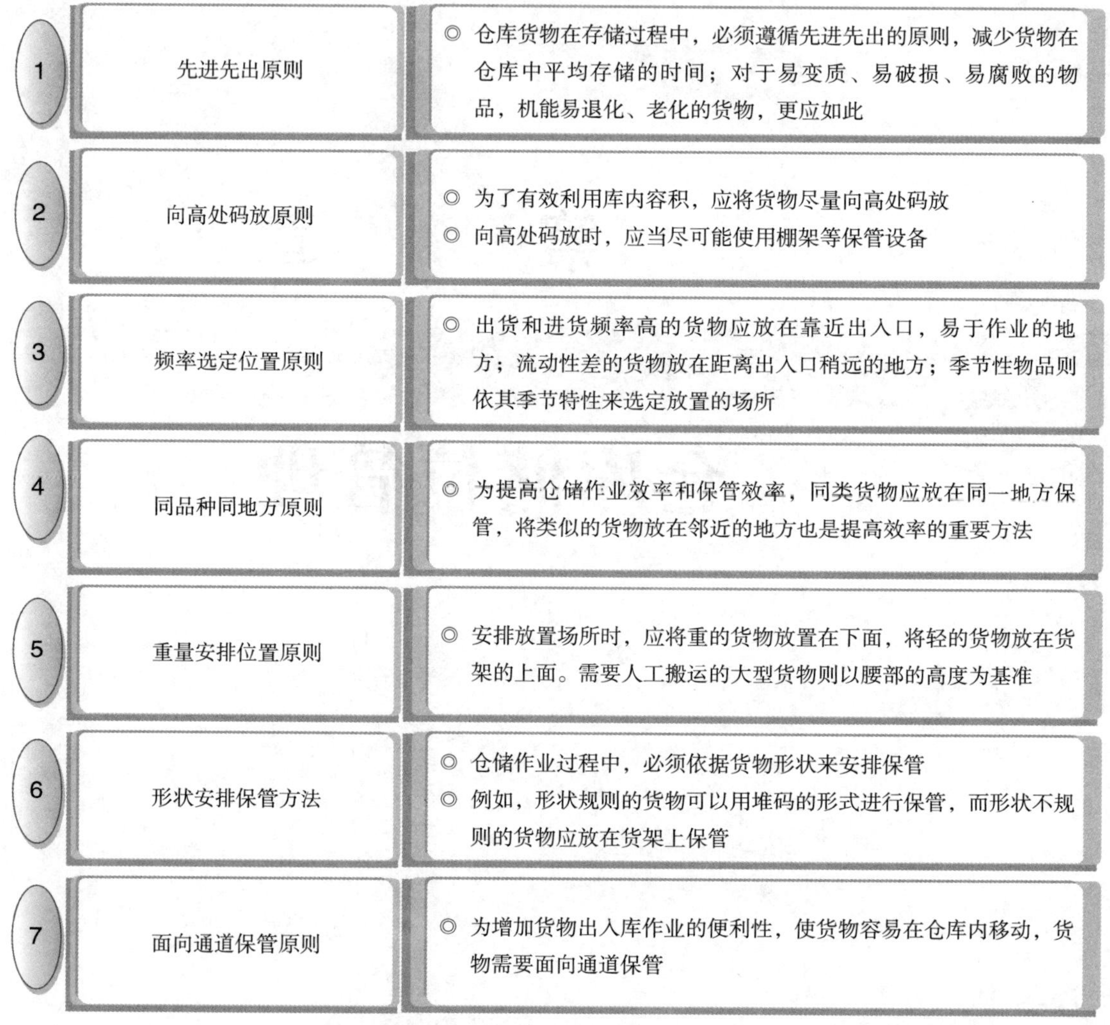

图4—1 仓库存储安排原则

4.1.2 专仓专储的方法

专仓专储是指仓库管理人员在仓库中划分出专门的区间，用于专门储存、保管某一类货物的方法。例如，粮食、卷烟、酒、食糖、香料，易爆、易燃、有毒的化学品，需要特殊保存的货物，特别贵重的货物等。

专仓专储方法的管理要求比较严格，具体要求如图4—2所示。

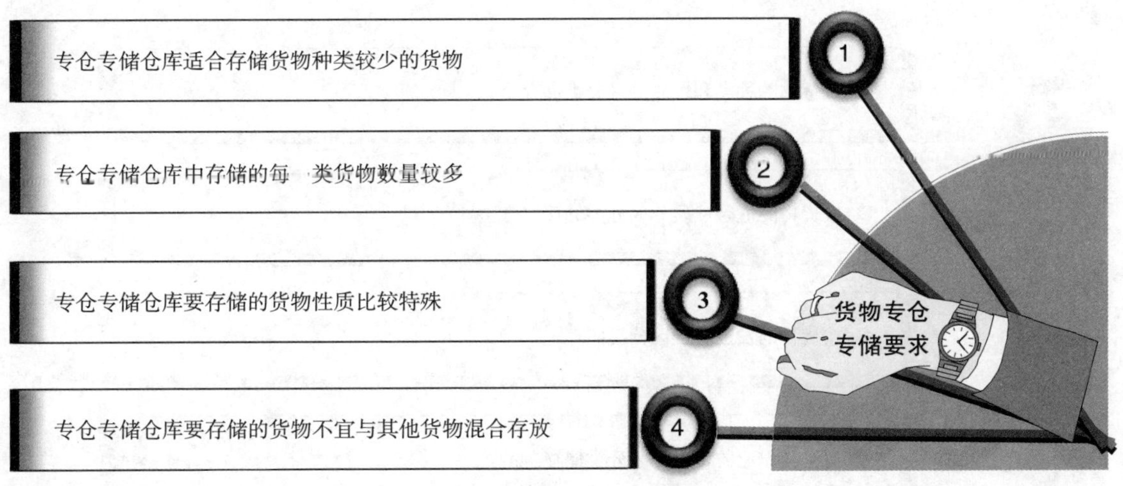

图4—2　货物专仓专储的要求

4.1.3　分区分类的方法

仓库货物的分区分类储存，是指把仓库划分为若干保管区域，把储存货物划分为若干类别存放保管的方法，以便仓库内货物统一规划储存和保管。

1. 分区分类方法的原则

仓库分区分类储存货物应遵循以下原则，具体内容如图4—3所示。

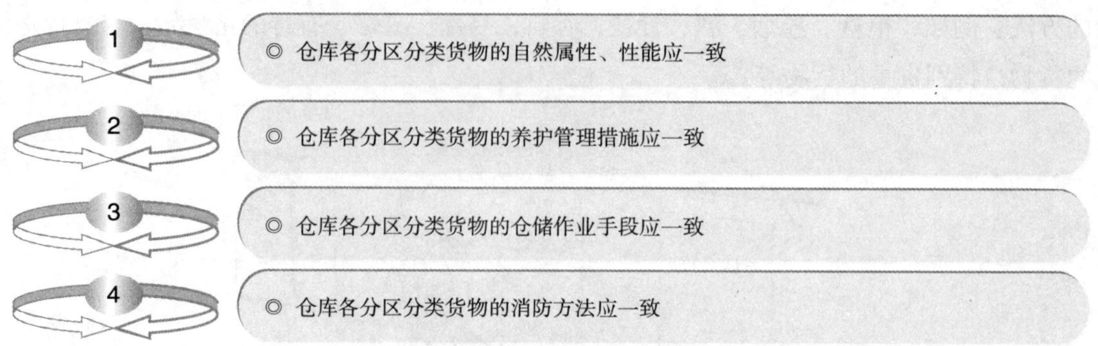

图4—3 分区分类方法的原则

2. 分区分类方法管理要求

由于仓库的类型、规模、经营范围、用途各不相同，各种仓储货物的性质、养护方法也迥然不同，因而分区分类储存的方法也有多种，需统筹兼顾，科学规划。具体的管理要求如图4—4所示。

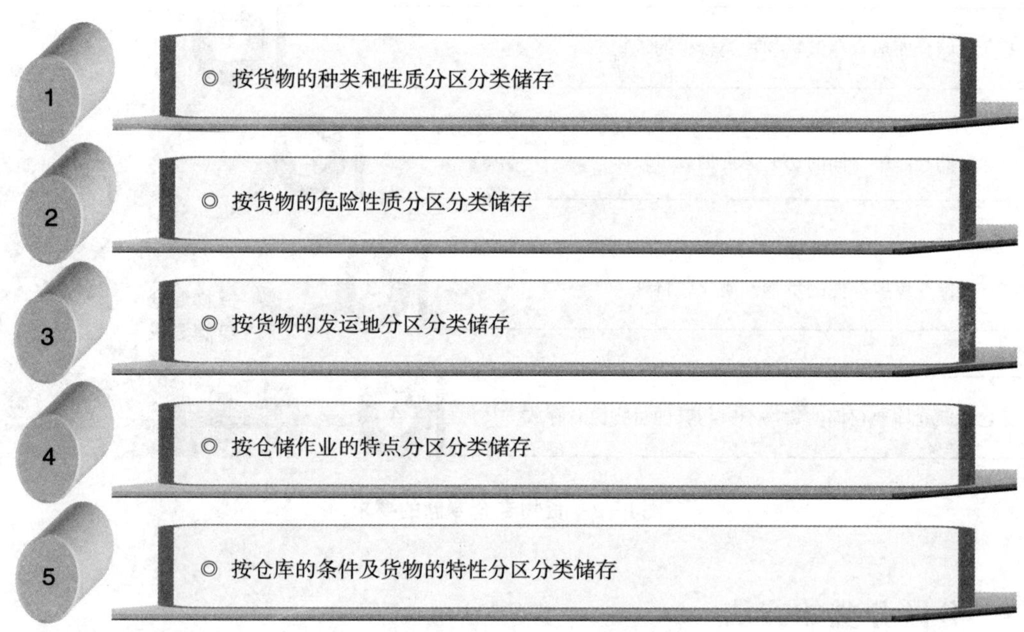

图4—4 分区分类方法管理要求

4.1.4 分区分类的作用

仓库内货物分区分类管理，对仓储货物的存放与管理具有如下作用：

（1）可缩短仓储货物的拣选及收、发作业的时间。

（2）能合理使用仓容，提高仓库容量的利用率。

（3）有利于仓管员熟悉货物的性能，提高保管养护的技术水平。

（4）可合理配制和使用仓储机械设施，有效提高机械化、自动化操作程度。

（5）有利于仓储货物的安全，减少损耗。

4.1.5　分区分类注意事项

库存货物要进行定位管理，即将不同的货物按分区分类管理的原则来存放，并用货架放置。分区分类管理货物的注意事项如图4—5所示。

1 ◎ 库内至少要分为三个区域：大量存储区，以整箱或整沓的方式储存；小量存储区，将拆零货物放置在陈列架上；退货区，将准备退换的货物放置在专门的货架上

2 ◎ 区位确定后应制作一张配置图，贴在仓库入口处，以便存取。小量储存区应固定位置，整箱储存区则可弹性运用

3 ◎ 储存货物不可直接与地面接触。为了避免货物潮湿、应注意仓储区的温湿度，保持通风良好，干燥、不潮湿，堆放整齐

4 ◎ 仓库内要设有防水、防火、防盗等设施，以保证货物安全

5 ◎ 货物储存货架应设置存货卡，货物进出要注意先进先出的原则。也可采取色彩管理法，如每周或每月用不同颜色的标签，以明显识别进货的日期

6 ◎ 仓管员要与订货人员及时沟通，以便做好到货的存放工作。此外，还要适时提出存货不足的预警通知，以防缺货

7 ◎ 仓库取货应做到随到随存、随需随取，并且注意存储效率与安全

8 ◎ 货物进出库要做好登记工作，以便明确保管责任。但有些货物（如冷冻、冷藏货物等）为讲究时效，也采取市场库存与库房库存合一的做法

9 ◎ 仓库要注意门禁管理，不得随便入内

图4—5　分区分类管理注意事项

4.2　合理堆码与苫垫

4.2.1　堆码的基本要求

1. 堆码场地的基本要求

堆码场地可以分为三种：库房内堆码场地、货棚内堆码场地和露天堆码场地，在不同类型的堆码场地进行堆码作业时，会有不同的要求。

仓管员在执行货物堆码管理工作时，必须按照货物的堆码基本要求进行。货物堆码场地的基本要求见表4—1。

表4—1　　货物堆码场地的基本要求

堆码场地类别	堆码场地的基本要求
库房内堆码场地	◎ 库房内堆码场地用于承受货物堆码的库房地坪，要求平坦坚固、耐摩擦，一般要求1平方米的地面承载能力为5 ~ 10吨 ◎ 堆码时，货垛应在墙基线和柱基线以外，垛底需要适当垫高
货棚内堆码场地	◎ 货棚内堆码场地是半封闭形式的，为防止雨雪渗漏、积聚，货棚内堆码场地四周必须有良好的排水系统，货棚内堆码场地的地坪应高于棚外场地，并做到平整、坚实 ◎ 堆码时，货垛一般应垫高20 ~ 40厘米
露天堆码场地	◎ 露天堆码场地的地坪材料可以根据堆存货物对地面的承载要求，采用夯实泥地、铺沙石、石块地或钢筋水泥地等，应坚实、平坦、干燥、无积水、无杂草，四周应有排水设施 ◎ 堆码场地必须高于四周地面，货垛必须垫高 40 厘米

2. 堆码货物的基本要求

货物在正式堆码前，必须达到以下基本要求，否则不能开展堆码作业。堆码货物的基本要求如图4—6所示。

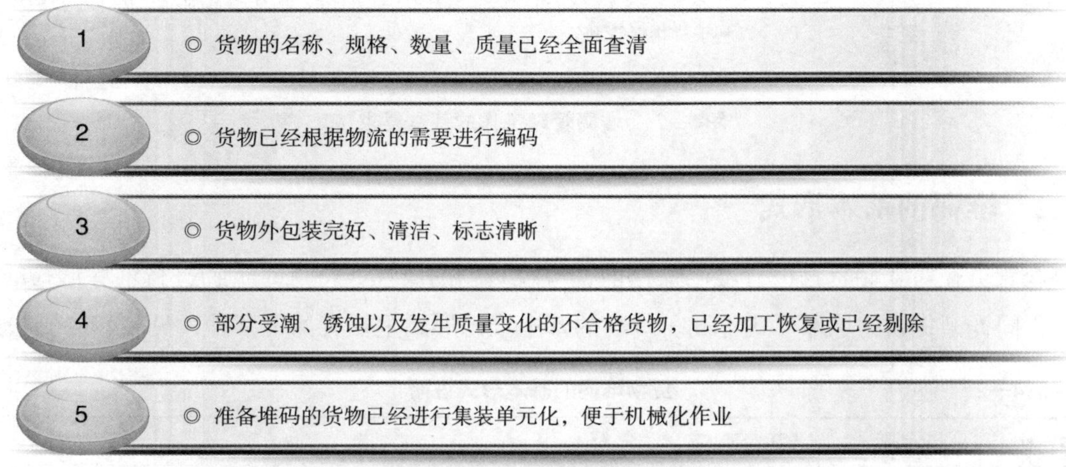

图4—6　堆码货物的基本要求

3. 堆码作业的基本要求

仓管员在进行货物堆码作业过程中，必须遵循一定的管理要求。具体的货物堆码作业基本要求如图4—7所示。

◎ 对不同类别、规格、型号、形状、牌号、等级和批次的货物，必须分开堆码，不能混合、间杂堆码。对于不同货物应根据其性能、包装和结构特点，选用适合货物特点的垛形，占用面积、垛间、墙距、走道宽度要合理

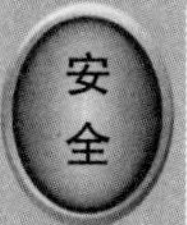

◎ 堆码的货垛必须具有尽可能大的稳定性，重心较高时，要特别注意，码堆应不偏不斜、不歪不倒，且不压坏底层货物和地坪，要适当选择垛底面积、堆垛高度和垫衬材料，保证堆码的牢固与安全

◎ 为便于检查和盘点，能使保管员过目成数，在货物堆码时，垛、行、层、包（件）等数量力求成整数，每垛应有固定数量。对某些过磅称重货物不能成整数时，必须明确地标出重量，分层堆码或成捆堆码，定量存放

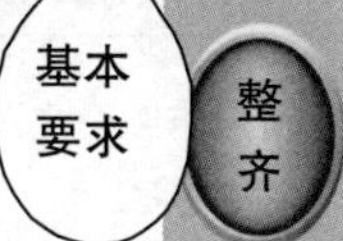

◎ 堆垛排列整齐有序，垛形统一，不仅能形成良好的库存，而且有利于充分利用仓库的有效面积和方便作业，因此，堆码货物的垛形要规范，横成行纵成列，货物包装上的标志一律朝外排齐，便于查货和发货

◎ 坚持一次堆码，减少重复搬运，爱护苫盖物品，节约备品用料，降低消耗，堆码紧凑，节省仓位，提高仓容利用率

◎ 便于装卸搬运，便于收发保管，便于日常维护保养，便于检查盘点，便于灭火消防，以利于货物保管和安全

图4—7 堆码管理工作的基本要求

4.2.2 堆码的基本形式

仓管员在对仓储货物进行堆码操作前，应视货物的属性、特点对货物进行堆垛形式的确认，不同类型货物的堆垛形式不同。货物的基本堆码形式主要有如下几种，见表4—2。

表4—2 货物堆码的基本形式说明

名 称	堆码说明	特 点	适用范围
重叠式	◆ 货垛各层货物的排列方法和数量一致	◆ 空间利用率高 ◆ 配备托盘可采用机械化操作	适用于体积较大、包装质地坚硬的货物及其他箱装货物
纵横交错式	◆ 将长短一致、宽度排列能与长度相等的货物一层横放、一层竖放，纵横交错堆码，形成方形垛	◆ 垛形稳定，是仓库码垛的主要垛形之一	适用于长短一致的长方形货物
仰伏相间式	◆ 仰伏互相交错堆码，并保持一头高一头低，以便于雨水排放	◆ 货垛牢固，可减少雨水腐蚀	适用于在露天货场堆码的货物
压缝式	◆ 每层货物规则排列，使每件货物跨压下层两件以上的货物，上下层每件货物形成十字交叉	◆ 层层压缝，货垛稳固，不易倒塌；储存大宗商品时，便于分批出库	适用于长方形包装的货物
通风式	◆ 摆放方法基本与压缝式相同，但在每件货物的前后左右留出一定的空隙	◆ 货物间留有通风的空隙，容易保障货物的温度和水分散发，便于货物通风散潮	适用于易霉变、需通风散潮的货物
栽柱式	◆ 货垛两侧插上木柱或钢棒，将货物铺平在柱之间，每层或隔几层在两侧对应的柱子上用铁丝拉紧，以防倒塌的方法	◆ 便于柱形货物堆码，防止货垛倒塌，多用于货场	适用于货场堆放
衬垫式	◆ 在每层或每隔两层货物之间夹进衬垫物，使货垛的横断面平整，货垛牢固	◆ 通过衬垫物与货物互相牵制，加强了货垛的稳固性	适用于无包装、不规则且较重的货物
宝塔式	◆ 把一层货物的一半压在另一圈货物上，如此顺序排列，上一层的货物又沿相反的方向用同样方法顺序排列，依次堆高	◆ 可以使货垛稳固，又能节约仓库货位	适用于圆形成圈或成环的货物

4.2.3　货物堆码的垛形

垛形是指根据货物的特性、保管的需要，确定货物在库场码放的形状，以便能方便、迅速实现作业，并充分利用仓库的空间。

仓库常见的垛形有平台垛、起脊垛、立体梯形垛、行列垛、井形垛、梅花形垛等。垛形的具体介绍见表4—3。

表4—3　　常见的垛形说明及示例

名 称	堆垛方法	垛形示意图	适用范围
平台垛	先在底层以同一方向平铺摆放一层货物，然后垂直继续向上堆积，每层件数、方向相同		包装规格单一的大批量货物
起脊垛	先按平台垛的方法码垛到一定的高度，以卡缝的方式逐层收小，将顶部收尖成屋脊形		用于堆场场地堆货
立体梯形垛	在最底层以同一方向排放货物的基础上，向上逐层同方向减数压缝堆码，垛顶呈平面，整个货垛呈下大上小的立体梯形形状		包装松软的袋状货物和上层面非平面而无法垂直叠码的货物，如横放的桶装、卷形、捆包货物
行列垛	将每单货物按件排成行或列排放，每行或列一层或数层高，垛形呈长条形		货物批量较小的库场码垛使用
井形垛	在以一个方向铺放一层货物后，再以垂直的方向铺放第二层货物，货物横竖隔层交错逐层堆放		长形的钢材、钢管及木方的堆码
梅花形垛	第一排货物排成单排，第二排的每件靠在第一排的两件之间卡位，第三排同第一排一样，然后每排依次卡缝排放，形成梅花形垛		大桶装货物

4.2.4　五五化堆码

1. 五五化堆码简介

五五化堆码方式是我国仓储管理中常用的一种方法，储存货物时，以“五”位基本单位，堆成总量为“五”的倍数的垛形，如梅花五、重叠五等。采取这种方式堆码后，有经验的仓管员可以过目成数，大大加快人工点数的速度，减少差错。

五五化堆码如图4—8所示。

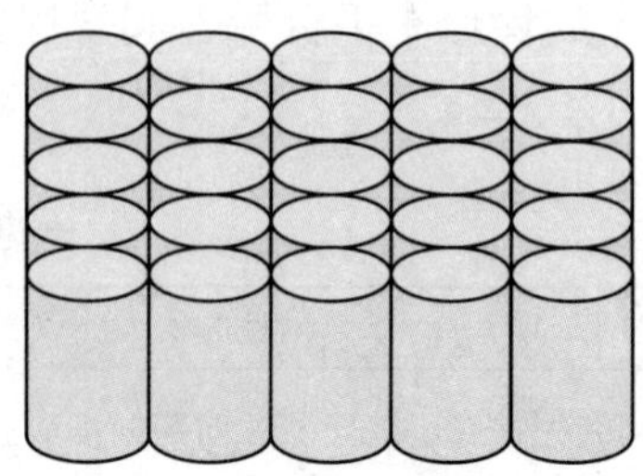

图4—8　五五化堆码

2. 五五化堆码的基本方法

在五五化堆码原则下，可根据堆码的不同形式划分出很多的方法。具体方法见表4—4。

表4—4　五五化堆码的基本方法说明

堆码形式	堆码说明
平行五堆码法	◆ 将五件货物平摆平放在一起
直立五堆码法	◆ 将五件货物重叠码放在一起
梅花五堆码法	◆ 将五件货物环形排列成梅花状堆码在一起
行列五堆码法	◆ 将货物的行和列均码成五的倍数
平方五堆码法	◆ 将货物码垛的垛形长和宽均码成五的同倍数
立方五堆码法	◆ 将货物码垛的垛形长、宽、高均码成五的同倍数
一四五堆码法	◆ 将五件货物中，以一件顶四件，或一件压四件
三二五堆码法	◆ 将五件货物中，以二件顶三件，或二件压三件
分层重叠五堆码法	◆ 货物堆码的层数和每层的件数均成五的倍数的一种重叠式堆码方法
分层压缝五堆码法	◆ 货物堆码的层数和每层的件数均成五的倍数的一种压缝式堆码方法
分层纵横五堆码法	◆ 货物堆码的层数和每层的件数均成五的倍数的一种纵横交错式堆码方法

3. 五五化堆码管理的优缺点

仓储货物施行五五化堆码管理的优缺点如图4—9所示。

五五化堆码管理的优点	五五化堆码管理的缺点
◎ 实行仓库管理五五化，可以把大小不一、形状各异、无规则的货物，变成比较有规则的各种定型定量的货垛 ◎ 五五化管理可以做到横看成行，竖看成列，美观整齐，过目知数，有利于货物的保管、养护、盘点和发放，减少差错，提高收发货效率	◎ 五五化堆垛不是在所有情况下都能适用，在实际仓库管理工作中要根据仓库、货物等具体情况而定 ◎ 五五化堆垛不能为追求形式上的五五化，而不顾客观情况，多占货位，多耗费劳动力，影响仓储的机械化作业和货物保管

图4—9 五五化堆码管理的优缺点

4.2.5 货垛五距规范

货垛的五距指的是垛距、灯距、墙距、柱距、顶距这五个距离参数，要求是货垛不能距离墙体和柱子太近，中间应该有一定的距离，不能与仓库屋顶或者是照明设备距离太近，具体的要求见表4—5。

表4—5 货垛五距规范说明

类 别	说 明
垛距	◆ 货垛与货垛之间的距离，一般要求两者之间的距离大于1米，具体要视仓库实际情况，所存储的货物的特性等要求而定，目前没有一定的数据
灯距	◆ 照明设备与货垛之间应该有一定的距离，以防出现意外情况，一般情况下，要求两者之间的距离大于0.5米
墙距	◆ 墙距指的是墙体与货垛之间的距离，留足距离，能防止货物受墙体的潮气影响，便于开窗通风等，有利于检点货物、消防安全工作的顺利进行，一般是要求货垛与墙体之间的距离大于0.5米
柱距	◆ 室内柱子与货垛之间的距离，留出一定的距离，能防止货物受潮气影响
顶距	◆ 货垛与屋顶之间的距离，能起到通风散潮的作用，隔热散热，便于消防工作的顺利进行，以提高仓库的安全性

4.2.6 垫垛的管理

1. 垫垛的定义

垫垛是指，在货物码垛前，在预定的货位地面位置，使用衬垫材料进行铺垫。

常见的衬垫物包括：废钢轨、钢板、枕木、木板、水泥墩、垫石、货板架、油毡、帆布、芦席、塑料薄膜等。

2. 垫垛的目的

对货物进行垫垛管理有如下6点目的，具体内容如图4—10所示。

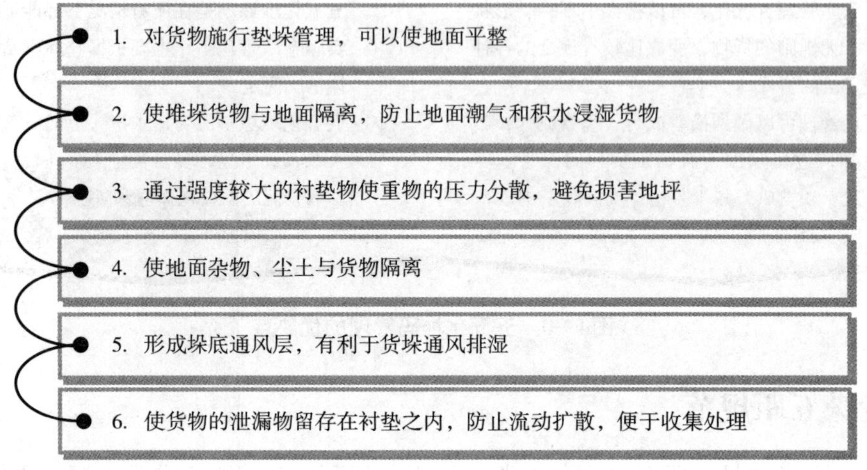

图4—10 货物垫垛的目的

3. 货物垫垛的基本要求

仓管员对仓库内货物进行垫垛操作时，应遵循垫垛的基本要求，具体要求如图4—11所示。

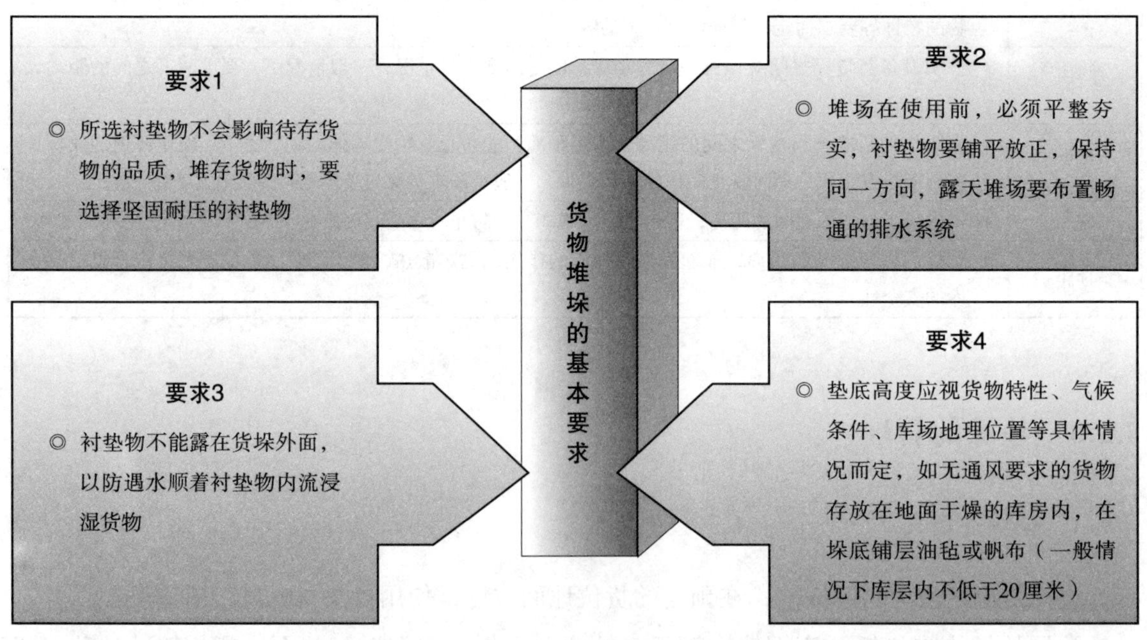

图4—11 货物垫垛的基本要求

4. 衬垫物数量的确定

衬垫物的使用量除考虑将压强分散为仓库地坪载荷的限度之内，还需要考虑这些衬垫物的成本。因此，需要确定使压强小于地坪载荷的最少衬垫物数量。衬垫物数量的计算公式如图4—12所示。

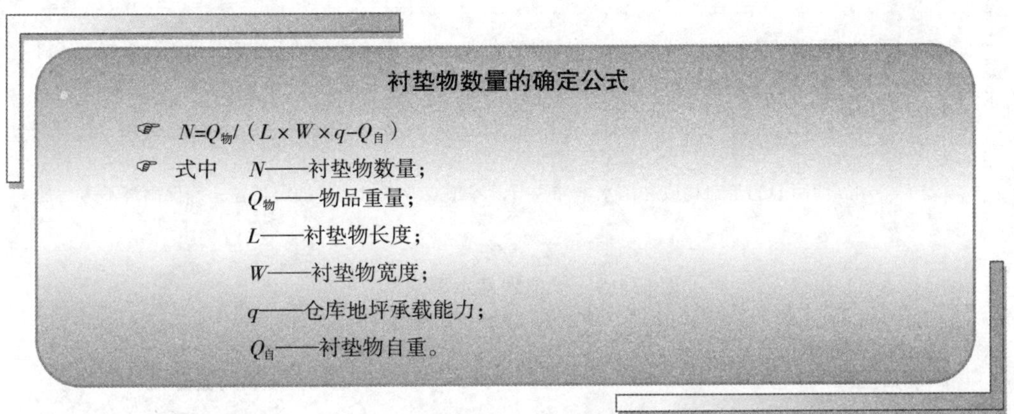

图4—12 衬垫物数量的确定

4.2.7 苫盖的技术

1. 苫盖技术定义

苫盖是指仓管员采用专用的苫盖材料对货垛进行遮盖管理。货垛苫盖的目的，是为了防止货物直接受到风吹、雨打、日晒、冰冻的侵蚀，存放在露天货场的货物一般都需苫盖。

2. 苫盖的基本要求

仓管员在进行货垛苫盖管理工作时，必须按照苫盖的基本要求进行操作。苫盖的基本要求如图4—13所示。

3. 苫盖材料

通常使用的苫盖材料有塑料布、席子、油毡纸、铁皮、苫布等，也可以利用一些货物的旧包装材料改制成苫盖材料。

4. 苫盖方法

苫盖的方法主要有以下4种，具体如图4—14所示。

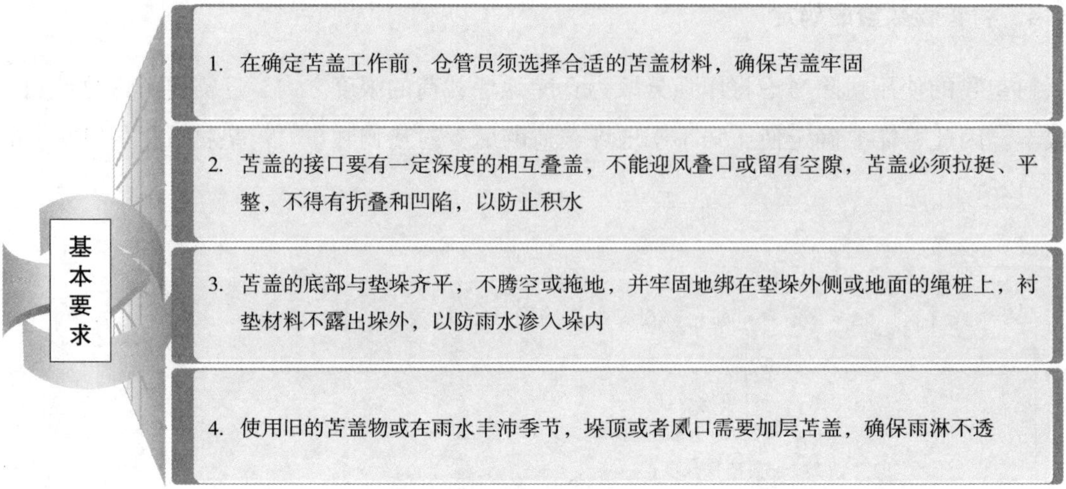

基本要求

1. 在确定苫盖工作前，仓管员须选择合适的苫盖材料，确保苫盖牢固

2. 苫盖的接口要有一定深度的相互叠盖，不能迎风叠口或留有空隙，苫盖必须拉挺、平整，不得有折叠和凹陷，以防止积水

3. 苫盖的底部与垫垛齐平，不腾空或拖地，并牢固地绑在垫垛外侧或地面的绳桩上，衬垫材料不露出垛外，以防雨水渗入垛内

4. 使用旧的苫盖物或在雨水丰沛季节，垛顶或者风口需要加层苫盖，确保雨淋不透

图4—13　苫盖的基本要求

货物苫盖的方法

就地苫盖法

◎ 根据货垛的形状进行适当的苫盖，多用于起脊垛、方形垛或大件包装货物。此方法操作便利，但基本不具有通风条件，因此，本方法适用于通风要求不高的货物，要注意地面干燥

隔离苫盖法

◎ 苫盖物不能直接摆放在货垛上，而是采用隔离物，使苫盖物与货垛之间留有一定空隙，隔离物可用竹竿、木条、钢筋、隔离板等，此法有利于排水通风

鱼鳞式苫盖法

◎ 将苫盖材料从货垛的底部开始，自下而上呈鱼鳞式逐层交叠围盖。该法一般采用面积较小的席、瓦等材料苫盖，具有良好的通风条件，但每件货物都要固定，操作过程比较烦琐复杂

活动棚架苫盖法

◎ 棚架四周及顶部铺围苫盖物，在棚柱底部装上滚轮，整个棚架可沿固定轨道移动。此法所需的购置成本比较高

图4—14　货物苫盖的方法

4.2.8　垫垛的技术

垫垛是指在货物堆垛前，根据货垛的形状、底面积大小、货物保管养护的需要、负载重量等要求，预先铺好垫垛物的作业。常见的衬垫物有枕木、石墩、水泥墩、木板、防潮纸等。

1. 货物垫垛的目的

垫垛目的主要有4点内容，具体如图4—15所示。

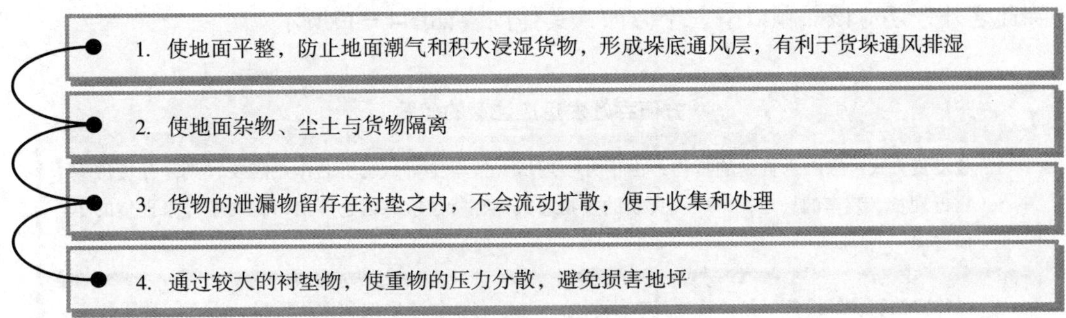

图4—15 货物垫垛的目的

2. 垫垛方法及要求

货物堆垛的方式主要包括码架式（采用若干个码架，拼成所需货垛面积的大小和形状，以备堆垛）、垫木式、防潮纸式三种。垫垛的基本要求如图4—16所示。

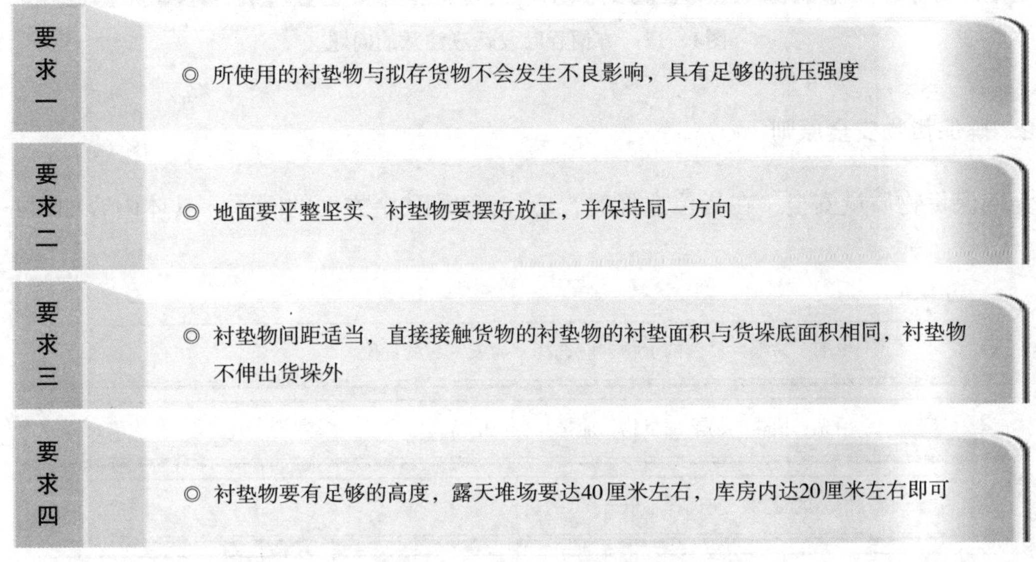

图4—16 垫垛的基本要求

4.3 货位选择

4.3.1 货位选择的原则

仓库货位选择应遵循的原则主要有如下三点：

1. 方便吞吐发运的原则

货位的选择，应符合方便吞吐的原则，要方便商品的进出库，尽可能缩短收发货作业时间。除此之外，还应该兼顾以下三个方面，具体内容如图4—17所示。

方便吞吐发运应注意的问题

1. **收发货方式**：采取送货制的货物，由于分唛理货、按车排货、发货的作业需要，其储存货位应靠近理货、装车的场地；采取提货制的货物，其储存货位应靠近仓库出口，便于外来提货的车辆进出

2. **操作方法和装卸设备**：各种货物具有不同的包装形态、包装质地和体积重量，因而需要采用不同的操作方法和设备。所以，货位的选择必须考虑货区的装卸设备条件与仓储货物的操作方法相适应

3. **货物吞吐快慢、流转快慢不一，有着不同的活动规律**：对于快进快出的货物，要选择有利于车辆进出库方便的货位；滞销久储的货物，货位不宜靠近库门；整进零出的货物，要考虑零星提货的条件；零进整出的货物，要考虑到集中发运的能力

图4—17　方便吞吐发运应注意的问题

2. 确保货物安全原则

为确保货物质量安全，在货位选择时，应注意以下8个方面的问题，具体内容如图4—18所示。

1 ◎ 怕潮、易霉、易锈的货物，应选择干燥或密封的货位

2 ◎ 怕光、怕热、易溶的货物，应选择低温的货位

3 ◎ 怕冻的货物，应选择不低于0℃的货位

4 ◎ 易燃、易爆、有毒、腐蚀性、放射性的危险品，应存放在郊区仓库分类专储

5 ◎ 性能相互抵触或有挥发性、串味的货物，不能同区存储

6 ◎ 消防灭火方法不同的货物，要分开储存货区

7 ◎ 同一货区的货物中，存放外包装含水量过高的货物会影响邻垛货物的安全

8 ◎ 同一货区储存的货物中，要考虑有无虫害感染的可能

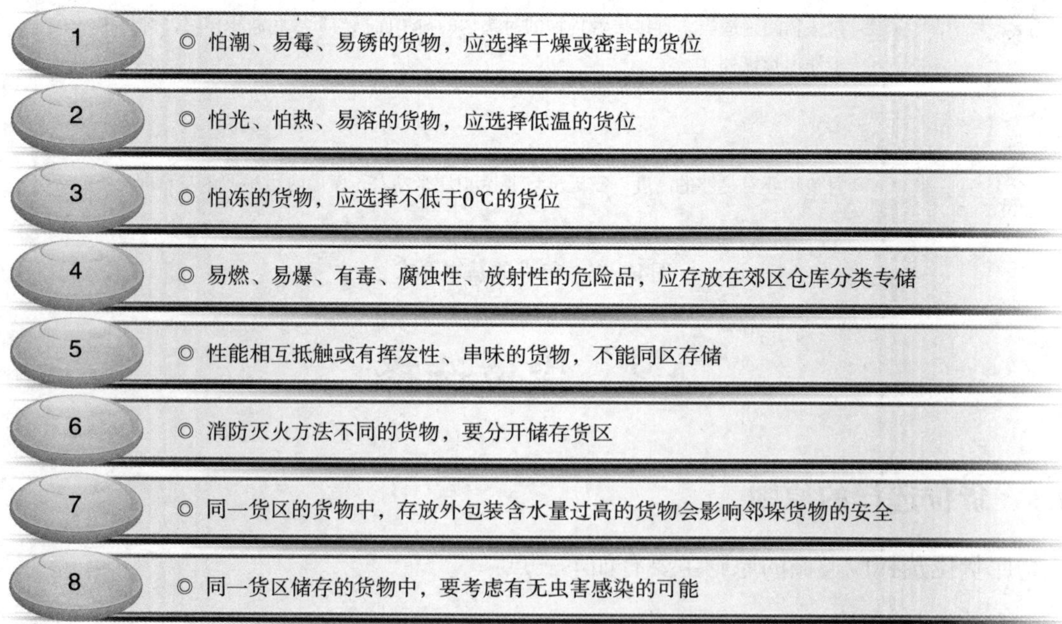

图4—18　确保货物安全应注意的问题

3. 尽量节约仓容的原则

货位的选择，还要符合节约的原则，以最小的仓容储存最大限量的货物。在货位负荷量和高度基本固定的情况下，应从储存货物不同的体积、重量出发，使货位与货物的重量、体积紧密结合起来。

4.3.2　货位编号作业流程

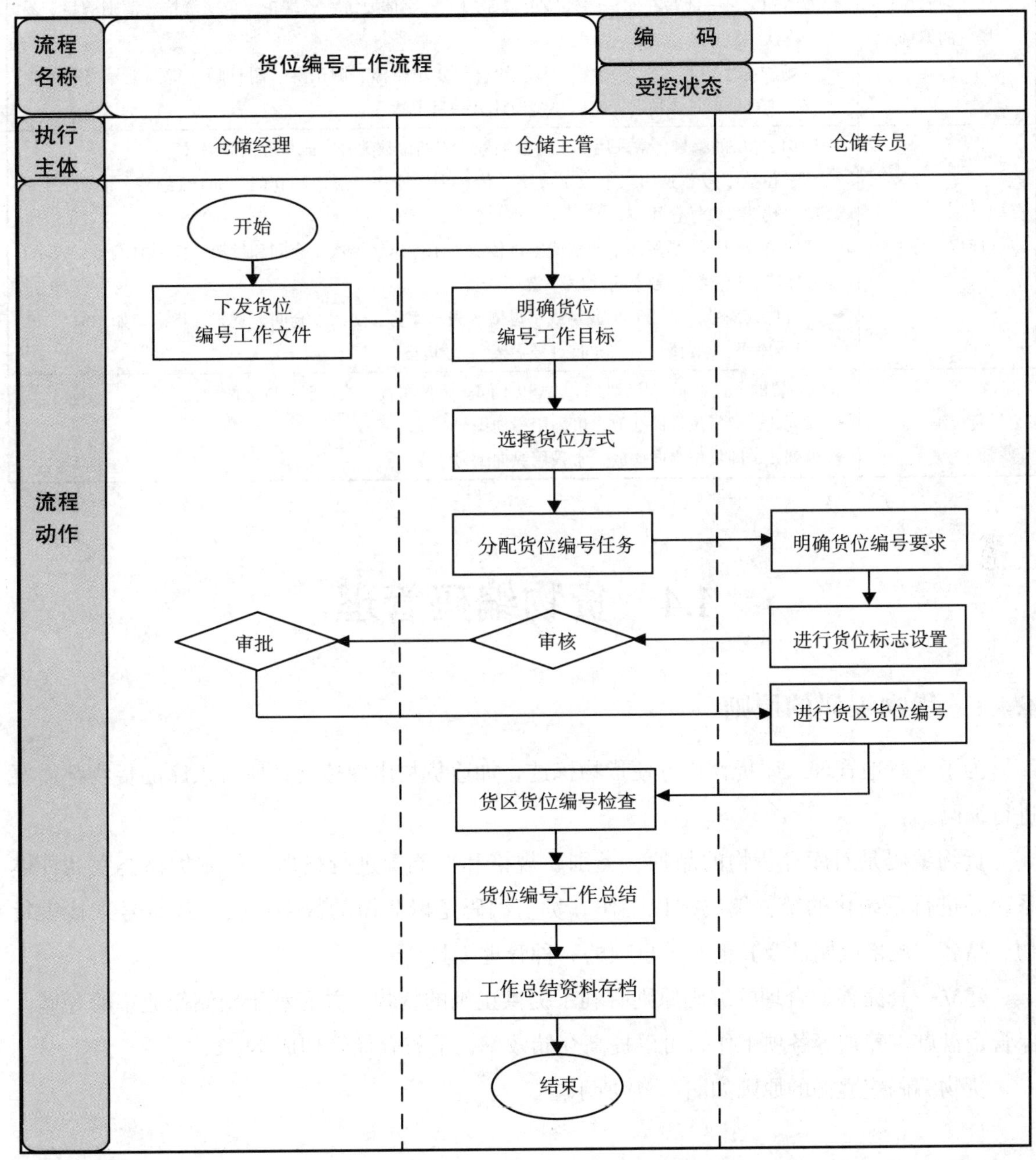

4.3.3 货位编号作业方法

仓库中货位编号常用的方法有以下3种，具体内容见表4—6。

表4—6 货位编号的常用方法说明

编号方法	编号说明
仓库内储存场所的编号	◆ 整个仓库内的储存场所若有库房、货棚、货场，则可以按一定的顺序（自左向右或自右向左），各自连续编号 ◆ 库房的编号一般写在库房的外墙上或库门上，字体要统一、端正，色彩鲜艳、清晰醒目、易于辨认 ◆ 货场的编号一般写在场地上，书写的材料要耐摩擦、耐雨淋、耐日晒。货棚编号书写的地方，则可根据具体情况而定，总之应让人一目了然
库房编号	对于多层库房的编号，常采用“三位数编号”“四位数编号”或“五位数编号” ◆ “三位数编号”是用三个数字或字母依次表示库房、层次和仓间，如131编号，表示1号库房、3层楼、1号仓间 ◆ “四位数编号”是用四个数字或字母依次表示库房、层次、仓间和货架，如1331编号，表示1号库房、3层楼、3号仓间、1号货架 ◆ “五位数编号”是用五个数字或字母依次表示库房、层次、仓间、货架、货格，如13311，表示1号库房、3层楼、3号仓间、1号货架、1号货格
货位编号	货位布置的方式不同，其编号的方式也不同。货位布置方式一般有以下两种： ◆ 横列式，即货位横向摆放，可采用横向编号 ◆ 纵列式，即货位纵向摆放，常采用纵向编号

4.4 货物编码管理

4.4.1 货物编码的原则

为了更好地管理入库货物，方便货物拣选，加速货物出库速度，所有入库的货物都需要进行编码。

货物编码是对库存货物的品种、类别、规格和性能等进行整理，形成货物类别品种体系，并进行系统化的统一编码标识工作。货物编码是以简短的数字、文字或符号来代表货物、品名、规格或属性及其他有关事项的一种管理工具。

建立一套完善、合理的编码原则有利于提供正确的货物，并有利于仓储作业中的存储、保管、盘点、养护等各项工作，可以提高仓储效率，节省仓储管理成本。

货物编码应遵循的原则如图4—19所示。

图4—19 货物编码应遵循的原则

4.4.2 货物编码的方法

货物编码对于仓库管理至关重要，因此仓库管理人员务必掌握货物编码方法。货物编码方法见表4—7。

表4—7　　货物编码方法说明

编码方法大类	细类	详细介绍
数字法	连续数字编码法	1. 连续数字编码法是先将所有货物依某种方式大致排列，然后自1号起依顺序编排流水号 2. 这种货物编码方法可做到一料一号，只是顺序编码除显示编码时间的先后外，往往与所代表项目的属性并无关联
	分级式数字编码法	1. 分级式数字编码法是先将货物主要属性分为大类并编定其号码，再将各大类根据次要属性细分为较次级的类别并编定其号码 2. 在分级式数字编码法中，任一货物项目只有一个货物编码 3. 优点：一方面显示编码的规律性，另一方面达到一货物项目仅有一个编码的目标 4. 缺点：无用空号太多，浪费、累赘且导致货物编码位数不够用
	区段数字编码法	1. 区段数字编码法介于连续数字编码法与分级式数字编码法之间，使用位数较分级式数字编码法更少，而仍能达到货物编码的目的 2. 国际十进制分类法是将所有货物分类为十大类，分别以0～9代表，然后每大类货物再划分为十个中类，再以0～9为代表
英文字母法	英文字母法	1. 英文字母法是以英文字母作为货物编码工具的货物编码法 2. I、O、Q、Z等英文字母与阿拉伯数字1、0、9、2等容易混淆，故多废弃不用
暗示法	英文字母暗示法	◇ 货物的英文字母当中，择取重要且有代表性的一个或数个英文字母作为编码的号码
	数字暗示法	◇ 直接以货物的数字为货物编码的号码，或将货物的数字依一固定规则而转换成货物编码的号码
混合法	混合法	◇ 混合法是指英文字母和数字结合起来使用的方法

第5章

库存物品保管与养护

5.1 物品保管与养护

5.1.1 物品养护技术说明

物品养护技术，即仓管员根据物品本身的特性及其变化规律，合理规划并有效利用现有仓储设施，采取各种行之有效的措施，确保库存物品的质量与安全。

物品养护技术包含的主要项目和内容见表5—1。

表5—1 物品养护技术说明

项　目	主要内容
物品的分类与质量管理	◆ 包括物品养护的研究对象、任务和作用，物品的分类，物品质量变化的类型及其影响因素
仓库温度、湿度管理	◆ 包括空气温度、湿度对物品质量的影响，仓库温、湿度的控制与调节
物品的包装	◆ 包括包装的种类、包装技术、包装的标志及条形码、包装对物品养护的作用
易霉腐物品的养护	◆ 包括易霉腐物品的种类及特点，物品霉腐的过程及影响因素，物品霉腐的防治
食品储存与保鲜技术	◆ 包括食品的储藏性能和质量变化，储藏方法，食品物品的储运和仓库管理
金属物品的养护	◆ 包括金属物品的锈蚀以及影响因素，金属锈蚀的防止
高分子物品的养护	◆ 包括常见的高分子材料，高分子材料老化的内外因素，高分子材料的防老化
轻纺类物品的养护	◆ 包括常见的轻纺类物品，轻纺类物品在储存期间的质量变化及其影响因素，轻纺类产品的养护
日化类物品的养护	◆ 包括常见的日用化学类物品及其质量检验，日用化学类物品的养护
危险化学品的安全储存	◆ 包括危险化学品的分类及特性，危险化学品的安全储存
仓库的防火防爆	◆ 包括仓库火灾、爆炸的成因，仓库的防火防爆安全管理，防火防爆的措施及器材使用方法
鼠害、虫害、蚁害的防治	◆ 包括仓库鼠害、虫害、蚁害的特点及传播途径，仓库鼠害、虫害、蚁害的防治

5.1.2 保管养护目的方针

库存物品保管养护是一项比较复杂的综合性工作。为了以较少的劳动消耗保质保量地完成物品保管养护工作，仓管员在实际工作中应遵循的基本方针如图5—1所示。

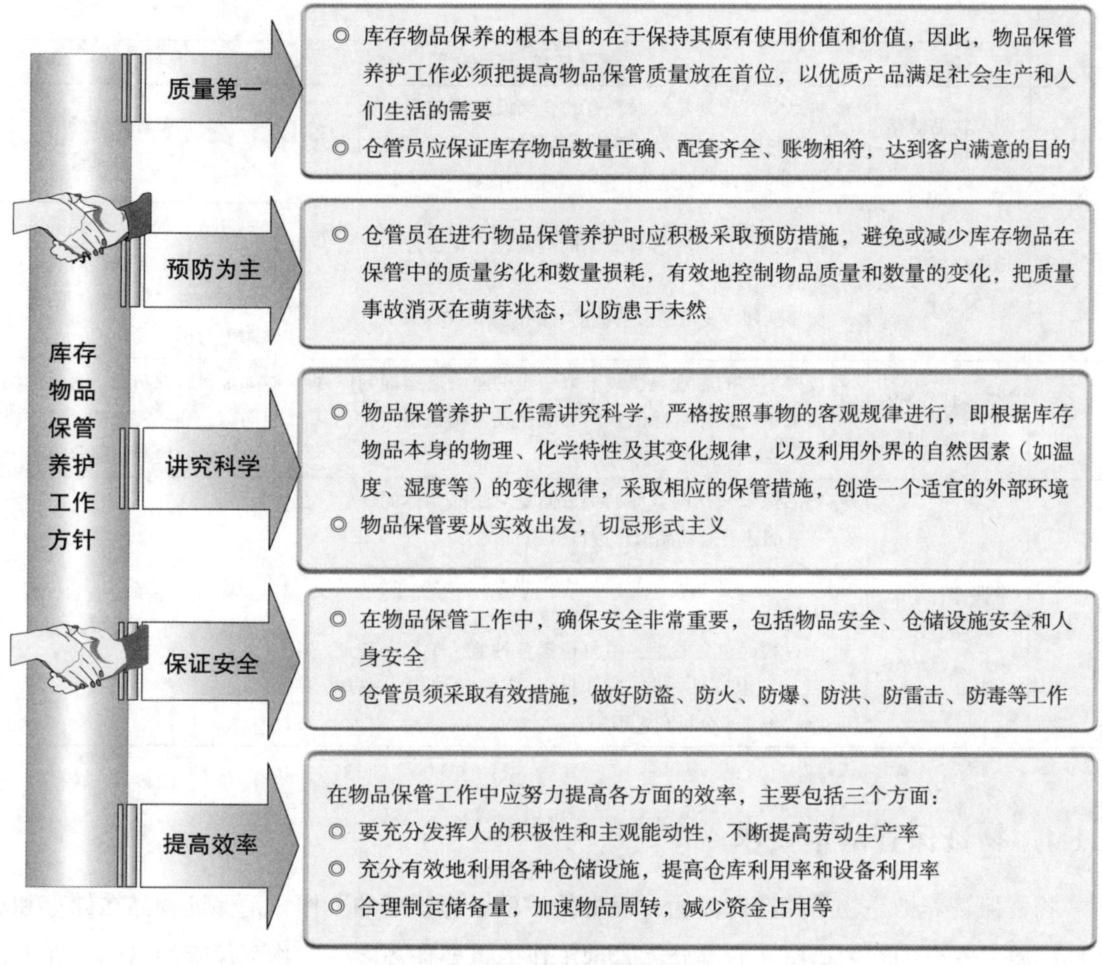

图5—1 库存物品保管养护工作方针

5.1.3 日常性的工作任务

物品保管养护日常性的工作任务可概括为以下几个方面，见表5—2。

表5—2 物品保管日常工作任务说明

序号	任务	具体解释	举例说明
1	建立健全有关规章制度	◆ 物品保管工作除采取必要的技术措施外，还应采取适当的组织措施，建立健全有关物品保管的规章制度	如岗位责任划分制度、经济责任制度、盘点管理制度、奖惩制度等
2	规划与配备仓储设施	◆ 仓储设施是进行物品保管的物质技术基础和必要条件，主要包括仓库建筑物和有关保管设备 ◆ 对仓储设施要有全面规划，主要工作包括库区规划和设施配备	如仓库的平面布局、仓库建筑物的结构特点、保管设备种类及型号等的确定

续表

序号	任务	具体解释	举例说明
3	制定物品储存规划	◆ 物品储存规划是根据现有的仓储设施和储存任务，在空间和时间上对各类、各种物品的储存作出全面安排 ◆ 合理的储存规划是进行科学养护的前提	如分配并布置保管场所，建立并维护良好的保管秩序
4	提供良好的保管条件	◆ 根据不同物品所具有的不同的物理、化学性质，提供相应的保管条件 ◆ 保管条件主要可通过营造适宜的保管环境来实现	如为物品营造一个温湿度适宜，有利于防锈、防腐、防霉、防虫、防老化、防火、防爆的小气候
5	进行科学的保养与维护	◆ 按照事物的客观规律，采取一定的防治措施抑制库存物品由于受外界自然因素的影响而发生的某些变化，从而避免或减少物品损失	如金属涂油防锈、有机物的防霉、仓库害虫的杀灭、机电设备的检测与保养等
6	掌握库存物品信息	◆ 物品保管包括两方面，一方面是对物品实体的保管，另一方面还要对物品信息进行管理 ◆ 在物品保管中，必须做到实物和信息两者保持一致，账实相符 ◆ 库存物品信息管理，主要包括各种原始单据、凭证、报表、技术证件、账卡、图样等资料的填制、整理、保存、传递、分析和运用	如物品入库单的填制、库存物品台账的及时更新等

5.1.4 物资保管基本要求

物资保管养护是物品储存和流通过程中的一项极为重要的工作，是保证物品在储存和流通期间质量安全的有力措施，它是仓库管理工作的重要任务之一。物资保管的目的，在于维护物品的质量，保护物品的使用价值，其工作基本要求如下所示：

1. 适当安排储存场所

企业产品由生产部门转入流通领域之前，首先会进入仓储部门。为了确保其质量不变，仓管员应熟练掌握各类物品的性能，根据其性能特点选择适当的储存地点进行存储。

仓管员存储物品时应注意如图5—2所示的三点。

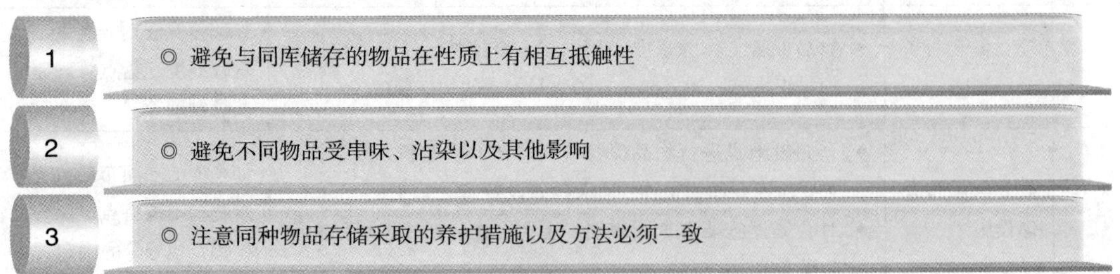

图5—2 储存场所安排注意事项

2. 严格进行入库验收

物品在入库之前，会经过运输、搬运、装卸等操作，由此可能受到雨淋、水湿、污染或运输中震动、撞击致使货物或包装受到损坏，这种情况下通过入库验收检查即能及时发现，以分清责任界限。

物品入库验收的主要内容如图5—3所示。

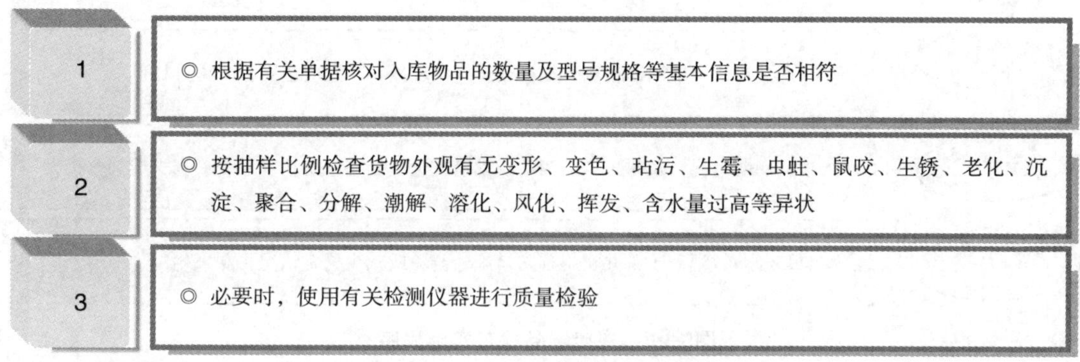

图5—3　货物入库验收的主要内容

3. 合理进行堆码盖垫

仓管员应根据入库物品的性质、包装条件、安全要求等选择适当的堆垛方式进行堆垛，以达到安全牢固、便于堆垛且节约仓库的目的。

仓管员进行物品堆垛工作时应遵循的要求如图5—4所示。

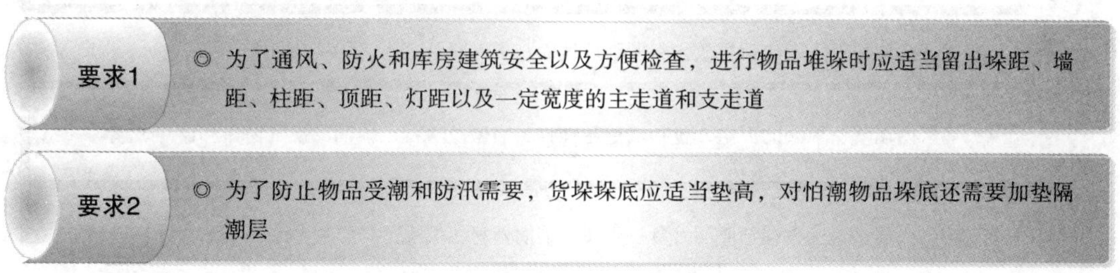

图5—4　货物堆垛的基本要求

4. 控制好仓库温湿度

各类物品在储存过程中会发生质量变化，这些变化多数是由于受到空气温度和湿度的影响。仓管员需要掌握自然气候的变化规律，采取各种措施控制与调节库房内的温度和湿度，使之达到适合货物储存的温湿度条件，以保护物品的质量不变。

5. 坚持进行在库检查

物品在储存期间因受到各种因素的影响，在质量上可能发生变化，如未能及时发现，极有可能造成损失，仓管员应定期对在库物品进行检查。

在库物品检查实施程序如图5—5所示。

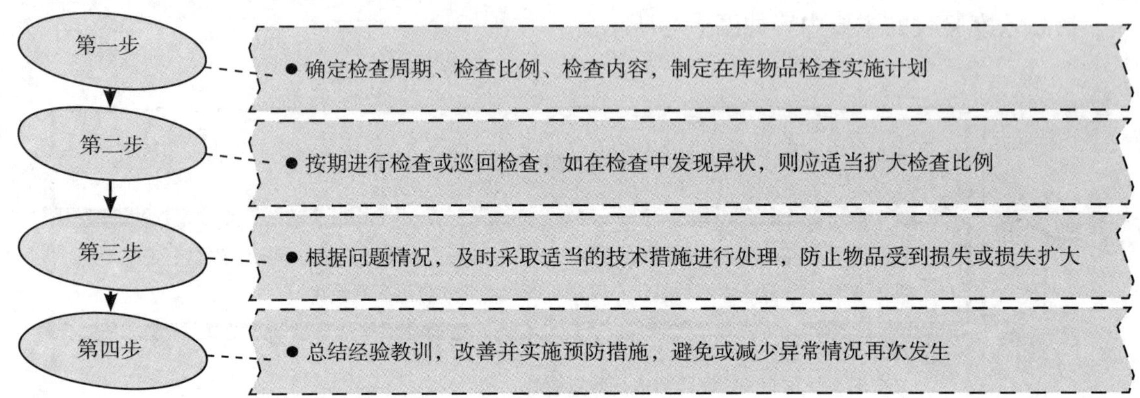

图5—5 在库物品检查实施程序

6. 保持好仓库清洁卫生

为保持仓库的卫生，确保物品的在库储存条件达到最佳，仓库管理人员应组织制定仓库卫生清洁标准操作规程，规范仓库清洁卫生操作，并严格落实。

仓库卫生清洁的范围如图5—6所示。

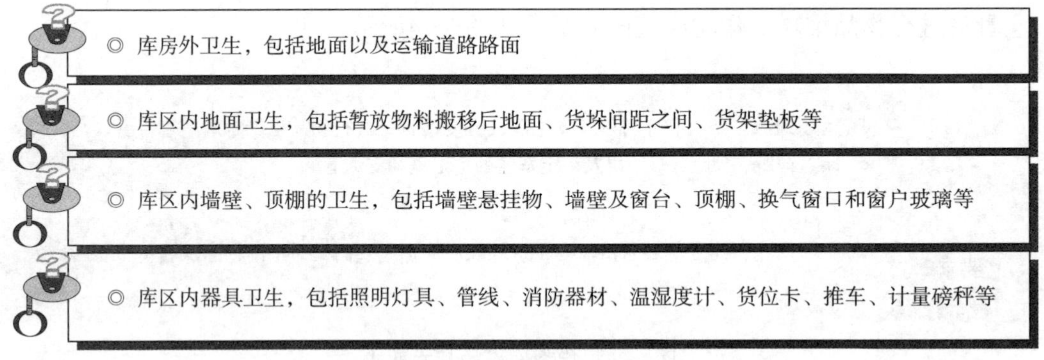

图5—6 仓库卫生清洁的范围

7. 开展科学实验研究

开展科学实验研究也是物品养护科研工作的一项主要内容，仓管员在对入库储存的物品进行质量检查的同时，应协助有关实验人员开展对货物质量变化规律的研究和采取养护措施。

开展科学实验研究的作用如图5—7所示。

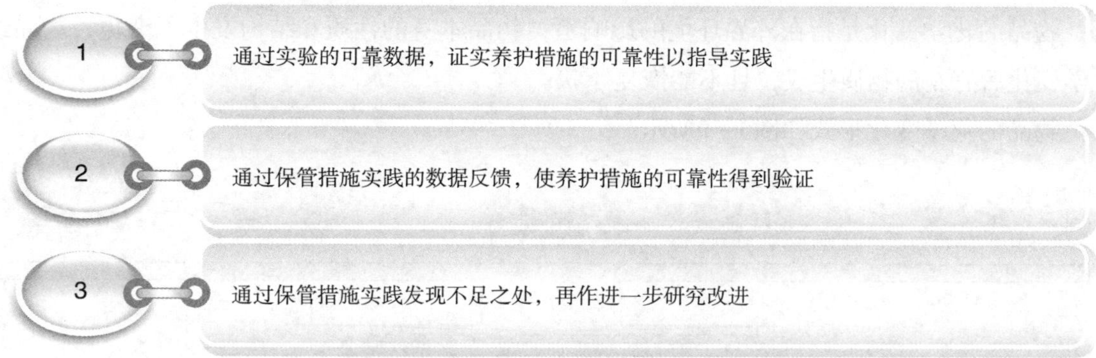

图 5—7　开展科学实验研究的作用

5.2　物品质量变化分析

5.2.1　物品质量变化的类型

物品的质量是指物品在一定条件下，满足人们需要的各种属性。物品在储存期间，由于物品本身的性能特点不同，以及受各种外界因素的影响，可能会发生各种质量上的变化。

物品质量变化的类型主要有物理机械变化、化学变化、生化变化及其他生物引起的变化等四种。

1. 物品的物理、机械变化

物品发生物理变化时，没有新物质生成，只是改变物质外在形态或状态，而不改变其本质，并且可以反复发生变化。物品的机械变化是指物品在外力的作用下，发生形态上的变化。

物品的物理、机械变化形式如图5—8所示。

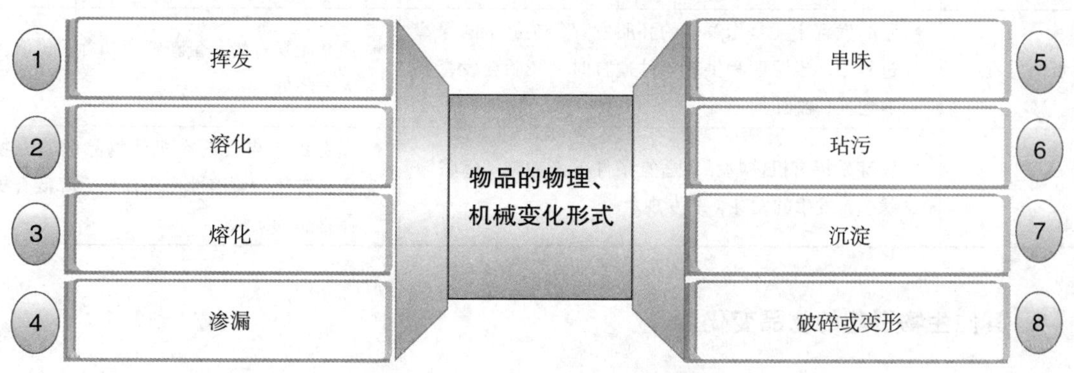

图5—8　物品的物理、机械变化形式

2. 物品的化学变化

物品的化学变化是指在外界环境的影响下，物品本身的性质和结构发生了变化，物品经化学变化后有新的物质生成，且不能恢复原状。

物品的化学变化形式如图5—9所示。

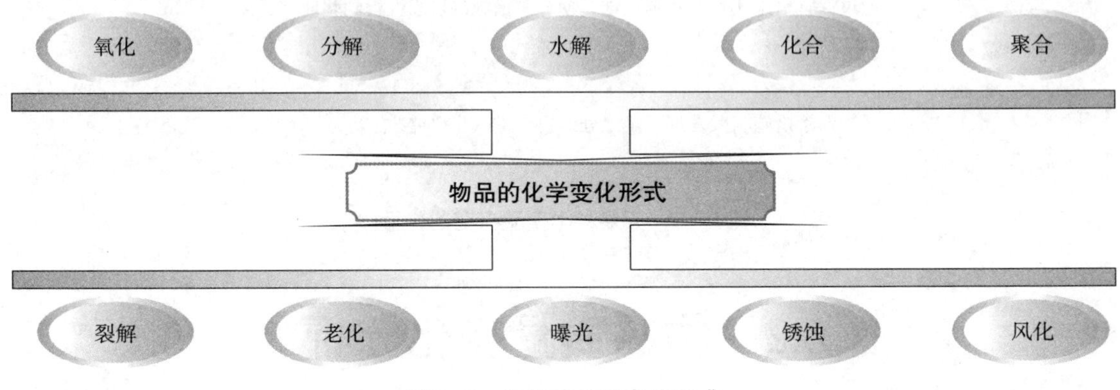

图5—9 物品的化学变化形式

3. 物品的生化变化

生化变化是指有生命活动的有机体物品，在生长发育过程中，为了维持它们的生命，本身所进行的一系列生理变化。

物品的生化变化形式见表5—3。

表5—3 物品的生化变化形式

变化形式	现象说明	损失说明
呼吸作用	◆ 呼吸作用是指有机物品在生命活动过程中，不断地进行呼吸，维持其本身的生命活动的现象	◆ 物品呼吸时分解体内有机物质，产生热量，降低物品使用价值
后熟	◆ 后熟是指瓜果、蔬菜等类的食品在脱离母株后继续其成熟过程的现象	◆ 瓜果、蔬菜等的后熟后，容易发生腐烂变质，难以继续储藏甚至失去食用价值
胚胎发育	◆ 胚胎发育主要是指鲜蛋的胚胎发育，在鲜蛋的保管过程中，当温度和供氧条件适宜时，胚胎会发育成血丝蛋、血红蛋	◆ 经胚胎发育的禽蛋新鲜度和食用价值将大大降低
发芽	◆ 发芽是指有机体物品在适宜条件下，冲破“休眠”状态，发生的发芽、萌发现象	◆ 发芽的结果会使有机体物品的营养物质，转化为可溶性物质，从而降低有机体物品的质量

4. 其他生物引起的物品变化

由其他生物引起的物品变化形式见表5—4。

表5—4 由其他生物引起的物品变化形式说明

变化形式	现象说明
发酵	◆ 发酵是某些酵母（尤其是野生酵母）和细菌所分泌的酶，作用于食品中糖类、蛋白质而发生的分解反应
霉变	◆ 物品霉变是由于霉菌在物品上生长繁殖而导致的物品变质现象，其实质是霉菌在物品上吸取营养物质与排泄废物的结果
虫蛀、鼠咬	◆ 物品在储存及运输过程中，经常遭受仓库害虫的蛀蚀或老鼠的咬损，使物品体及其包装受到损害，甚至完全丧失使用价值
腐败	◆ 腐败细菌作用于食品中的蛋白质而发生的分解反应

5.2.2 影响质量变化的内在因素

物品在储存过程中会发生各种变化，其中起决定作用的是物品本身的内在因素，即内因。其不仅影响着物品质量变化的形式，也影响着质量变化的速度。内在因素主要包括化学成分、结构形态、物理化学性质、机械及工艺性质等。

1. 物品的物理性质

物品的物理性质主要包括物品的导热性、耐热性、吸湿性、透气性、透水性等。具体现象说明见表5—5。

表5—5 物品的物理性质说明

物理性质	现象说明
导热性	◆ 指物品传递热能的性质，与其组成成分和组织结构有密切关系，物品结构不同，其导热性也不一样 ◆ 物品表面的色泽与导热性也有一定的关系
耐热性	◆ 指物品经高温或在温度发生剧烈变化而不致被破坏或显著降低强度的性质，与其成分、结构不均匀，导热性、膨胀系数有密切关系 ◆ 导热性大而膨胀系数小的物品，耐热性良好，反之则差
吸湿性	◆ 指物品吸收和放出水分的特性 ◆ 吸湿性的大小，吸湿速度的快慢，直接影响物品含水量的增减，对物品质量的影响极大
透气性	◆ 指物品能被水蒸气（即气体水分子）透过的性质，其主要取决于物品的组织结构和化学成分，结构松弛，化学成分含有亲水基团，透气性较大
透水性	◆ 指物品能被水透过的性质，主要取决于物品的结构紧密程度和是否含有亲水基团

2. 物品的机械性质

物品的机械性质，是指物品的形态、结构在外力作用下不易变形或被破坏的能力。物品

的这种性质对物品的外形及结构变化有很大的影响，是体现适用性、坚固耐久性和外观的重要内容。

物品的机械性质的主要内容如图5—10所示。

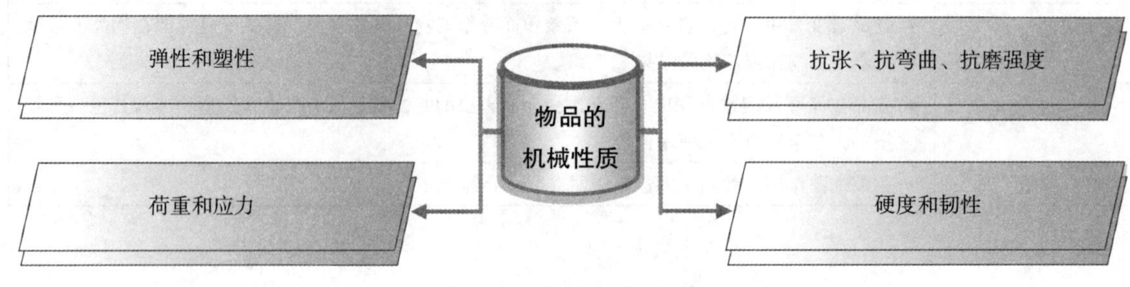

图5—10　物品的机械性质

3. 物品的化学性质

物品的化学性质，是指物品的形态、结构以及物品在光、热、氧、酸、碱、温度、湿度等作用下，发生改变物品本质相关的性质。具体内容见表5—6。

表5—6　物品的化学性质说明

物理性质	现象说明
化学稳定性	◆ 指物品受外界因素作用，在一定范围内，不易发生分解、氧化或其他变化的性质 ◆ 稳定性的大小与物品成分、结构及外界条件有关，化学稳定性低的物品容易丧失使用性能
毒性	◆ 指某些物品具有破坏有机体生理功能的性质 ◆ 存在方式：有的物品本身有毒，有的蒸气有毒，有的本身无毒，但分解化合后，产生有毒成分等
腐蚀性	◆ 指某些物品能对其他物质发生破坏的化学性质 ◆ 这类物品本身具有氧化性和吸水性，不能与棉、麻、皮革制品、金属制品等同仓储存
燃烧性	◆ 指物品性质活泼，发生剧烈化学反应时经常热、光同时发生的性质 ◆ 常见的易燃物品有红磷、汽油、柴油、乙醇、丙酮等低分子有机物
爆炸性	◆ 指物质由一种状态迅速变化为另一种状态，并在瞬间以机械功的形式放出大量能量 ◆ 能够或容易发生爆炸的物品要专库储存，并有严格的管理制度和办法

4. 物品的化学成分

根据物品的化学成分的不同，物品可划分为以下三种，如图5-11所示。

5. 物品的结构因素

物品的种类繁多，拥有各种不同形态的结构，具体见表5—7。

无机成分的物品	◎ 该物品指结构成分中不含碳的物品，但包括碳的氧化物、碳酸及碳酸盐 ◎ 按其元素的种类及其结合形式，又可分为单质、化合物、混合物
有机成分的物品	◎ 该物品是指以含碳的有机化合物为其成分的物品，但不包括碳的氧化物、碳酸与碳酸盐，如棉、毛、丝、麻及其制品，化纤、塑料等
物品成分中的杂质	◎ 单一成分的物品极少，物品成分有主要成分与杂质之分，主要成分决定着物品的性能、用途与质量，而杂质则影响着物品的性能、用途与质量

图5—11 物品的类型

表5—7 物品的结构说明

物品结构	具体说明
物品的外观形态	◇ 物品的外观形态多种多样，仓管员应根据其形态结构合理安排仓容，科学地进行堆码，以保证物品质量的完好
物品的内部结构	◇ 物品的内部结构，即构成物品原材料的成分是分子或原子结构，物品的微观结构对物品性质的影响极大

5.2.3 影响质量变化的外在因素

物品储存期间的质量变化，除与物品内部运动或生理活动有关外，还与储存的外界因素有密切关系。这些外界因素主要包括三个方面，即自然因素、人为因素、储存期限因素。

1. 影响质量变化的自然因素

影响物品质量变化的自然因素见表5—8。

表5—8 影响质量变化的自然因素说明

自然因素	解释说明
空气中的氧	◇ 空气中的氧气非常活泼，能与许多物品发生作用，对物品质量变化影响很大 ◇ 在物品养护中，对于受氧气的影响比较大的物品，要采取各种措施（如密封、浸泡、冲氮等）隔绝氧气对物品的影响
日光	◇ 日光中含有热量、紫外线、红外线等，它对物品起着正反两方面的作用 ◇ 一方面，日光能够加速受潮物品的水分蒸发，杀死杀伤微生物和物品害虫，在一定条件下保护物品 ◇ 另一方面，日光的直接照射，会对某些物品发生破坏作用，致使物品质量变化

续表

自然因素	解释说明
温度	◇ 温度即大气的冷热程度，能直接影响物质微粒的运动速度 ◇ 温度过高、过低或剧烈变化，会对某些物品产生不利影响
湿度	◇ 湿度即大气的干湿程度，取决于大气中的水汽含量的多少 ◇ 空气湿度的改变，能引起物品含水量、化学成分、外形或形态结构发生变化
大气中的有害气体	◇ 物品储存在有害气体浓度大的空气中，其质量变化会很明显 ◇ 仓管员应主要是采取改进和维护物品包装或物品表面涂油涂蜡等方法，减少有害气体对物品质量的影响
微生物	◇ 微生物存在是物品霉腐的前提条件，微生物在生命活动过程中会分解物品中的蛋白质、糖类、有机酸等物质，并排出一些腐败性物质，致使物品变质或发生霉变 ◇ 仓管员应根据物品的含水量情况，采取不同的措施，防止微生物生长，以利物品储存
虫鼠等仓害虫	◇ 仓害虫在危害物品时，会破坏物品的组织结构，使物品发生破碎和孔洞，外观受损 ◇ 仓害虫在生长过程中，吐丝结茧，排泄各种代谢废物玷污物品，影响物品的质量外观
卫生条件	◇ 卫生条件不合格，不仅使灰尘、油垢、垃圾、腥臭等污染物品，造成某些物品外观疵点和感染异味，而且还为微生物、仓害虫等创造了活动场所，不利于保证物品质量

2. 影响质量变化的人为因素

人为因素是指人们未按物品自身特性的要求或未认真按有关规定和要求作业，甚至违反操作规程而使物品受到损害和损失的情况。这些情况主要包括如图5—12所示的几点。

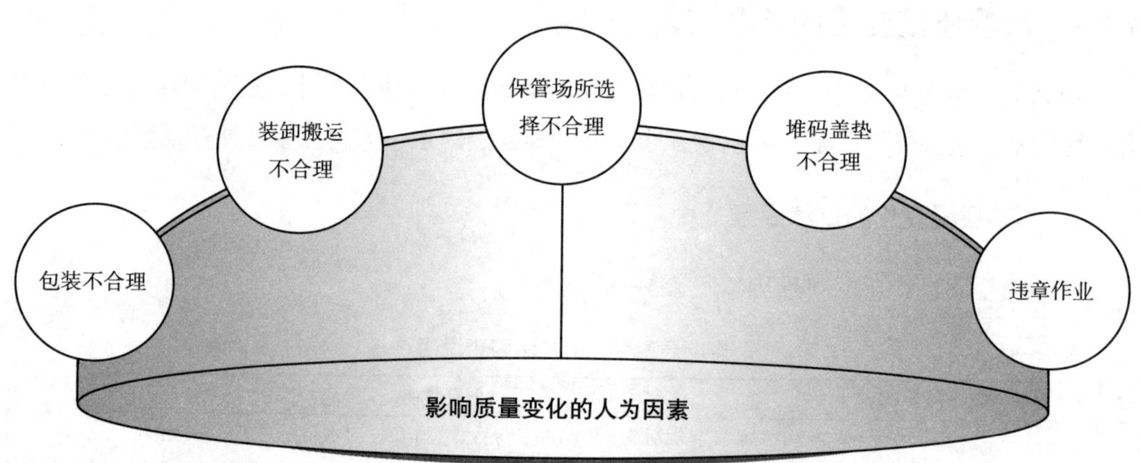

图5—12　影响质量变化的人为因素

3. 影响质量变化的储存期限因素

大多数物品根据其自身的性能及特点具有不同的储存的期限，超出储存期限，物品质量即有可能发生变化。

物品储存期的长短主要受供应计划、市场供求变动、技术更新甚至金融危机等因素的影响，因此仓库应坚持定期盘点，及时处理将要达到或接近保存期限的物品，对于落后产品或将被淘汰的产品限制其入库或随进随出。

5.3 仓库温湿度控制

5.3.1 温湿度及变化规律

1. 仓库温湿度基础知识

（1）空气温度

空气温度是指空气的冷热程度，通常用温度计摄氏度（℃）表示。常用的温度指标有如图5—13所示的三种。

图5—13 常用的温度指标

物品本身温度的升降，取决于外来热能多少和该物体比热大小。热能增加，温度上升；热能减少，温度下降。

（2）空气湿度

空气湿度是指空气中水汽含量的多少或空气的干湿程度，简称湿度。空气中含水汽量越多，空气湿度越大；空气中含水汽量越少，空气湿度就越小，即空气越干燥。

空气湿度的表示方法见表5—9。

表5—9　　空气湿度的表示方法

表示方法	具体说明
绝对湿度	◇ 表示单位容积的空气中实际所含的水汽量，一般用“克/立方米”表示 ◇ 温度对绝对湿度有直接影响，温度越高，水分蒸发越多，绝对湿度亦越大；反之，温度越低，水分蒸发越少，绝对湿度亦越小
饱和湿度	◇ 表示在一定的温度下空气所能容纳水汽量的最大限度，通常用E表示 ◇ 空气的饱和湿度是随着空气温度变化而变化的。温度越高，空气中所能容纳的水汽量越多，饱和湿度也越大；反之，温度越低，饱和湿度就越小

续表

表示方法	具体说明
相对湿度	◇ 表示空气中实际水汽量距离饱和状态的程度，或者说在同一温度下，空气的绝对湿度与饱和湿度的百分比，其计算公式是： $$相对湿度=\frac{绝对湿度}{饱和湿度}\times 100\%$$ ◇ 相对湿度越大，表示空气中的水汽距离饱和状态越接近，空气就越潮湿，水分就越不易蒸发；反之，就说明空气越干燥，水分就容易蒸发
露点	◇ 在绝对湿度和气压不变的情况下，若气温降低，空气中容纳不了原气温时所含的水蒸气量，使空气中的水蒸气达到饱和状态，并开始液化成水，此时的温度称为露点 ◇ 温度下降到露点温度以下，空气中的过饱和水蒸气会在物品表面上凝结成水珠，这一现象称为“水淞”，俗称“出汗”

2. 仓库内外温湿度变化规律

（1）大气温湿度的变化规律

大气温湿度的变化规律具体见表5—10。

表5—10　　大气温湿度的变化规律

温湿度	变化规律说明
温度	◇ 一天之中日出前气温最低，到午后2—3时气温最高 ◇ 一年之内最热的月份，内陆一般在7月，沿海出现在8月 ◇ 最冷的月份，内陆一般在1月，沿海在2月
湿度	◇ 绝对湿度通常随着气温升高而增大，随气温降低而减小 ◇ 但绝对湿度不足以完全说明空气的干湿程序，相对湿度更能正确反映空气的干湿程度

（2）库内温湿度的变化规律

库内空气温度和空气湿度的日变化规律具体见表5—11。

表5—11　　库内温湿度的日变化规律

温湿度	变化规律说明
库内空气温度	◇ 库温主要随气温变化而变化，气温逐渐升高或降低时，库温也随着升高或降低 ◇ 库温变化的时间，总是落在气温变化 1 ~ 2 小时之后 ◇ 库温与气温相比，夜间库温高于库外，而白天温度却比库外低 ◇ 库温变化的幅度比气温变化的幅度小，库房内的最高温度低于库外的最高温度，库内的最低温度高于库外的最低温度 ◇ 此外，库房坐落方向、建筑结构、建筑材料、库房部位以及储存物品等对库房的温度变化均有一定的影响

续表

温湿度	变化规律说明
库内空气湿度	◇ 库内的空气湿度，主要是受库外空气湿度的影响；而库房建筑结构和储存物品的状况，也在一定程度上影响库内湿度 ◇ 库内绝对湿度的日变化主要随库外湿度的变化而变化，其最高值和最低值的变化落后于库外空气湿度，且变化幅度较小 ◇ 库内相对湿度的变化，主要是受库温的影响，日变化与年变化基本上与库外相似。但一日内只出现一次最高值和一次最低值，变化幅度也小 ◇ 库内的湿度变化范围小于库外，有时也因具体条件的影响而有若干差别

5.3.2 仓库温湿度的测定

1. 空气温湿度的测定仪器

仓管员可利用特定的仪器进行仓库温湿度测定，以便进行温湿度调节和控制。常用的空气温湿度测定仪器如图5—14所示。

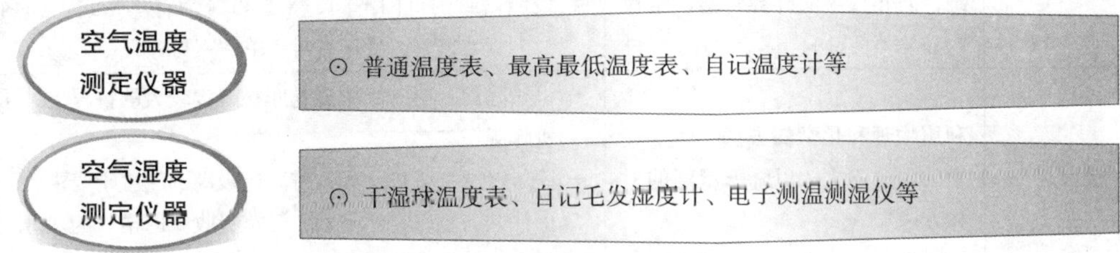

图5—14 空气温湿度的测定仪器

2. 测定仪器的观测和管理

为避免空气温湿度测定工作混乱或测定结果不真实情况，仓管员进行仓库温湿度测定时应遵循以下工作程序，如图5—15所示。

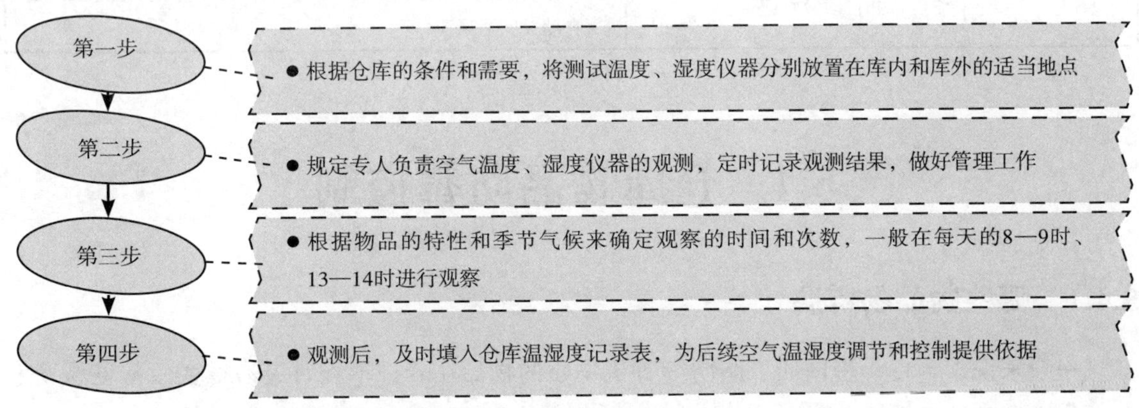

图5—15 温湿度测定工作程序

5.3.3 控制调节温湿度的方法

控制与调节仓库温、湿度，是维护物品质量的重要措施。为创造一个适宜物品存储的温湿度条件，以确保在库物品的质量，仓管员应加强仓库的温湿度管理，积极采取措施，适当地控制和调节温湿度。

仓库温湿度控制主要有通风、密封、吸湿等方法，具体见表5—12。

表5—12 仓库温湿度控制的方法

方法	介绍	具体说明
通风	根据大气自然流动的规律，有目的地组织库内外空气的对流与交换，调节库内温湿度	◆ 对怕热但对湿度条件要求不严的物品，主要在夜间或凌晨6点左右通风降温 ◆ 对怕冻类物品，在阳光充足、库外温度最高时（下午2-3点），可通风提温 ◆ 对怕潮类物品，库内相对湿度大于80%时，利于通风降潮
密封	使用密封材料，尽可能将储存物品封闭起来，使之与周围大气隔绝，防止或减弱外界自然因素对物品的不良影响	◆ 按照密封介质的不同，密封可分为大气密封、干燥密封、充氮密封、去氧密封等 ◆ 按照密封的范围不同，密封可分为整库密封、库内小室密封、货架密封、货箱密封、单件密封等
吸湿	利用物理和化学的方法，将空气中的水分除去，以降低湿度的一种方法	◆ 机械除湿：对于大中型仓库在湿度较大的情况下，采用除湿机除湿 ◆ 固体吸湿剂吸潮除湿：将固体吸潮剂放置于要求吸湿的空间内使其与空气自然接触，迅速吸收库内空气的水分，从而降低仓库内的相对湿度
气幕隔潮	利用机械鼓风产生强气流，在库门口形成一道气流帘子，阻隔库外热空气的一种方法	◆ 气幕俗称“风帘”，其风速大于库内、外空气的流速，可以阻止库内、外空气的自然交换，从而防止库外热潮空气进入库内
自动控制与调节温湿度	光电自动控制设备，通过事先设定，可自动控制与调节库房的温湿度，并自动做好记录	◆ 当库内温湿度超过储品规定范围时，能自动报警、自动开启仓窗、自动开动去温机、自动记录、自动调节库内的温湿度 ◆ 当库内温湿度降到适宜条件时，又能自动停止去湿机工作，自动关闭通风窗

5.4 仓库物品防霉控制

5.4.1 哪些物品易霉腐

一般来说，含糖、蛋白质、脂肪等有机物质的物品在养护不当时最易霉变。常见易发生霉变的物品种类见表5—13。

表5—13 易霉腐物品种类

种 类	举例说明
食品类	◇ 鲜果、干果品及坚果，谷物及豆类等粮食，粉面、米、食用油等粮油，海味、山地货等土特产等
纺织原料及其制品	◇ 丝、毛、棉、麻、化纤等以及各种纺织半成品或中间品（如纱线、机织物等）和纺织制成品（如地毯、服装、毛巾、装饰品等）
纸张及其制品	◇ 凸版印刷纸、新闻纸、胶版印刷纸、铜版纸、书皮纸等纸张及其制品（如书籍、报刊等）
橡胶和塑料制品	◇ 包括由高分子聚合物组成的塑料、橡胶及它们的制成品，如塑胶手套、轮胎、树脂眼镜等
日用化学物品	◇ 包括日用洗涤用品和化妆品，如肥皂、合成洗涤剂，清洁用化妆品、营养用化妆品、药用化妆品等
皮革及其制品	◇ 包括皮革衣箱、手提包以及类似容器、皮手套及皮革制衣着附件、未缝制的整张毛皮以及加工羽毛等
工艺美术品	◇ 包括陶瓷工艺品、雕塑工艺品、玉器、织锦、刺绣、印染手工艺品、花边、编结工艺品、编织工艺品、地毯和壁毯、漆器、金属工艺品、工艺画、首饰、皮雕画等
其他	◇ 一些文娱和体育用品，光学仪器，电子、电器产品，录音带、录像带、感光胶片、药品等，在保管温湿度不合适的条件下也容易发生霉变

5.4.2 霉腐发生的原因

在某些微生物作用下，引起物品发霉、腐烂和腐败发臭等质量变化的现象称为物品的霉腐。库存物品并不是在什么条件下都会如以上漫画所示发生霉变，仓管员应详细掌握库存物品发生霉变的原理及因素，从而制定相关防治措施，减少或避免企业损失。

1. 霉腐发生的原理

物品霉腐的原理如图5—16所示。

原理1

◎ 微生物在生命活动中分泌一种酶，利用它把物品中的蛋白质、糖类、脂肪、有机酸等物质，分解为简单的物质加以吸收利用，从而使物品受到破坏、变质，丧失其使用价值

原理2

◎ 微生物异化作用中，在细胞内分解氧化营养物质产生各种腐败性物质排出体外，使物品产生腐臭味和色斑霉点，影响物品的外观

图5—16 物品霉腐的原理

2. 霉腐发生的因素

根据霉腐发生的原理及霉腐微生物的生长条件，可判断霉腐发生有两方面因素，一是物品内部因素，二是外界因素，具体见表5—14。

表5—14　　霉腐发生因素说明

因素来源		具体说明
物品内部因素	营养物质因素	◇ 不同的霉腐微生物生长繁殖所需的营养结构不同，但都必须有一定比例的碳、氮、水、能量的来源，以构成一定的培养基础 ◇ 霉腐微生物从含糖类物品中、含有机酸的物品中获得碳源供其生长繁殖之用；从含蛋白质物品中获得氮源，供其合成菌体的需要；从含脂肪类物品中获得碳源和能量以及物品本身所含有的水分，从而构成了适宜微生物生长的良好的培养基
外界因素	环境湿度和水分	◇ 水分是霉腐微生物生长繁殖的关键 ◇ 当物品含水量超过其安全水分时就容易霉腐，相对湿度越大，则越易霉腐
	环境温度	◇ 温度主要影响霉菌的菌体内各种酶的作用，温度的高低，影响酶的活性 ◇ 多数霉菌体内的酶最适宜的温度是25～30℃，当温度超过或低于霉菌生长繁殖的适宜温度时，霉菌的生命活动就停止，生长繁殖受抑制
	空气的影响	◇ 霉菌的生长繁殖还需要有足够的适量的氧气 ◇ 当空气中氧供应充足，将有利于嗜氧霉菌的生命活动，抑制厌氧霉菌的生长繁殖；相反，当空气中氧比较少时，则有利于厌氧霉菌的活动
	化学因素	◇ 化学物质对微生物有三种作用：一是作为营养物质，二是抑制代谢活动，三是破坏菌体结构或破坏代谢机制 ◇ 化学物质究竟起了上述的何种作用，取决于化学物质的浓度以及环境的物质性、菌体敏感性、接触时间的长短、温度的高低
	其他因素	◇ 物品在储存、流通过程中，还会受到紫外线、辐射、微波、电磁振荡以及压力等其他几种因素的作用，这些都将影响霉腐微生物的生命活动，影响物品的霉变和腐败

5.4.3　防止霉腐的方法

物品在储存中发生霉腐，主要是由于不同微生物以物品本身所含的某些物质为其繁殖生长的营养源，同时又有其适宜生长繁殖的环境因素，才能发生霉变。

对于易于发生霉变物品的防护工作主要是创造不利于微生物生长的条件或扼制其生长的方法，以达到不发生霉变的目的。具体措施见表5—15。

表5—15　　防止霉腐的方法

方　法	具体说明
加强在库物品的管理	◆ 加强入库验收管理，选择合适的储存场所，进行合理堆码，下垫隔潮 ◆ 加强仓库温湿度控制管理，有效进行物品密封，做好日常清洁工作
化学药剂防霉腐	◆ 防霉变最主要的方法是使用防霉腐剂，其原理是防霉腐剂能使微生物菌体蛋白凝固、沉淀、变性，破坏酶系统，使酶失去活性，影响细胞呼吸和代谢，或改变细胞膜的通透性，使细胞破裂、解体 ◆ 防霉腐剂低浓度能抑制霉腐微生物，高浓度就会使其死亡

续表

方 法	具体说明
气相防霉腐	◆ 使用具有挥发性的防霉防腐剂，利用其挥发生成的气体，直接与霉腐微生物接触，杀死或抑制霉腐微生物的生长，以达到防霉腐的目的
气调防霉腐	◆ 在密封条件下，通过改变空气组成成分，以降低氧的浓度，形成低氧环境，来抑制腐微生物的生命活动与生物性物品的呼吸强度，从而达到防霉腐的效果
低温冷藏防霉腐	◆ 通过降低仓库环境中和物品本身的温度，使霉腐微生物得不到生长繁殖所需温度而达到防霉腐的目的 ◆ 低温冷藏防霉腐所需的温度与时间，应以具体物品而定，一般温度越低，持续时间越长，霉腐微生物的死亡率越高
干燥防霉腐	◆ 通过减少仓库环境中的水分和物品本身的水分，使霉腐微生物得不到生长繁殖所需水分而达到防霉腐的目的
其他方法	◆ 利用紫外线、微波、红外线、辐射等方法抑制霉腐微生物的生长

5.5 仓库危害防治

5.5.1 仓库的病虫害

仓库害虫种类繁多，如果不加防范，它对仓库的损坏是惊人的。因此，仓库害虫的防治势在必行。

1. 仓库病虫害的发育规律

仓管员首先应掌握病虫害的发育规律，为采取防治措施提供依据。仓库病虫害的发育规律有两种，具体见表5—16。

表5—16　　仓库病虫害的发育规律

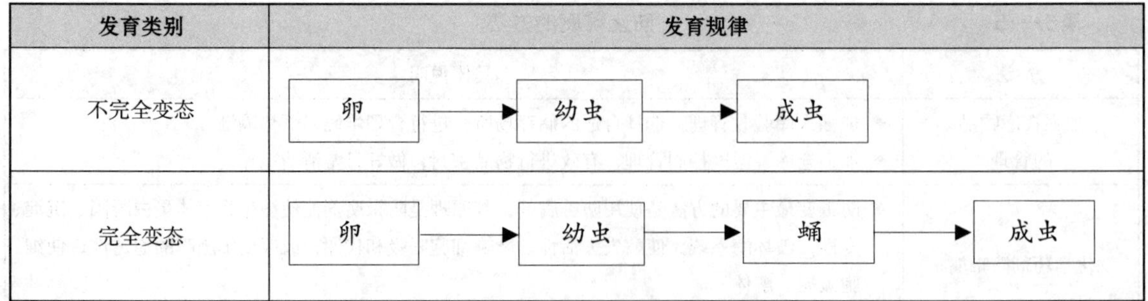

发育类别	发育规律
不完全变态	卵 → 幼虫 → 成虫
完全变态	卵 → 幼虫 → 蛹 → 成虫

2. 仓库病虫的生活习性

掌握仓库病虫害的发育规律后，仓管员还应了解常见仓库病虫害的生活习性，据此采取有效措施进行防治。

常见仓库病虫的生活习性见表5—17。

表5—17　　常见仓库病虫的生活习性

生活习性	具体说明
适应性强	◆ 对恶劣环境的适应性强，包括耐热性、耐寒性、耐干性、耐饥性、耐药性等
食性	◆ 广而杂，蛀蚀的成分主要是淀粉、脂肪、糖类、蛋白质、纤维素等
隐蔽性	◆ 体型小、体色深、具有保护色
趋性	◆ 包括正趋性和负趋性，如蛾类有趋光性，甲虫类有负趋光性
繁殖力高	◆ 多数仓库害虫产卵在隐蔽的场所或具有保护性的地方；仓库害虫的个体发育较快，且成虫寿命长

3. 仓库害虫的危害

仓库病虫害的种类繁多，如若防范不及时，则有可能给仓库和企业带来很大的损失。仓库病虫的危害主要体现在几个方面，见表5—18。

表5—18　　仓库害虫的危害

序　号	具体说明
危害一	◇ 取食造成物品的直接重量损失
危害二	◇ 筑屋、取食、排泄、蜕皮、脱毛、尸体等，影响食品的色、香、味，造成质量损失
危害三	◇ 排泄、产热等原因造成霉菌生长，导致物品发生霉变或臭味蔓延
危害四	◇ 身带多种病菌，容易传播疾病
危害五	◇ 啃咬仓库内使用中的设备设施的电线，容易引起火灾
危害六	◇ 采用化学法防治时造成杀虫剂残留等化学污染，影响产品质量

5.5.2　仓库危害的种类判断

仓管员在确定仓库危害的种类后才能根据其生活习性及特点采取合适的措施进行防治。

仓库危害种类及其出现迹象见表5—19。

表5—19　　仓库危害种类及其有关迹象

害虫种类	迹象说明
储藏性物品害虫	◇ 仓库周围及仓库内部粉状物上的足迹表示有成虫或是在残渣间移动的幼虫 ◇ 仓库门口附近可见的昆虫，或蜘蛛网上、栈板上、物品包装上的昆虫 ◇ 物品或垫板上的网状记号表示曾有蛾类幼虫在此被孵化和喂养 ◇ 袋装物品显示昆虫幼虫或成虫进出穿透的小洞 ◇ 仓库内监视器设备注意到的昆虫活动 ◇ 地面、角落或物品表面小面积的排泄物，或在墙上、袋上的黑色斑点
老鼠	◇ 沾有油污等痕迹的地方，或灰尘上的足迹，或具有特别味道的尿液和粪便污点 ◇ 被啃咬过的包装袋 ◇ 在墙洞内的声音
鸟类	◇ 仓库屋顶底板的损害及在屋顶筑巢的迹象 ◇ 在隐蔽的鸟巢掉落的蛋壳小碎片 ◇ 地上、栈板上的鸟粪、羽毛以及灰尘上的足迹 ◇ 仓库内的鸟叫声，尤其在黄昏及黎明时

5.5.3　仓库危害防治方法

在物品存储过程中，病虫害、仓鼠、白蚁对物资的损害是非常严重的，因此仓管员需对仓库储存的物品做好虫害、鼠害、白蚁的防治工作。

1. 仓库病虫害防治

仓库病虫害防治除做好环境卫生清洁工作以外，还可采取物理防治和化学防治的方法。具体的防治方法如图5—17所示。

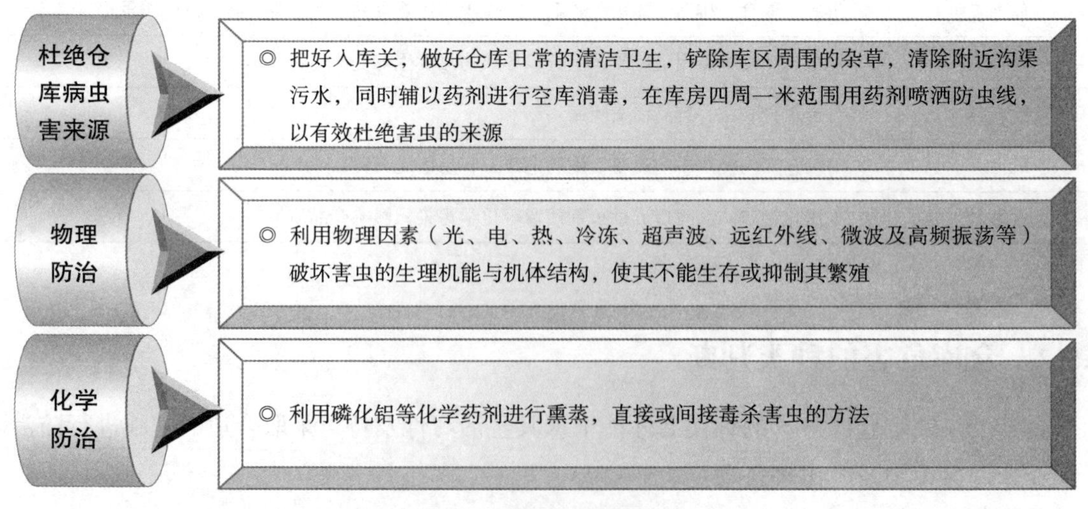

图5—17　仓库病虫害防治方法

2. 仓库鼠害的防治

仓库鼠害的防治方法最主要的是断绝其食物来源，拆除库内外一切可作为鼠类隐蔽的场所，使鼠类没有栖身和取食之所。仓库如出现鼠害，可采取以下方法治理，如图5—18所示。

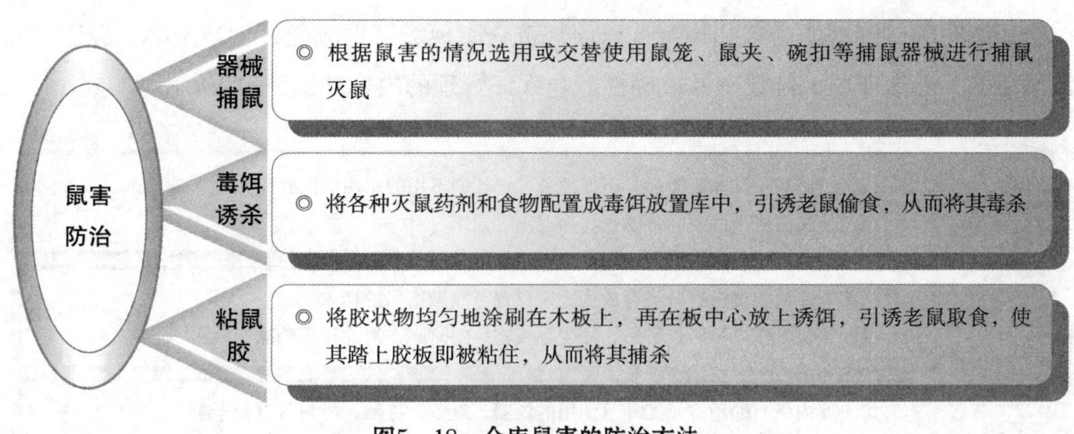

图5—18　仓库鼠害的防治方法

3. 仓库白蚁的防治

防止白蚁的主要方法应根据其生活习性、分工的严密性以及喜欢相互舔吸，有固定蚁道、吸水线、透气孔、排泄物堆积处等特点，采取相应的措施来解决。预防方法见表5—20。

表5—20　白蚁防治的方法

方 法	具体介绍
预防方法	◇ 对库房的木质梁柱屋架、门窗及库内使用的木质苫垫物料等涂刷一层灭蚁药剂 ◇ 库内地坪、墙壁有缝隙处可先灌注灭蚁药剂，再用水泥或沥青封严 ◇ 在白蚁分群繁殖期要严闭门窗，在晚间可用灯光诱集后再喷洒灭蚁药剂杀灭
检查方法	◇ 在白蚁活动繁殖期间加强检查库房木结构及木质苫垫物料、包装，易被白蚁危害的储存货物以及库外周围环境中树木等有无白蚁活动或被危害的迹象 ◇ 对于木质物品可用小木槌轻敲可疑部位，如发空声时，可用一字形旋具挖开木质表层，检查有无白蚁活动迹象
诱杀法	◇ 放置诱饵，引诱来大量的白蚁，然后喷洒灭蚁药或用其他方法灭杀 ◇ 将饵料和成毒饵，诱来白蚁取食，回到巢内喂食其他白蚁而中毒死亡

5.6 仓库5S管理

5.6.1 仓库5S管理内容

企业应明确5S管理的内容和规范，以便规范仓库现场管理流程，创造干净、舒适、安全的工作环境，提高现场工作效率及准确性。仓库5S管理的内容如图5—19所示。

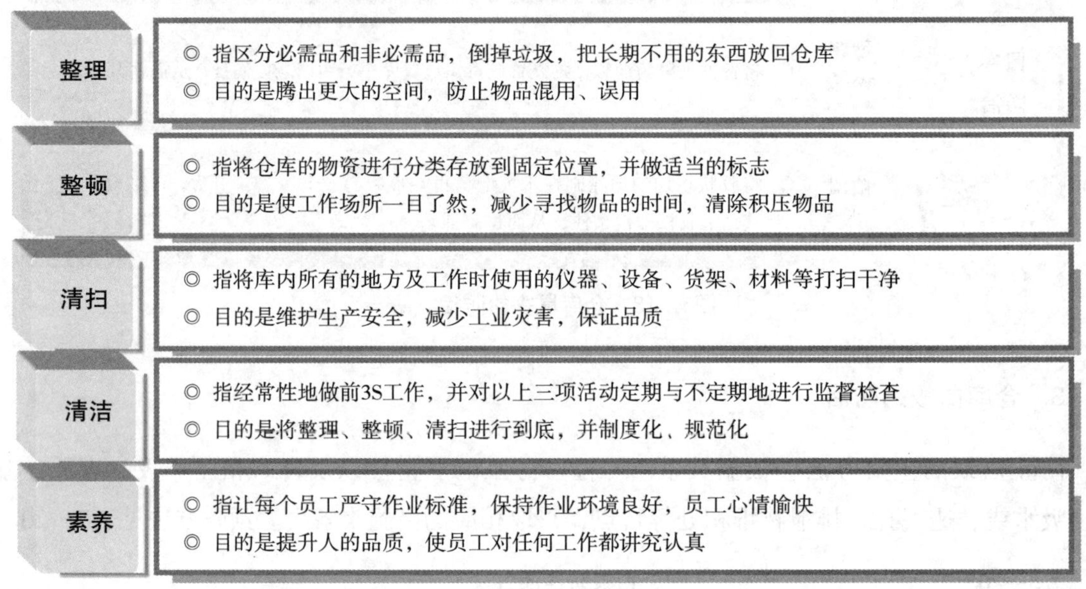

图5—19 仓库5S管理的内容

5.6.2 仓库5S管理流程

为加强仓库5S规范管理，企业应制定仓库5S管理流程，明确岗位分工及职责权限。仓库5S管理流程如图5—20所示。

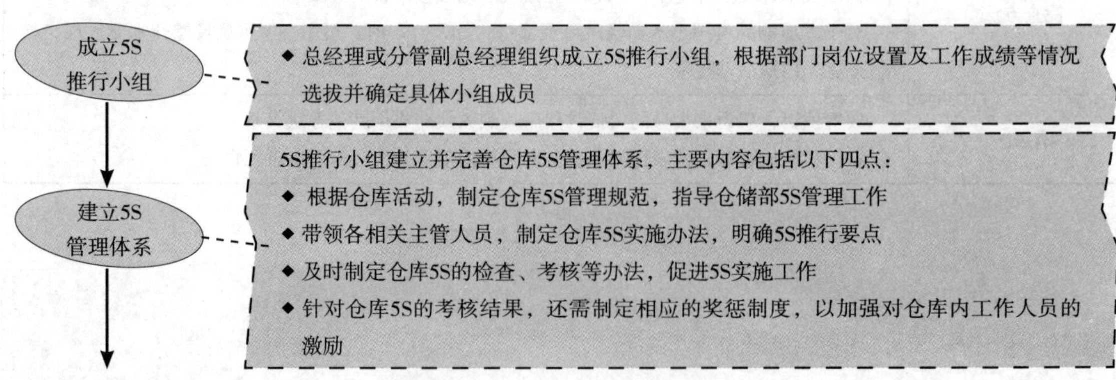

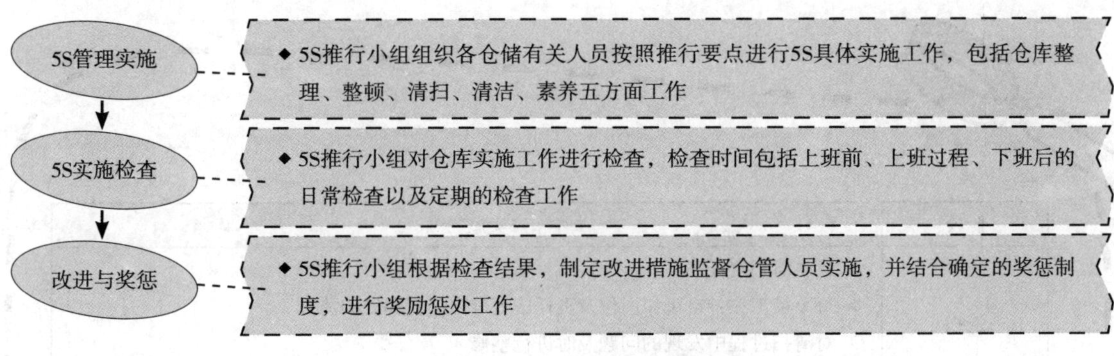

图5—20 仓库5S管理流程

5.6.3 仓库5S管理实施方案

仓库5S管理实施方案

一、实施方案制定目的

为保证仓库5S管理的顺利有效实施，结合自身实际情况，制定此实施方案。

二、仓库5S管理实施的方针目标

强化仓库基础管理，提升仓库的管理品质，严格做到以下四点：

1. “两齐”，即库容整齐、堆放整齐。
2. “三清”，即货物数量、质量、规格清晰。
3. “三相符”，即账、卡、物一致。
4. “四定位”，即货物储存区、架、层、位，对号入座。

三、仓库5S管理实施

按照下表所示的各阶段的实施要领进行实施。

5S管理各阶段实施要领说明表

阶段	实施要领
整理	◇ 按“整理”和“整顿”的判别基准清除不要的物品 ◇ 制定非必需品的处理方法，按此方法清理非必需品 ◇ 每日自我检查，循环整理
整顿	◇ 确定放置场所 ◇ 规定摆放方法，按规定的位置及方法摆放 ◇ 进行堆场的标志认定

续表

阶段	实施要领
清扫	◇ 建立清扫责任区 ◇ 每个员工在各自工作岗位及责任区范围内进行彻底的清扫 ◇ 对清扫过程中发现的问题及时进行整修 ◇ 杜绝或隔离污物的发生源
清洁	◇ 落实前面5S工作 ◇ 制定各种制度，加强执行和维护 ◇ 主管领导经常巡查，带动员工深入贯彻5S
素养	◇ 持续执行5S直到成为共有的习惯 ◇ 仓库作业人员严格遵守规章制度，有关管理人员进行监督检查
备注	“整理”“整顿”“清扫”“清洁”范围包括仓库内办公桌椅、文件夹柜、抽屉等；计算机电子文件夹；仓库、货架、通道、储物室等

四、5S管理实施检查

1. 5S核查人员根据5S管理各阶段的实施要领和范围制定各阶段的“检查考核表”，表中详细列明“检查项目”“检查内容”“评分标准”和“得分”栏，作为实施检查的工具。

2. 各阶段“检查考核表”如下所示。（略）

3. 5S核查人员具体职责如下：

（1）负责全面检查且对实施情况进行打分。

（2）每周末将检查记录以表格的形式呈现，并召集所有员工开会分析问题。

（3）对一周内出现的问题进行总结整改。

5.7　危险品的保管保养

5.7.1　危险品的类型

危险品是指在流通中，由于本身具有的燃烧、爆炸、腐蚀、毒害及放射线等性能，或因摩擦、振动、撞击、曝晒或温湿度等外界因素的影响，能够发生燃烧、爆炸或人畜中毒、表皮灼伤，以至于危及生命，造成财产损失等危险性的物品。

危险品的类型有很多，具体分类如图5—21所示。

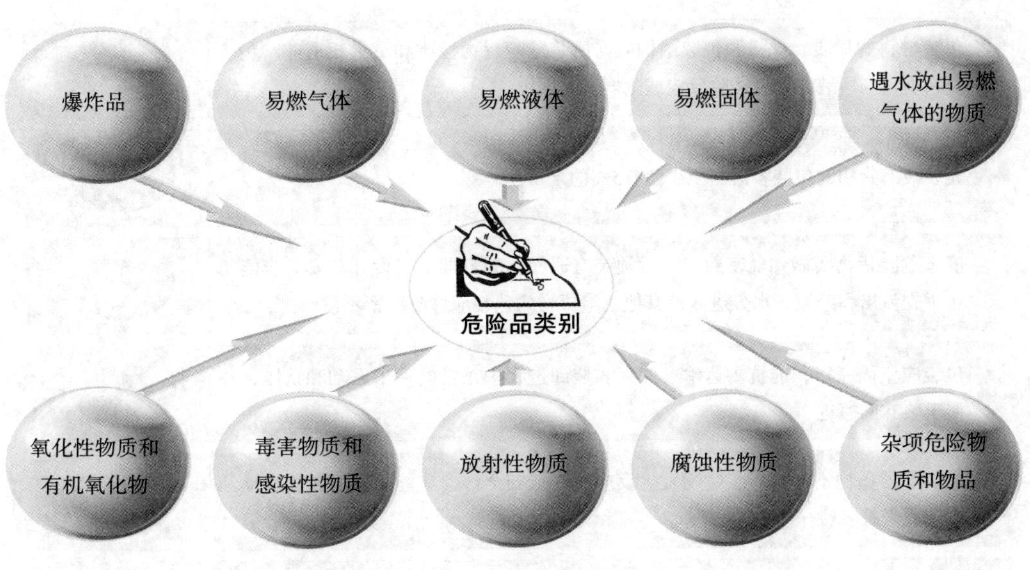

图5—21 危险品类型

5.7.2 危险品的包装

1. 危险品包装的分类

危险货物包装根据其内装货物的危险程度划分为三种包装类别，具体如图5—22所示。

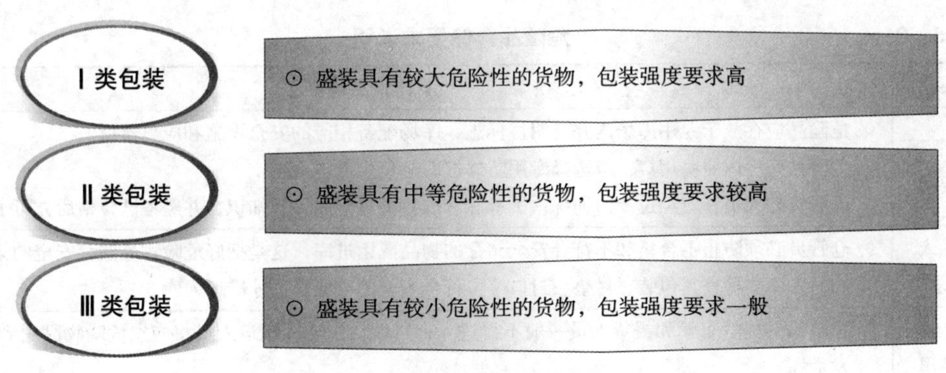

图5—22 危险品包装类别说明

2. 危险货物包装的一般要求

仓管员在进行危险货物包装时，应该遵守如图5—23所示的要求。

1 包装材料的材质、规格和包装结构应与所装危险货物性质和重量相适应。包装材料不得与所装物产生危险反应或削弱包装强度

2 充装液态货物的包装容器内至少留有5%的余量

3 液态危险货物要做到气密封口；对须装有通气孔的容器，其设计和安装应能防止货物流出和杂质、水分进入；其他危险货物的包装应做到严密不漏

4 包装应坚固完好，能抗御运输、储存和装卸过程中正常的冲击震动和挤压，并便于装卸和搬运

5 包装的衬垫物不得与所装货物发生反应而降低安全性，应能防止内装物移动和起到减震及吸收作用

6 包装表面应保持清洁，不得黏附所装物质和其他有害物质

图5—23 危险品包装要求

5.7.3 危险品存储要求

危险品发生危险的可能性较大，仓管员进行危险品存储时应遵循以下存储要求，以便做好危险品存储管理工作。具体内容见表5—21。

表5—21 危险品存储要求说明

项 目	具体说明
仓库及管理人员要求	◇ 危险品应存放于专用库场内并有明显标志，库场配备相应的安全设施和应急器材 ◇ 危险品库房内照明用灯，应选择专用防爆灯，避免生成电火花 ◇ 库场管理人员，应经过专门训练，了解和掌握各类危险品保管知识，并经考试合格后方可上岗
危险品入库要求	◇ 仓管员必须防止不合格和不符合安全储存的物品混运进库，这是把好危险物品储存安全的第一关 ◇ 物品入库要检查其包装、衬垫、封口等，符合安全储存要求，才准运入库
危险品出库要求	◇ 危险品的提货车辆和提货人员一般不得进入存货区，由仓库搬运人员将应发危险物品送到货区外的发货场 ◇ 柴油车及无安全装置的车辆不得进库区，提货车辆装运抵触性物品的，不得进入库区拼车装运 ◇ 物品出库时包装完整，重量正确，并标有符合物品品名和危险性质的明显标志
分区分类堆垛要求	◇ 易爆、易燃、助燃、毒害、腐蚀、放射等类物品性质各异，互相影响或抵触的，必须分区隔离储存 ◇ 即使是同类物品，虽其性质互不抵触，但也应视其危险性的大小和剧缓程度进行分类存储 ◇ 危险品应堆放牢固，标志朝外或朝上，一目了然 ◇ 进行危险品堆码不宜过高过大，货垛之间要留出足够宽的走道，墙距亦应较宽。一般堆垛高度：液体物品以不超过2米、固体物品以不超过3米为宜

5.7.4 危险品仓库的管理

1. 危险品库的分类

危险品仓库，即储存和保管危险品的场所。根据不同的划分依据可分为如下几类，见表5—22。

表5—22 危险品库的类型

划分依据	危险品库种类
隶属和使用性质	◆ 危险品库分为甲、乙两类，甲类是商业仓储业、交通运输业、物资管理部门的危险品库，乙类为企业自用的危险品库 ◆ 其中甲类危险品库储量大、品种多，所以危险性大
规模大小	◆ 危险品库可分为三类：面积大于9 000平方米的为大型危险品库，面积在550～9 000平方米的为中型危险品库，550平方米以下的为小型危险品库
危险品库的结构形式	◆ 危险品库分为地上危险品库、地下危险品库、半地下危险品库

2. 危险品库的选址要求

危险品库根据其具有危险性的特点，在选址时应依据政府的总体市政布局，选择合适的建设地点。危险品库选址要求如图5—24所示。

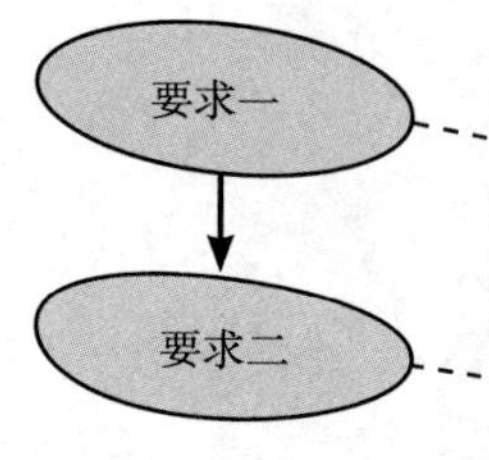

◆ 一般选择较为空旷的地区，远离居民区、供水地、主要交通干线、农田、河流、湖泊等，处于当地长年主风向的下风位

◆ 如必须在市区内，大、中型的甲类仓库和大型乙类仓库与居民区和公共设施的间距应大于150米，与企业、铁路干线的间距大于100米，与公路距离大于50米，在库区大型库房间距为20～40米，小型库房间距为10～40米

图5—24 危险品库选址要求

3. 危险品库的规范管理

为了加强对危险品的安全管理，确保危险品储存安全，仓管员应按照以下工作要求进行危险品库的规范管理。见表5—23。

表5—23 危险品库的规范管理

项 目	具体规范
危险品仓库的基本要求	◆ 爆炸物品、一级易燃物品、遇湿燃烧物品、剧毒物品不得露天堆放 ◆ 仓库必须配备有专业知识的技术人员，其库房及场所应设专人管理，管理人员必须配备可靠的个人安全防护用品 ◆ 仓库应有明显的标志，标志应符合《危险货物包装标志》（GB190—2009）的规定。同一区域储存两种或两种以上不同级别的危险品时，应按最高等级危险物品的性能标志 ◆ 仓库应设置“严禁吸烟”“严禁使用明火”等安全标志及“危险品安全周知卡” ◆ 储存的危险品应有中文化学品安全技术说明书和化学品安全标签
储存场所要求	◆ 危险品库的耐火等级、层数、占地面积、安全疏散和防火间距，应符合国家有关规定 ◆ 仓库地点及建筑结构的设置，除了应符合国家的有关规定外，还应考虑对周围环境和居民的影响 ◆ 储存场所必须提供足够的自然通风或机械通风，机械通风系统应防爆并设有导除静电的接地装置 ◆ 仓库内设温湿度计，严格控制库房内的温湿度
场所内电器设施要求	◆ 根据储存危险化学品的种类，分级、分区安装相应等级的防爆型电器设施，安装线路、开关、电器应与之匹配合理 ◆ 仓库内灯具、火灾事故照明和疏散指示标志，都应符合安全要求 ◆ 配电箱及电气开关应设置在仓库外，并安装防雨、防潮保护设施 ◆ 储存易燃、易爆危险化学品的建筑，必须安装避雷设备和可燃气体报警装置
危险品的储存要求	◆ 根据危险性能分区、分类储存各类危险品，不得与禁忌物料混合储存，并在醒目处标明储存物品的名称、性质和灭火方法 ◆ 易燃液体、遇湿易燃物品、易燃固体不得与氧化剂混合储存，具有还原性氧化剂应单独存放 ◆ 有毒物品应储存在阴凉、通风、干燥的场所，不要露天存放，不要接近酸类物质 ◆ 腐蚀性物品，包装必须严密，不允许泄漏，严禁与液化气体和其他物品共存 ◆ 仓库的总储量以及与建筑物等之间的防火距离，必须符合建筑设计防火规范的规定

续表

项 目	具体规范
危险品库内消防要求	◆ 根据危险化学品特性和仓库条件，必须配置相应的消防设备、设施和灭火器材，并配备经过专门培训的兼职和专职的消防人员 ◆ 消防器材应当设置在明显和便于取用的地点，周围不准堆放物品和杂物 ◆ 库区的消防车道和仓库的安全出口、疏散楼梯等消防通道，严禁堆放物品 ◆ 仓库的消防设施、器材，应当由专人（保管员）管理，负责检查、维修、保养、更换、添置，保证完好有效，严禁圈占、埋压和挪用 ◆ 储存危险化学品的建筑物内应根据仓库条件安装自动监测和火灾报警系统
危险品库管理制度要求	◆ 完善危险化学品储存管理制度，落实管理制度和安全措施，加强对有关人员的安全教育，严格按照操作程序和要求管理使用危险化学品 ◆ 建立严格的危险品出入库管理制度，规范危险品入库验收、登记、装卸、搬运等工作 ◆ 落实各项培训制度，定期开展危险品的安全教育培训以及消防安全知识培训和演练 ◆ 制定与仓库储存的危险化学品相适应的事故应急预案，并定期组织员工进行应急预案的演练

5.7.5 危险品事故应急处理

1. 危险品事故应急处置的行动要求

企业在进行危险品事故应急处置时应该遵循以下行动要求，如图5—25所示。

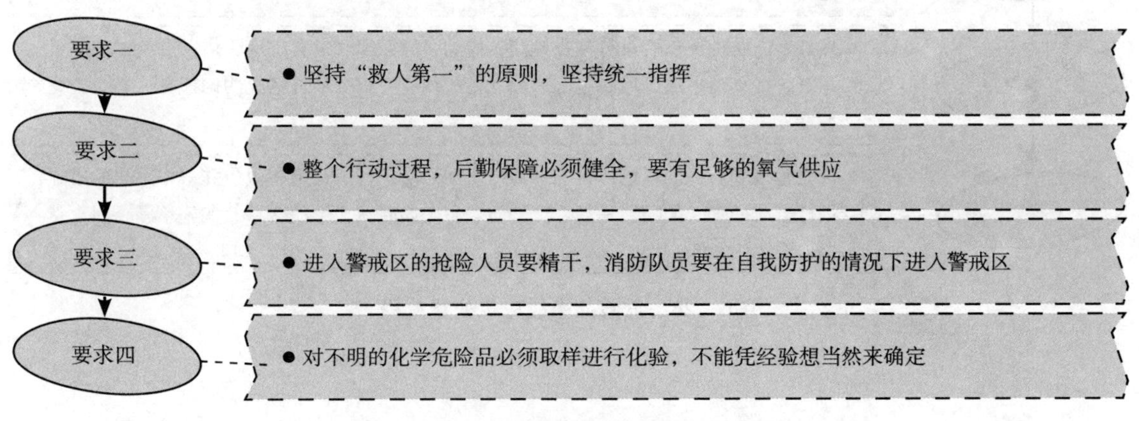

图5—25 危险品事故应急处置的行动要求

2. 危险品事故处置常用防护装备及器材

危险品事故处置常用的防护装备及器材见表5—24。

表5—24　　危险品事故处置常用器材

装备及器材	举　例
防护装备	◆ 内置式重型防化服、TLD 型封闭式防化服、PROFAC 型防火防化服、SPACEL PLUS4000 型简易防化服、防静电内衣、MT 型防化安全靴、正压式空气呼吸器、氧气呼吸器
侦检器材	◆ AG-4438 型热成像仪、可燃气体检测仪、MCB-1型核放射探测仪、测爆仪、电子酸碱测试仪、红外线测温仪、生命探测仪
堵漏器材	◆ 金属堵漏套管、堵漏枪、木制堵漏楔、下水道阻流截袋、气动吸盘式堵漏器、堵漏袋、VT-15402100 型堵漏密封胶、BG-CY 磁压堵漏器、注入式堵漏器材、粘贴式堵漏器材、堵漏棒、强磁堵漏工具
输转器材	◆ ANISA 型有毒物质密封桶、有害液体抽吸泵、AF-M20E 型多功能毒液抽吸泵、防爆水轮驱动输转泵、FLUXINOSJOLLY300 型手动隔膜抽吸泵、AFW141 型污水袋、围油栏
洗消器材	◆ 强酸、碱洗消器（DAP型便携式独立冲洗器）、高压洗消泵、单人洗消装置、洗消粉

3. 危险品事故应急处置流程

危险区事故发生后，企业应按照以下工作流程进行事故应急处置。

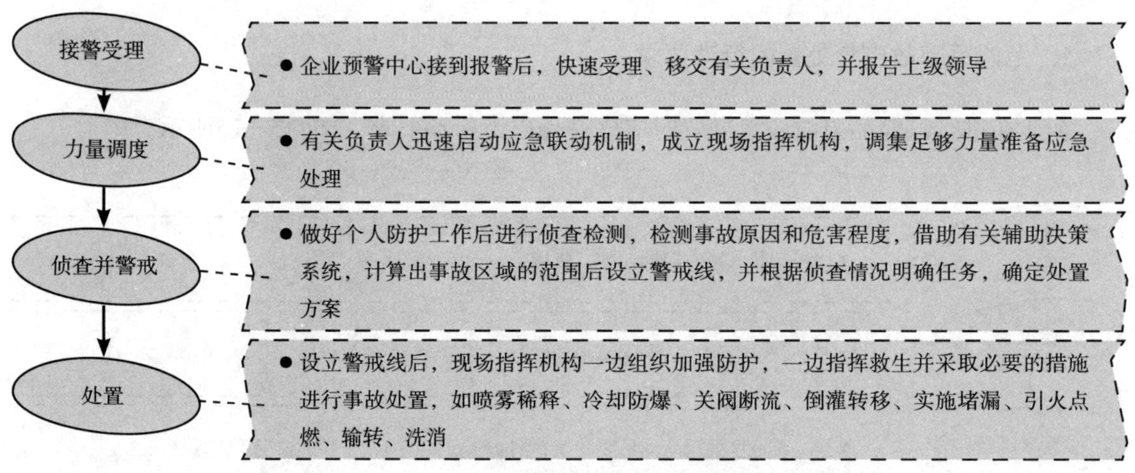

图5—26　危险品事故应急处置流程

第6章

记账与检查盘点

6.1 材料设备明细账建立

6.1.1 账簿的分类

企业中对仓储业务和经营管理的要求不同，账簿的种类也有所不同。根据不同的划分依据可分成以下几种：

1. 按用途的不同划分

按用途的不同，账簿可分为序时账簿、分类账簿、备查账簿三种。

（1）序时账簿

序时账簿也称日记账，它是指按照仓储业务发生时间的先后顺序逐日逐笔登记的账簿。序时账簿按其记录内容的不同，又可分为普通日记账和特种日记账，具体如图6—1所示。

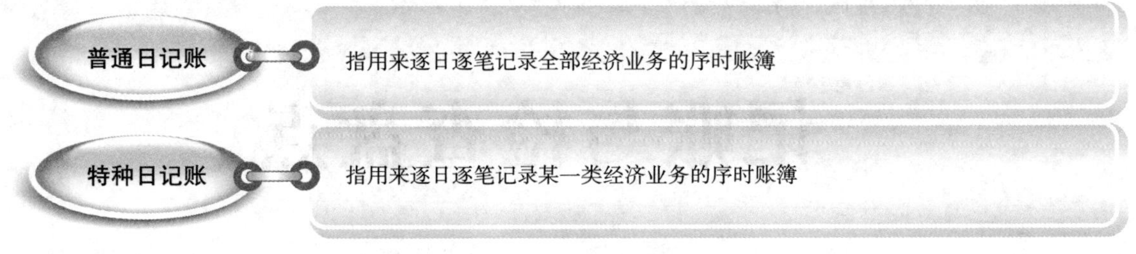

图 6—1 序时账簿分类图

（2）分类账簿

分类账簿是指对发生的全部经济业务按照会计科目进行分类分别登记的账簿。分类账簿按其反映内容的详细程度不同，又可分为总分类账簿和明细分类账簿，具体见表6—1。

表6—1 分类账簿说明

依　据	分　类	具体说明
反映内容的详细程度	总分类账簿	⊙ 简称总账，是根据一级会计科目设置的，用以总括反映经济业务的账簿 ⊙ 总账对明细账具有统驭和控制作用
	明细分类账簿	⊙ 简称明细账，是根据明细会计科目设置的，用以详细反映经济业务的账簿 ⊙ 明细账是对总账的补充和具体化

（3）备查账簿

备查账簿也称辅助账簿，是指对在日记账和分类账中未记录或记录不全的经济业务进行补充登记的账簿。它不是根据会计凭证登记的账簿，不具有固定的格式。如租入的固定资产登记簿、委托加工材料登记簿等。

2. 按格式的不同划分

按格式的不同，账簿可分为两栏式账簿、三栏式账簿、多栏式账簿和数量金额式账簿。具体描述见表6—2。

表6—2 账簿分类说明（按格式划分）

类 别	具体说明	适用范围
两栏式	⊙ 指只有借方和贷方两个基本金额栏目的账簿	各种收入、费用类账户
三栏式	⊙ 指采用借方、贷方、余额三个主要栏目的账簿	各种日记账、总分类账以及资本、债权债务明细账
多栏式	⊙ 指在借方栏或贷方栏下设置多个栏目用以反映经济业务不同内容的账簿	成本、费用类的明细账，如管理费用明细账、生产成本明细账、制造费用明细账等
数量金额式	⊙ 指采用在借方（收入）、贷方（发出）、余额（结存）三个主要栏目的基础上，需要反映数量与金额双重指标的账簿	具有实物形态的财产货物的明细账，如原材料明细账，库存商品、产成品等明细账

3. 按外形的不同划分

按外形的不同，账簿可分为订本式账簿、活页式账簿和卡片式账簿，如图6—2所示。

订本式 ◎ 简称订本账，是指在未启用前就把一定数量的账页固定装订成册的账簿

活页式 ◎ 简称活页账，是指年度内账页不固定装订成册，置于活页账夹中，可根据需要随时增加或抽减账页的账簿

卡片式 ◎ 指由若干具有相同格式的卡片作为账页组成的账簿

图6—2 账簿分类图（按外形划分）

6.1.2 账簿的内容

无论何种账簿，其内容都应具备封面、扉页和账页三个基本内容，具体见表6—3。

表6—3 账簿的内容说明

内容	说明
封面	◆ 主要标明账簿的名称，如总分类账、明细分类账、现金日记账、银行存款日记账等
扉页	◆ 用来标明会计账簿的使用信息，如科目索引、账簿启用和经管人员一览表等
账页	◆ 是账簿用来记录经济业务事项的载体 ◆ 包括账户的名称、登记账簿的日期栏、凭证种类和号数栏、摘要栏（记录经济业务内容的简要说明）、金额栏（记录经济业务的增减变动情况）、总页次（账簿总页数）和分户页次（该账户所在的页数）栏等基本内容

6.1.3 总账和明细账余额

1. 总分账户余额计算

在仓储货物记账管理过程中，原材料及设备的总账余额计算公式如图6—3所示。

资产类余额=期初余额+借方发生数-贷方发生数

图6—3 总账余额计算公式

财务软件中，总分类账的余额可根据在总账中每月所输入的凭证数据而自动产生；手工记账则按以上公式进行计算和填写。

2. 总分账户余额表

（1）总分类账余额表见表6—4。

表6—4 总账科目余额表

____年____月____日

序号	科目名称	上期余额		本月发生额		月末余额	
		借方	贷方	借方	贷方	借方	贷方
1	原材料						
2	固定资产						
3	低值易耗品						
	合 计						

（2）根据总分金额相符原则，明细分类账的余额同总账余额计算方式相同。明细账科目余额表见表6—5。

表6—5 明细账科目余额表

____年____月____日

序号	科目名称	上期余额		本月发生额		月末余额	
		借方	贷方	借方	贷方	借方	贷方
1	原材料						
	×× 材料						
	××× 材料						
2	固定资产						
	A 设备						
	B 设备						
3	低值易耗品						
	工具用具						
	劳保用品						
	总　计						

6.1.4 总分账的平衡登记

1. 总分账户的定义及关系

总分类账户和明细分类账户的定义和关系见表6—6。

表6—6 总分账户定义及关系说明

项　目	内　容	具体说明
定义	总分类账户	◇ 按照总分类科目设置，仅以货币计量单位登记，提供总括核算资料的账户
	明细分类账户	◇ 按照明细分类科目设置，提供详细核算资料的账户。除以货币计量单位登记外，必要时还要采用实物计量单位等
关系	联系区别	◇ 两者所反映的经济内容相同 ◇ 登记账簿的原始凭证相同 ◇ 反映经济内容的详细程度不一样 ◇ 作用不同：总账对其所属明细账起统驭作用，明细账则对其所隶属的总账起辅助作用

2. 总分账目金额相符原则

在仓储记账管理过程中，为遵循“总分账目金额相符原则”，企业有关材料会计人员及仓管人员应采用总账与明细账平衡登记的方法进行记账。

（1）平衡登记的含义

仓储业务发生后，既在有关的总账账户中进行登记，又在其所属的明细分类账户中登记的做法，叫总账和分账的平衡登记，图6—4举例说明。

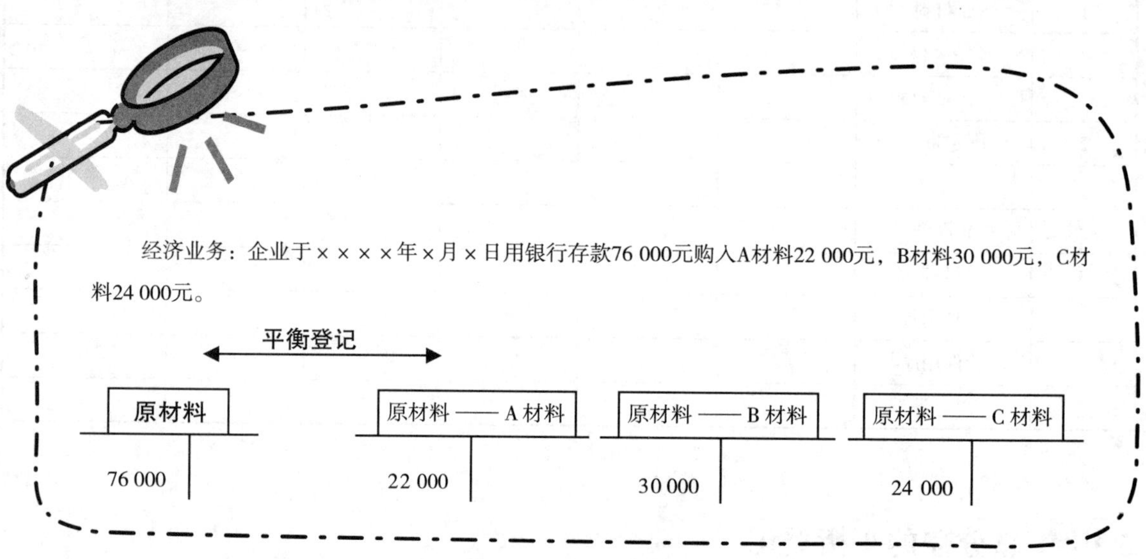

图6—4　平衡登记举例

（2）平衡登记的要点

进行平衡登记时应遵循如图6—5所示的四个要点。

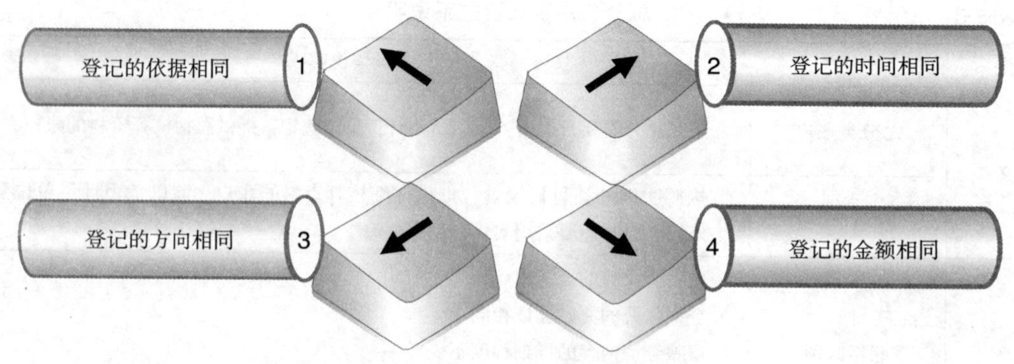

图6—5　平衡登记应遵循的要点

（3）平行登记之后的数量关系

总分类账和明细分类账进行平衡登记后的数量关系如图6—6所示。

总分类账户本期发生额=所属明细分类账户本期发生额的合计额
总分类账户期末余额=所属明细分类账户期末余额的合计额

图6—6 平行登记之后的数量关系

（4）平衡登记注意事项

仓储记账管理过程中，进行平衡登记应注意以下两点，如图6—7所示。

1 ◎ 根据平行登记的要点，既要登记有关的总账，又要登记有关的明细账，以便于详细反映经济业务内容

2 ◎ 进行原材料或设备明细账登记时，既要登记金额，又要登记数量（称为数量金额式账页）

图6—7 平行登记注意事项

6.2 保管员对账与结账

6.2.1 记账差错改正方法

仓储记账管理过程中，错账的更正方法同会计记账相同，通常有划线更正法、红字更正法和补充登记法三种。

1. 划线更正法

划线更正法又称红线更正法，其适用范围及更正方法见表6—7。

表6—7 划线更正法说明

项 目	具体说明
适用范围	◇ 记账凭证没有错误，但在登记账簿时发生文字错误或数字错误
更正方法	◇ 先将错误的文字或者数字划一条红线注销，然后在红线上方填写正确的文字或者数字，并由记账人员在更正处盖章
注意事项	◇ 对于错误的数字，应当全部划红线更正 ◇ 对于文字错误，可只划去错误的部分

2. 红字更正法

红字更正法，是指用红字冲销原有错误的账户记录或凭证记录，以更正或调整账簿记录

的一种方法。这种方法通常适用于两种情况，具体情况及更正方法如图6—8所示。

第一种情况

情况说明：记账后在当年内发现记账凭证所记的会计科目错误

更正方法：先用红字填写一张与原记账凭证完全相同的记账凭证，以示注销原记账凭证，然后用蓝字填写一张正确的记账凭证，并据以登记入账

第二种情况

情况说明：会计科目无误而所记金额大于应记金额

更正方法：按多记的金额用红字编制一张与原记账凭证应借、应贷科目完全相同的记账凭证，以冲销多记的金额，并据以记账

图6—8　红字更正法说明

3. 补充登记法

补充登记法的适用范围及更正方法见表6—8。

表6—8　补充登记法说明

项　目	具体说明
适用范围	◇ 会计科目无误而所记金额小于应记金额
更正方法	◇ 按少记的金额用蓝字编制一张与原记账凭证应借、应贷科目完全相同的记账凭证，以补充少记的金额，并据以记账

6.2.2　对账的主要内容

对账就是核对账目，是指对账簿、账户记录所进行的核对工作。通过对账，应当做到账证相符、账账相符、账实相符。因此，对账的主要内容包括账证核对、账账核对、账实核对三个方面。

1. 账证核对

账证核对是指核对账簿记录与原始凭证、记账凭证的时间、凭证字号、内容、金额是否一致，记账方向（二者都有的项目）是否相符。账证核对的依据如图6—9所示。

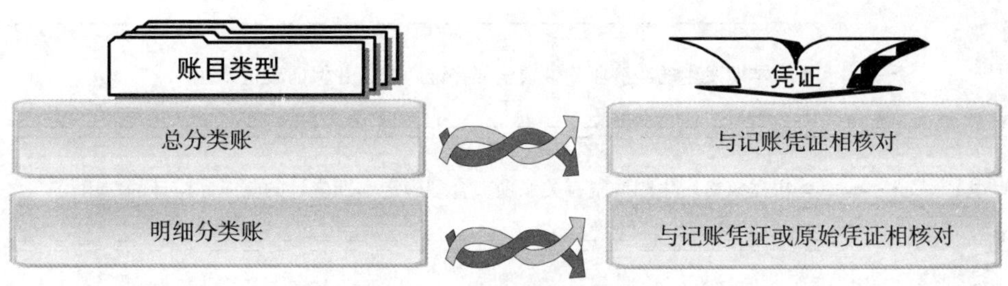

图6—9 账证核对依据说明

2. 账账核对

账账核对，是指核对不同账簿之间的账簿记录是否相符。在仓储记账账务管理过程中，账账核对的具体内容见表6—9。

表6—9 账账核对内容说明

核对内容	具体说明
总分类账簿有关账户的余额核对	◇ 资产类账户的余额应等于权益类账户的余额，或总账中材料设备等的借方期末余额合计数应与贷方期末余额合计数核对相符
总分类账簿与所属明细分类账簿的核对	◇ 材料设备等的总账账户的期末余额应与所属明细分类账户期末余额之和核对相符
明细分类账簿之间的核对	◇ 会计部门各种财产货物明细分类账的期末余额应与财产货物保管或使用部门有关明细账的期末余额核对相符

3. 账实核对

账实核对，是指各项财产货物、债权债务等账面余额与实有数额之间核对。在仓储账务管理过程中的账实核对，主要是指各项财产货物（原材料、库存商品等存货及固定资产等）明细账账面余额与财产货物的实有数额是否相符。

6.2.3 结账的注意事项

结账就是在会计期期末（月末、季末、年末）将本期内所有发生的仓储业务全部登记入账以后，计算出本期发生额和期末余额。

1. 结账的程序

仓库发生经济业务后，结账程序如图6—10所示。

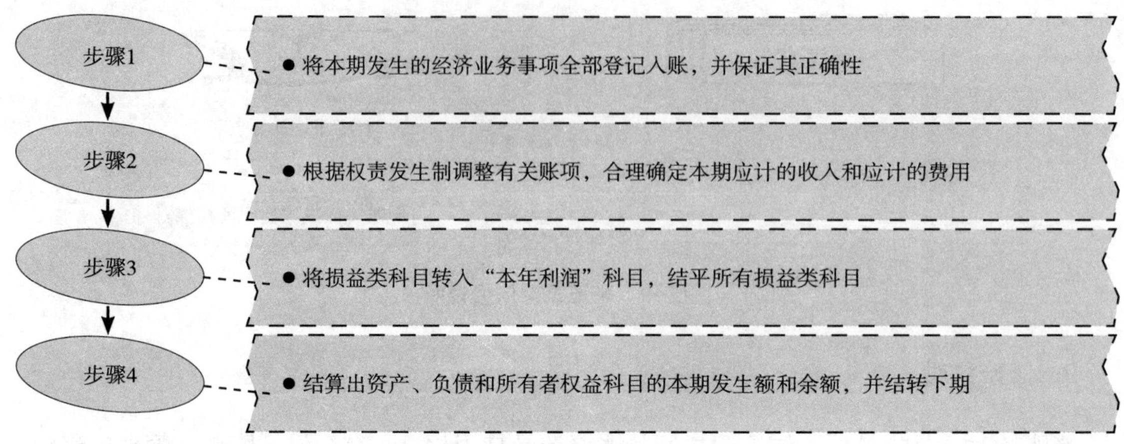

图6—10 仓库业务结账程序

2. 结账注意事项

在仓储账务管理过程中，结账时应注意的事项见表6—10。

表6—10 结账的注意事项

情况举例	具体说明
不需按月结计本期发生额的账户	◇ 每次记账以后，都要随时结出余额，每月最后一笔余额即为月末余额 ◇ 月末结账时，只需要在最后一笔经济业务事项记录之下通栏划单红线，不需要再结计一次余额
需要结计本年累计发生额的某些明细账户	◇ 每月结账时，应在“本月合计”行下结出自年初起至本月末止的累计发生额，在摘要栏内注明“本年累计”字样，并在下面通栏划单红线 ◇ 12月末的“本年累计”就是全年累计发生额，全年累计发生额下通栏划双红线
总账账户	◇ 平时结账时只需结出月末余额 ◇ 年终结账时，将所有总账账户结出全年发生额和年末余额，在摘要栏内注明“本年合计”字样，并在合计数下通栏划双红线
年度终了结账时	◇ 有余额的账户，要将其余额结转下年，并在摘要栏注明“结转下年”字样 ◇ 在下一会计年度新建有关会计账户的第一行余额栏内填写上年结转的余额，并在摘要栏注明“上年结转”字样

6.2.4 账簿的更换和保管

1. 账簿的更换

账簿的更换，是指在年度结账完毕后，以新账代替旧账。账簿更换的具体要求如图6—11所示。

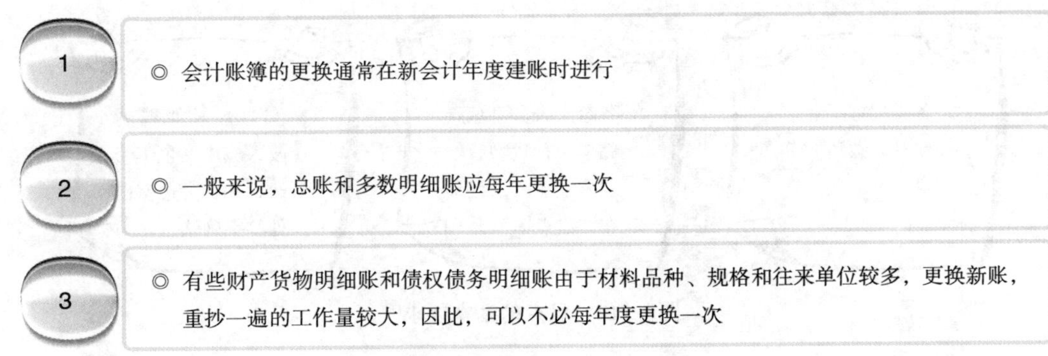

图6—11 账簿更换要求说明

2. 账簿的保管

账簿是企业的重要会计档案资料，企业应健全账簿管理制度，以便妥善保管企业经济业务的各种账簿。

账簿管理主要包括日常管理和旧账归档保管两部分内容，具体管理要求见表6—11。

表6—11 账簿保管说明

项目内容	具体要求
账簿日常管理	◇ 各种账簿要分工明确，并指定专人管理 ◇ 未经本企业领导或会计部门负责人允许，非经管人员不得翻阅查看账簿 ◇ 账簿除需要与外企业或单位核对账目外，一律不得携带外出
账簿归档保管	◇ 年度终了，各种账户在结转下年、建立新账户时，一般都要把旧账送交总账会计集中统一管理 ◇ 会计账簿暂由本单位财务会计部门保管一年，期满之后，由财务会计部门编造清册移交本单位的档案部门保管 ◇ 必须按照企业制度统一规定的保存年限妥善保管，不得丢失和任意销毁 ◇ 保管期满后，按照规定的审批程序报经批准后，再行销毁 ◇ 旧账装订时应注意装订的方法、装订时的检查、装订完毕后相关人员的签章

6.3 库存货物的盘点

6.3.1 盘点作业的基本要求

盘点人员按计划进行盘点时，应遵循如图6—12所示的基本要求。

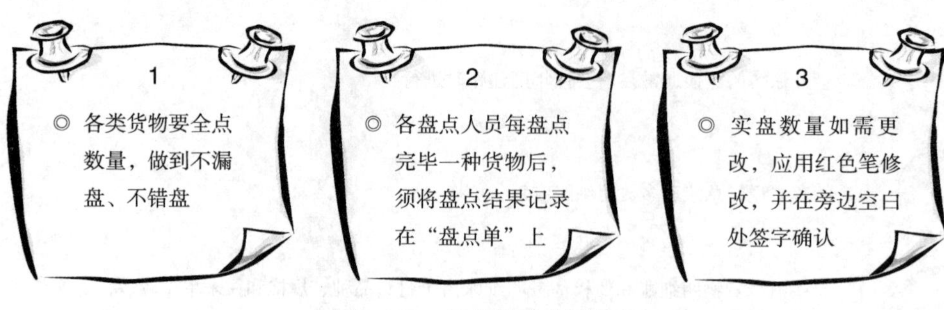

图6—12　盘点的基本要求

6.3.2 库存货物的盘点原则

仓储人员进行库存货物盘点时应遵循的原则见表6—12。

表6—12 库存货物盘点原则

原则	具体说明
真实	◇ 要求盘点时所用的数量、金额等数据、资料是真实的，不允许作弊或弄虚作假，掩盖漏洞和失误
准确	◇ 要求盘点过程中的所有操作皆准确无误，无论是资料的输入，还是盘点的数据，都必须准确无误
完整	◇ 要求所有盘点区域必须完整，详细到区域的规划、责任的分配、盘点原始资料的提供等，都必须完整，不能漏盘区域及库存货物
清楚	◇ 盘点过程属于流水作业，不同的人有不同的责任区域及工作安排，所以，在盘点过程中，盘点单据的填写必须规范、统一、清楚，以便盘点工作顺利进行
团队精神	◇ 盘点工作的参与人员及部门较多，为减少停运损失，提高盘点效率，企业各个部门及人员必须有良好的配合协调意识，以大局为重，使整个盘点计划顺利进行

6.3.3 货物盘点的内容及方法

1. 盘点的内容

企业对库存货物进行盘点时，主要内容包括三点，具体如图6—13所示。

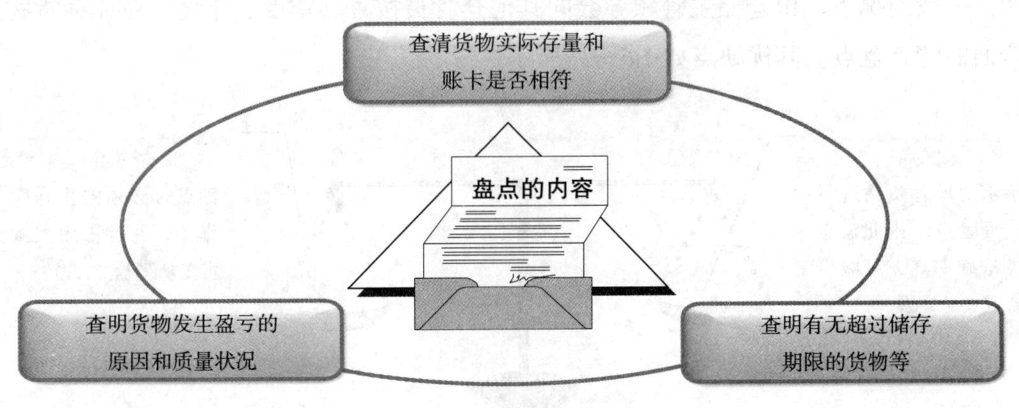

图6—13 盘点的内容

2. 盘点的方法

依据不同的划分标准，库存货物的盘点方法可分成以下几种，见表6—13。

表6—13　　盘点方法说明

划分依据	名称	定义	备注
实物或账面	实物盘点	实际清查库存货物数量的方法	适用于仓库实物盘点
	账面盘点	从书面记录或计算机记录进出账的流动状况得到期满存货余额或估算成本	一般由仓储部和财务部共同进行
区域	全面盘点	特定时间，将仓库内所有货物储存区域进行全面盘点	一年实施 2 ~ 3 次
	区域盘点	对仓库内某一区域进行盘点，通常以类分区	部门区域盘点、抽查
周期	定期盘点	每次盘点间隔期都一致的盘点方法	全面盘点、区域盘点
	不定期盘点	每次盘点间隔期不一致的盘点方法	特殊货物盘查，或突发事件、人事变动、运营异常等
时间段	运营中盘点	盘点时仓库照常进行出入库等作业的方法	部门区域盘点、抽查
	运营后盘点	盘点前预先停止出入库等作业的方法	全面盘点、区域盘点

6.3.4　定期盘点的分析和分类

1. 定期盘点的定义及优缺点

定期盘点法又称全面盘点法、一齐盘点法，是指仓库管理人员定期对库存货物进行盘点的方法。一般情况下，由仓储主管领导会同其他仓管员按月、季度、年度，对库存货物进行一次全面的清查盘点。其优缺点如图6—14所示。

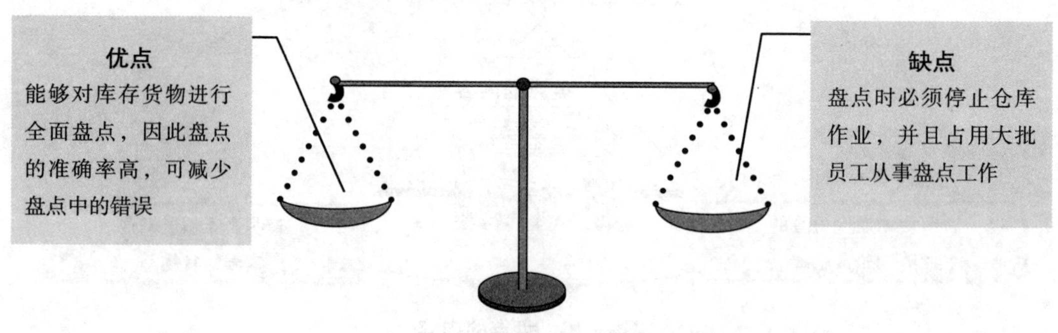

图6—14　定期盘点的优缺点比较

2. 定期盘点法的分类

定期盘点法因采用的盘点工具不同，又可分为盘点单盘点法、盘点签盘点法、料架签盘

点法三种。具体方法如图6—15所示。

盘点单盘点法	◎ 以物料盘点单总记录结果的盘点方法 ◎ 盘点单盘点法进行总记录，在整理列表上十分方便，但在盘点过程中，容易出现漏盘、重盘、错盘的情况发生
盘点签盘点法	◎ 采用一种特别的盘点签，盘点后贴在实物上，经复核后撕下 ◎ 对于物料的盘点与复盘核对相当方便又正确，对于紧急用料仍可照发，临时进料也可以照收，核账与做报表均非常方便
料架签盘点法	◎ 以原有的料架签作为盘点的工具，当盘点计数人员盘点完毕即将盘点数量填入料架签上，待复核人员复核后如无错误即揭下原有料架签而换上不同颜色的料架签，之后清查部分料架签未换下的原因，而后再依料账顺序排列，进行核账与做报表

图6—15 定期盘点方法说明

在盘点过程中对货物进出动态频率高的，或者是容易损耗的，或者是昂贵重要的货物应进行重点盘点，以控制重点货物的动态，严防差错。

6.3.5 动态盘点的分析和分类

动态盘点法是指仓库管理人员经常性的、不定期的对库存货物进行盘点，它主要包括永续盘点法和循环盘点法两种。

1. 永续盘点法

永续盘点法也称账面盘点法。它按库存货物的种类、规格设置存货明细分类账，逐日逐笔登记存货收入、发出的数量和金额，并及时地结出存货结存的数量和金额。

永续盘点法的主要特征及优缺点如图6—16所示。

1 主要特征	2 优缺点
◎ 对于各个存货项目都设置经常性的库存记录，并根据存货的增减变动情况进行连续的记录 ◎ 通过每个会计期末对存货进行实地盘点，查明存货盘盈、盘亏以及毁损、变质等情况及原因	◎ 优点：有利于收益计算的准确性，有利于存货的控制与监督 ◎ 缺点：核算工作烦琐

图6—16 永续盘点法的主要特征及优缺点

2. 循环盘点法

（1）循环盘点法简介

循环盘点法是指按照货物入库的先后次序，将货物逐区、逐类、分批、分期、分库，有计划地对库存保管的货物循环不断地进行货物盘点。保管人员每天按照计划盘点一定量的在库货物，直至把全部库存货物盘点完毕，再继续开始下一循环。

循环盘点法是在仓库管理人员的日常工作中进行，盘点时不必停止仓库作业，可减少停工的损失。其盘点程序如图6—17所示。

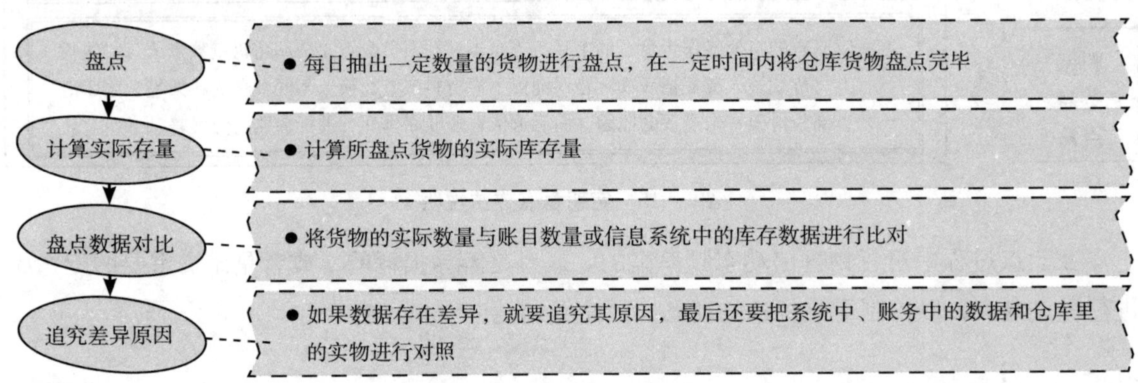

图6—17　循环盘点法盘点程序

（2）循环盘点法的分类

循环盘点法常用的盘点方法有分区轮盘法、分批分堆盘点法、最低存量盘点法三种，具体内容如图6—18所示。

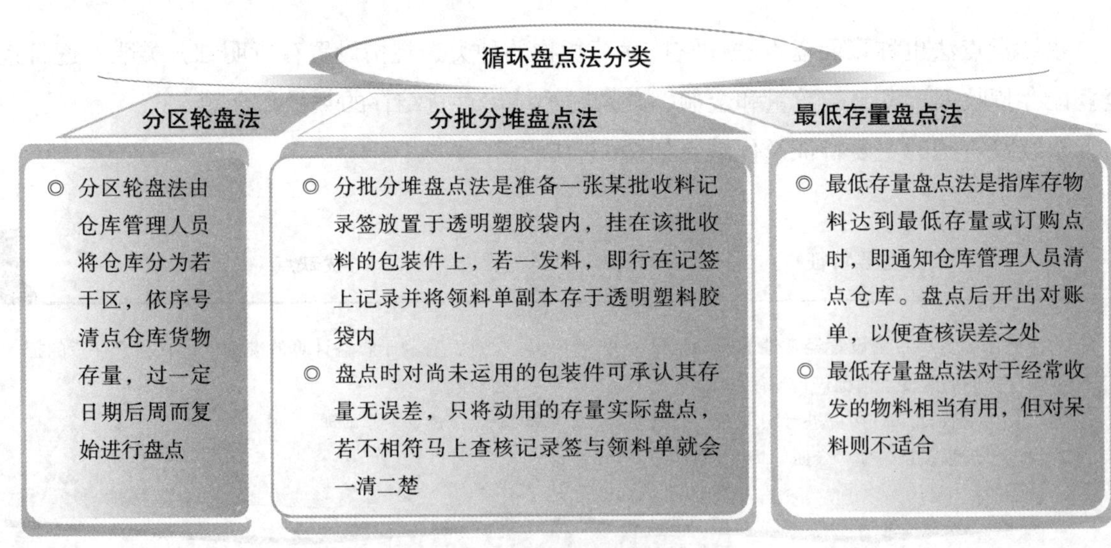

图6—18　循环盘点法方法分类

6.3.6 库存货物的盘点流程

盘点是对库内的货物定期或不定期地进行全部或部分清点，确实掌握货物的“进、销、存”状况。它直接影响库存数据的准确性和及时性，也影响仓储管理的质量。因此，盘点对企业来说十分重要，有关部门应严格按照如图6—19所示的流程进行盘点作业。

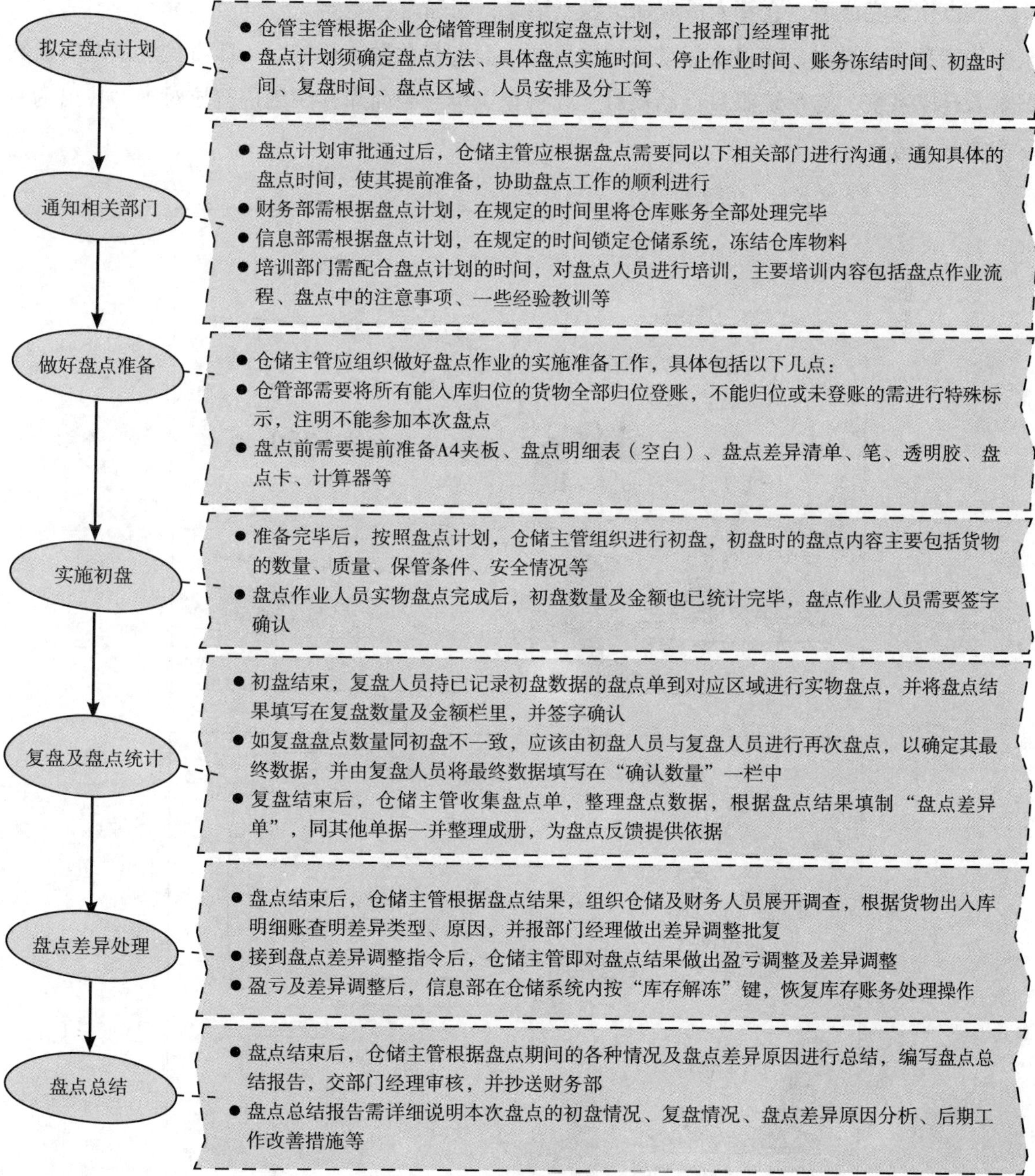

图6—19 盘点作业实施流程

6.4 盘点的结果处理

6.4.1 盘点的差异类型及原因

盘点作业完成后，仓管人员应确定盘点结果，明确盘点差异。

确定盘点差异时，应将实际盘点的结果同账面库存数据进行核对（即将盘点单上实盘数据录入仓储系统，与系统账目自动核对，或将盘点单与账面库存明细进行核对），找出两者不相符的地方。

1. 分析盘点差异类型

盘点差异确定后，仓管人员应分析盘点差异类型。盘点差异主要是指仓库实物存储状态与账面统计状态不相符合，如数量、质量等。盘点差异类型见表6—14。

表6—14　盘点差异类型说明

差异类型	具体说明
盘盈	◇ 指盘点实物数量或金额大于账面存数或金额
盘亏	◇ 指盘点实物数量或金额小于账面存数或金额
货物名称错误	◇ 指仓库实盘货物名称或规格型号与账面登记的货物名称或规格型号不一致
货物储位错误	◇ 指仓库实盘货物储位与账面记录的储位不一致

除上述盘点差异类型外，还有可能出现货损、货物积压等异常情况。

2. 分析差异产生的原因

库存货物盘点的作用，是将一段时间以来积累的作业误差，及其他原因引起的账务不符暴露出来。发现账务不符，而且差异超过允许误差时，仓管员应追查产生差异的原因。

一般而言，产生盘点差异的原因主要有如图6—20所示的几种。

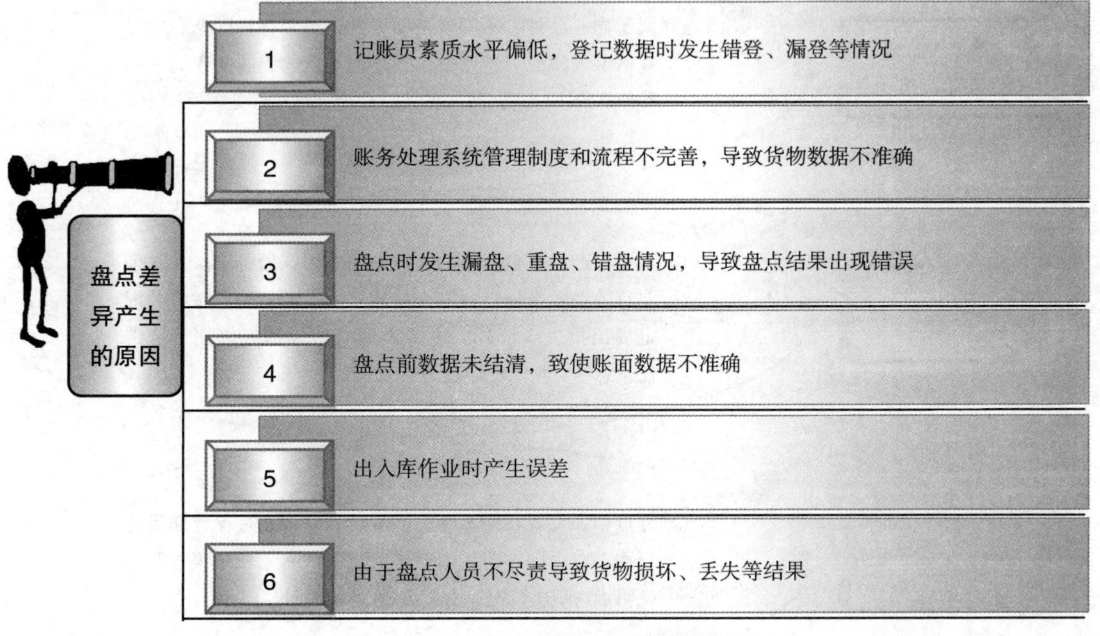

图6—20　盘点差异产生的原因

6.4.2 盘点差异处理方法

库存货物盘损的多少，代表着仓储管理人员的管理水平及责任感，只要结果在合理范围内，均视为正常。如是人为造成的盘点错误，根据仓储管理制度，相关责任人均应受到相应处罚。

对盘点后不同问题的处理有不同的方法，具体各类差异的处理方法如图6—21所示。

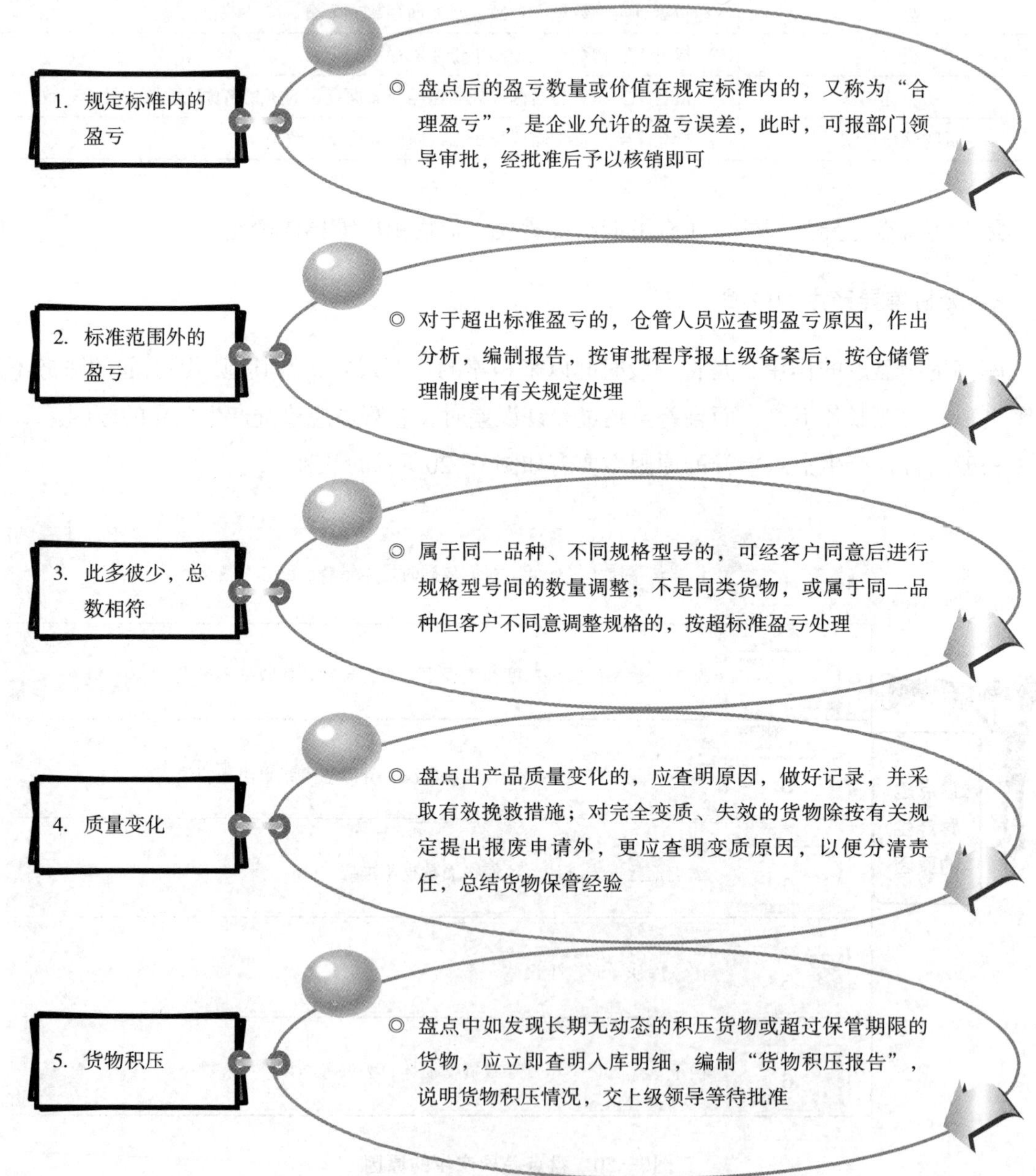

图6—21 盘点差异类型

6.4.3 盘点盈亏处理流程

当盘点统计结果出现盈亏情况时，仓管人员应按图6—22所示的流程进行处理。

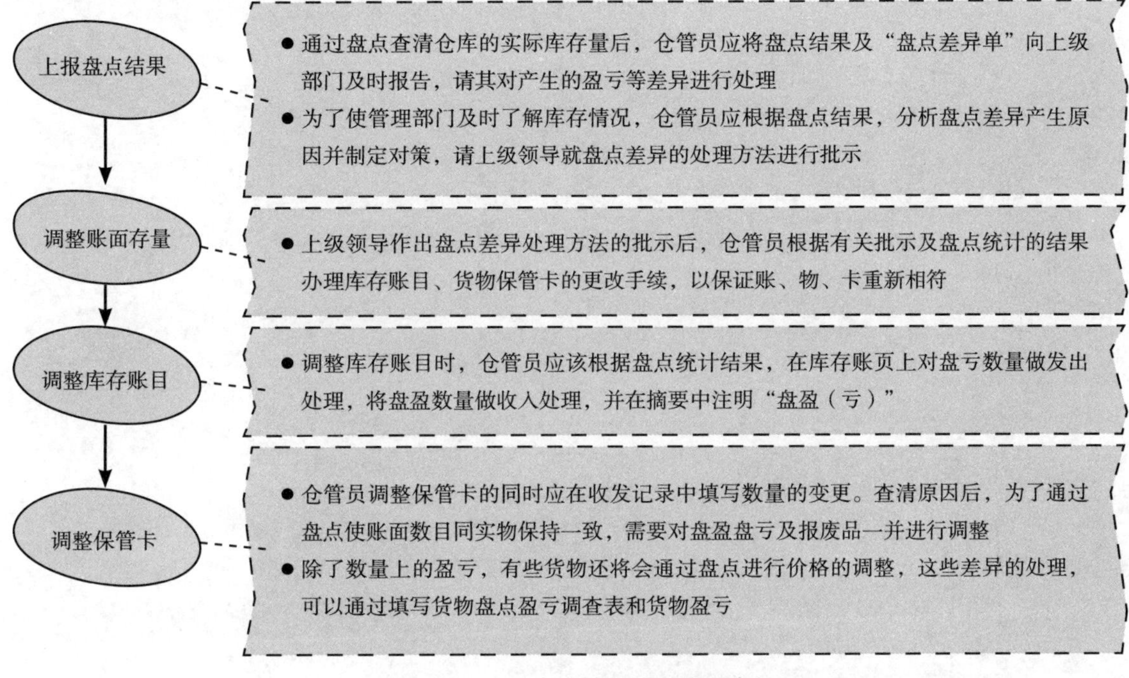

图6—22 盘点盈亏情况处理流程

第7章

库存控制管理

7.1 库存作用与分类

7.1.1 什么是库存

库存，是指仓库中实际储存的货物。

库存可以分为两类。一类是生产库存，即直接消耗物资的基层企业及各单位的库存货物，它是为了保证企业所消耗的物资能够不间断地供应而储存的。另一类是流通库存，即生产类企业的成品库存、生产主管部门的库存，以及各级主管部门的库存。

7.1.2 库存的作用

自从有了生产，就有了库存货物的存在。库存对市场的发展、企业的正常运作与发展起着非常重要的作用。库存的具体作用如图7—1所示。

尽管库存有如此重要的作用，但生产运作管理的努力方向不是增加库存，也不是不断减少库存，而是维持合理的库存水平。

实际上，当企业库存过多时，会掩盖生产经营过程中的各种矛盾，所以是库存应该避免的。应研究如何平衡库存，在尽可能低的库存水平下满足生产经营的需求。

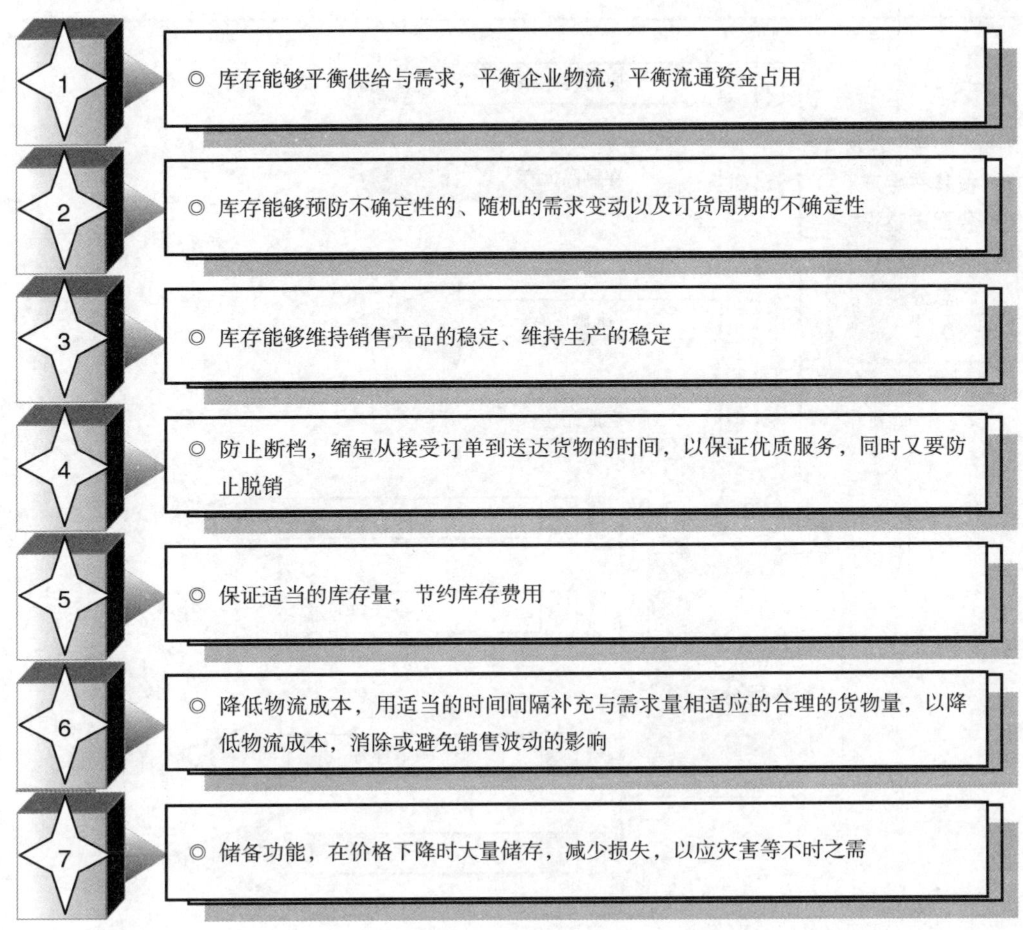

图7—1　库存的作用

7.1.3　库存的分类

存货的构成内容很多，且各有其特点，在不同的企业中，对各种存货的管理要求也不尽相同。为了便于加强对存货的核算和管理，应对存货进行科学的分类。存货的分类如图7—2所示。

7.1.4　库存的合理化

库存合理化，是指以最经济的方法和手段从事库存管理活动并发挥其作用的一种库存状态及其运行趋势。

库存合理化主要体现在库存量合理化、库存结构合理化、库存空间合理化、库存时间合理化四个方面，具体内容见表7—1。

1
按其在生产和配送过程中所处的状态分类
原材料库存
在制品库存
维修库存
产成品库存
2
按照库存的作用分类
周转库存
安全库存
调节库存
在途库存
3
按照库存的生产原因分类
周期库存
安全库存
在途库存
投资性库存
季节性库存
闲置库存

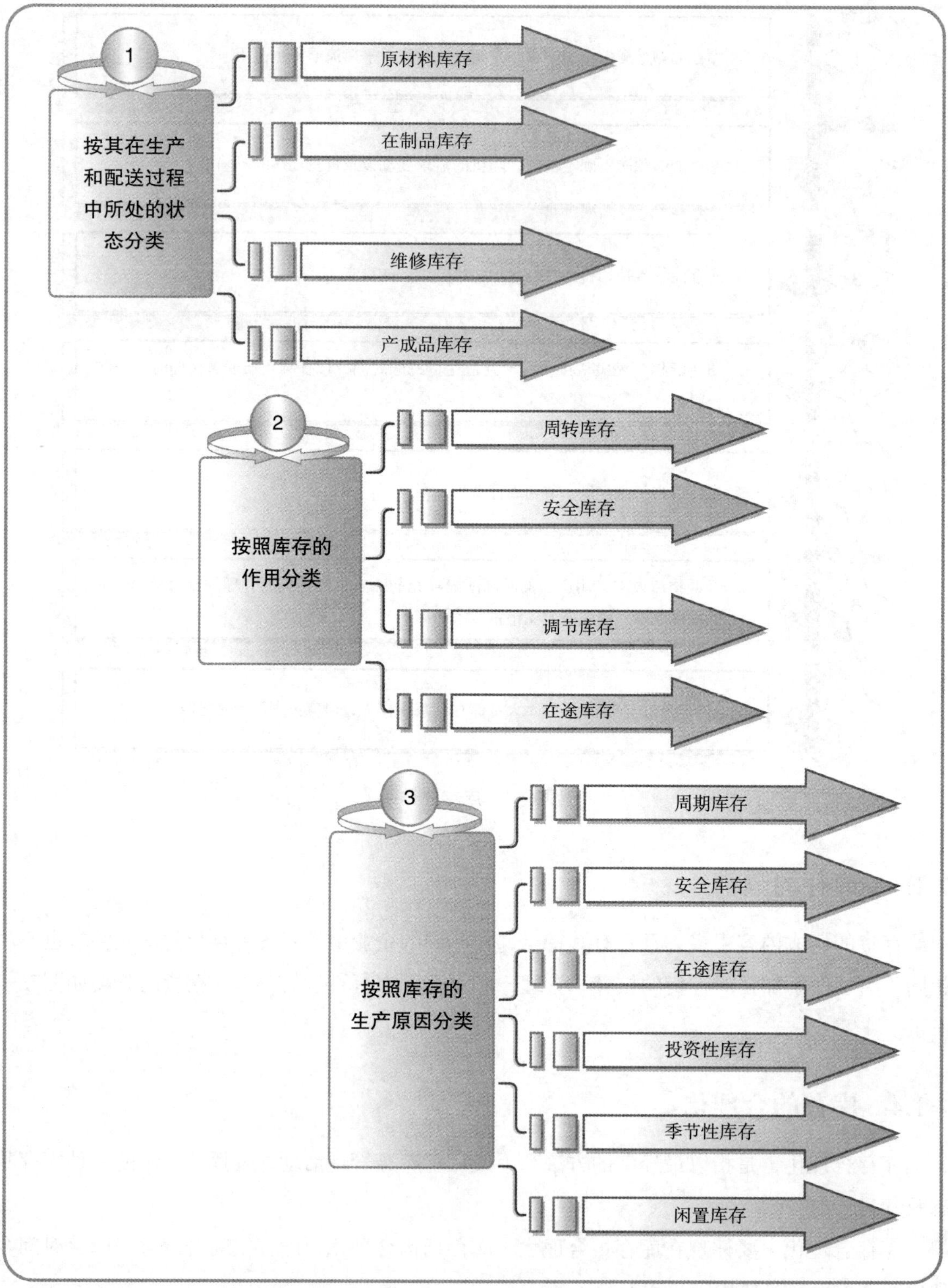

图7—2 库存的分类

表7—1 库存合理化说明

项 目	简 介	控制方法
库存量合理化	◆ 以满足市场需要，保障销售、符合经济核算原则，使货物库存量满足销售量的需要	◆ 库存定额控制：可以采用货物定额控制的方法，对一定时期内每种货物的平均库存量进行控制。通常用于A类货物以及B、C类货物中不能缺货货物的库存控制 ◆ 库存资金定额控制：在一定时期内对某种货物平均库存占用资金进行控制，一般采用总额控制的方式对各类货物的存量及占用资金进行控制
库存结构合理化	◆ 指在库存货物总额中，各类货物所占的比例，同类货物中高、中、低档货物之间的比例，以及同种货物不同规格、不同花色之间库存量的比例都适应销售的需要	◆ 货物质量结构控制，是指对各类质量的库存货物进行结构控制，以适应当地市场需求的方法 在此过程中应把握市场行情，按需组织货源，根据供求变化适时适量采购，加强货物入库验收，防止伪劣货物进入储存环节，对库存货物实行库存定额管理等
		◆ 货物层次结构确定，货物层次结构是指库存货物满足不同水平消费需求的结构状况。货物层次结构确定的主要任务，是除满足主要层次消费者需求外，还需兼顾其他层次消费者需求，并确定各档次货物占全部货物的比例
		◆ 货物销售结构分析，通过销售结构的分析，确定经营中的主要品种、次要品种和一般品种，从而有区别地开展库存管理工作
库存空间合理化	◆ 掌握库存动态，合理安排仓库内物资摆放，节省空间，使库存空间保持在合理的水平	◆ 适时、适量提出订货，避免超储或缺货，减少库存空间占用，按照节约库存的原则，安排仓库内货物的摆放，降低库存的总费用，控制库存资金占用，加速资金周转
库存时间合理化	◆ 指所有库存货物的库存时长应适应供求变化	◆ 库存时长的合理控制可通过对货物保本库存期（货物从入库到出库，不发生亏损的最长期限）和货物保利库存期（能实现经营利润的最长库存期限）的控制来进行

7.2 库存成本

7.2.1 库存成本构成

库存成本是在建立库存系统时或采取经营措施所造成的结果，库存成本构成如图7—3所示。

库存订购成本

◎ 订货成本包括请购手续费用、采购成本、进货验收成本、进库成本、入账等其他成本

库存持有成本

◎ 库存持有成本包括库存所占资金的机会成本、搬运成本、仓储成本、折旧成本、存货保险等其他成本

库存缺货成本

◎ 库存缺货成本是由于货物供应中断而造成的损失，包括原料供应中断造成的停工损失，产成品供应中断造成的延迟交货损失和客户流失损失，企业采取紧急采购来解决库存中断问题而造成的紧急采购额外支出等

图7—3 库存成本构成

7.2.2 库存成本计算

1. 库存持有成本的计算

库存持有成本即为保有和管理库存而需承担的费用开支。具体可分为运行成本、机会成本和风险成本三个方面。运行成本主要包括仓储成本，机会成本主要是指库存所占用的资金所能带来的机会成本，企业因为要持有一定的库存而丧失了流动资金所能带来的投资收益，即为库存的机会成本。库存持有成本的计算如图7—4所示。

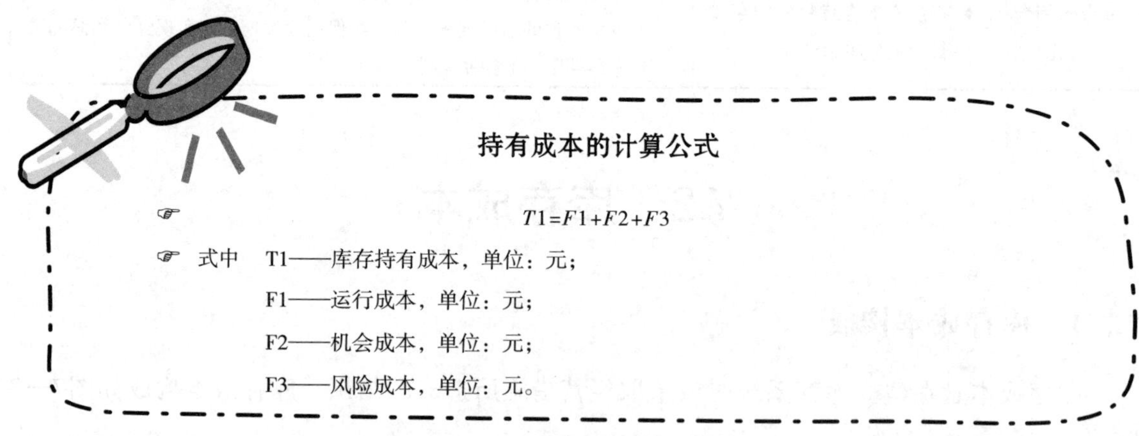

持有成本的计算公式

☞ $T1=F1+F2+F3$

☞ 式中 T1——库存持有成本，单位：元；

F1——运行成本，单位：元；

F2——机会成本，单位：元；

F3——风险成本，单位：元。

图7—4 库存持有成本的计算

2. 库存获得成本的计算

库存获得成本是指企业为了得到库存而需承担的费用，抛开库存的本身价值，如果库存是企业直接通过购买而获得，则获得成本体现为订货成本，包括与供应商之间的通信联系费用、货物的运输费用等，订购或运输次数越多，订货成本就越高；如果库存是企业自己生产的，则获得成本体现为生产准备成本，即企业为生产一批货物而进行的生产线改造费用。库存获得成本的计算如图7—5所示。

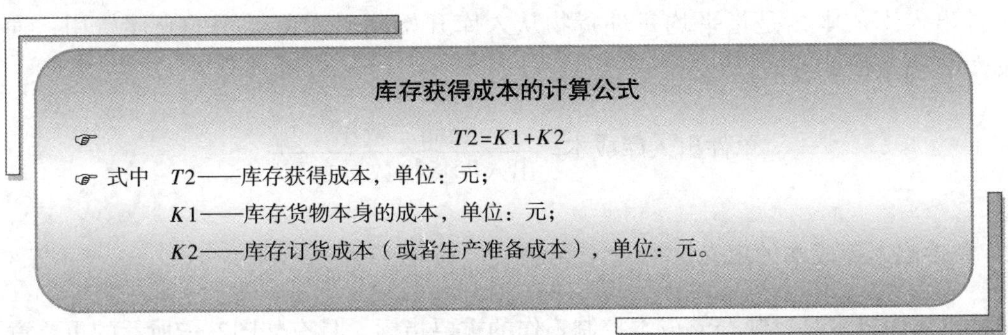

图7—5 库存获得成本的计算

3. 库存缺货成本的计算

库存缺货成本，就是由于库存供应中断而造成的损失。包括原材料供应中断造成的停工损失、产成品库存缺货造成的延迟发货损失和销售机会丧失带来的损失、企业采用紧急采购来解决库存的中断而承担的紧急额外采购成本等。

库存缺货成本的计算，是将各种损失、支出等费用加和总计得到的结果。

4. 库存总成本计算

库存总成本，即各项库存成本费用的加和。根据上述成本各项构成的计算结果可知，库存总成本的计算如图7—6所示。

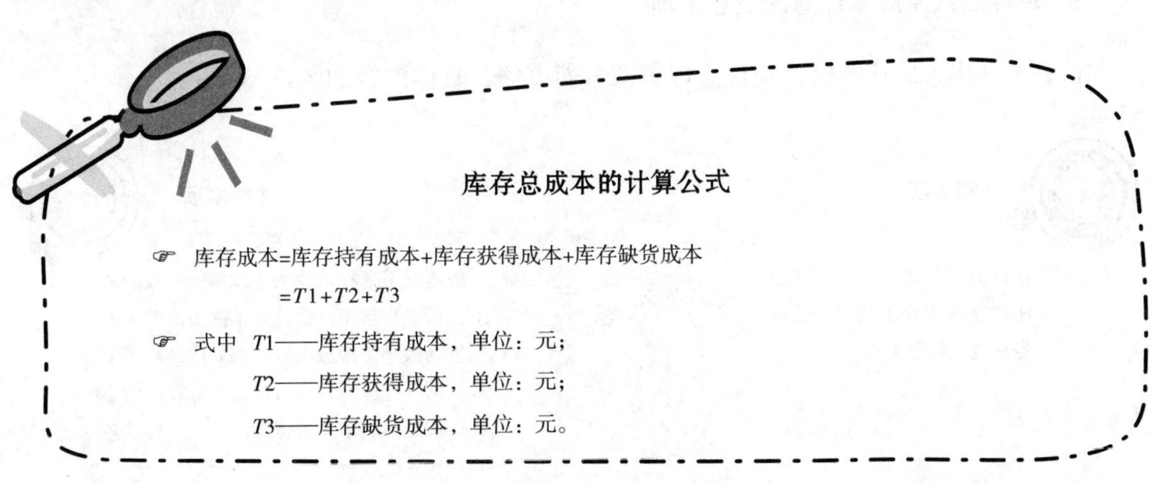

图7—6 库存总成本的计算

7.2.3 单件出入库成本

1. 单件出入库成本的定义

单件出入库成本，是指平均每件货物从入库开始到出库所耗用的仓储费用，通常用“元/件”作为单位来表示。

$$单件出入库成本=\frac{仓储总费用}{出入库货物数量之和}$$

2. 单件出入库成本的意义

单件出入库成本是反映仓储成本控制工作的重要指标，具有如图7—7所示的重要意义。

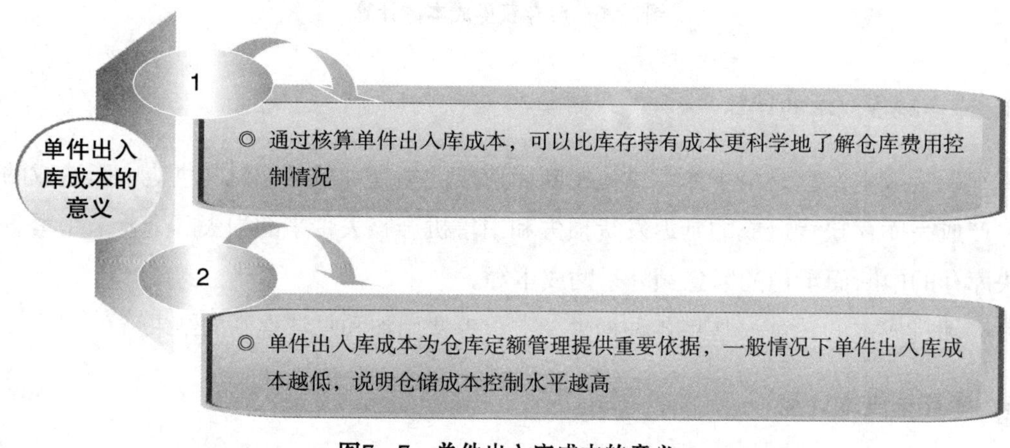

图7—7 单件出入库成本的意义

3. 单件出入库成本计算的注意事项

计算单件出入库成本时，应注意以下两方面事项，具体内容如图7—8所示。

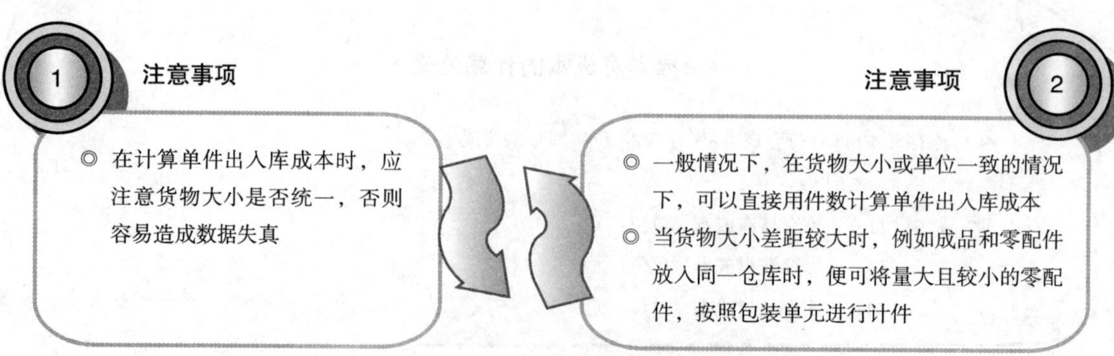

图7—8 单件出入库成本计算的注意事项

7.2.4　库存成本控制目标

库存成本控制管理工作的目标包括以下六个方向，具体如图7—9所示。

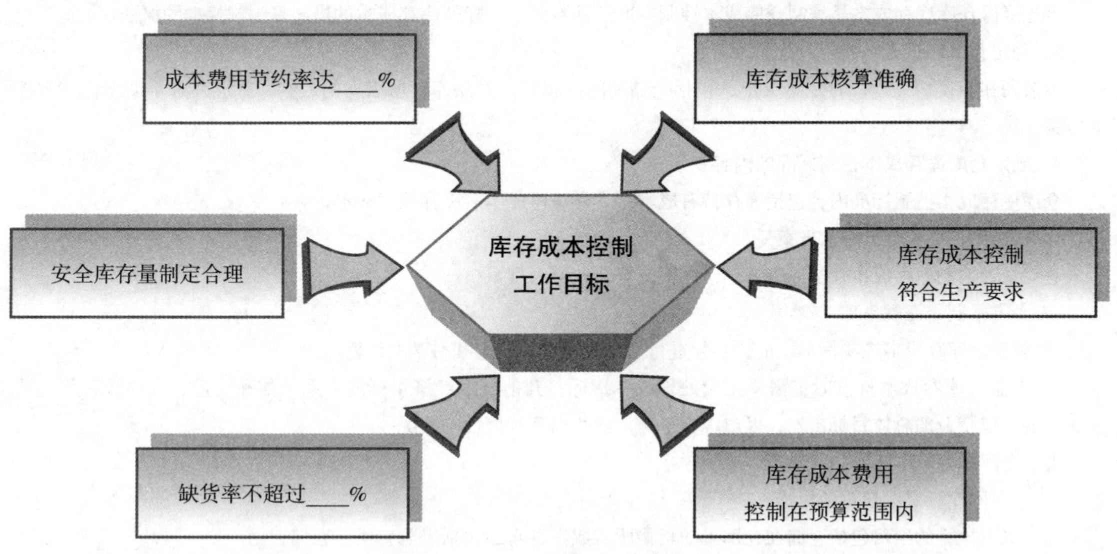

图7—9　库存成本控制工作目标

7.2.5　库存成本控制方案

仓管人员应协调配合相关库存成本控制管理人员做好货物的库存成本控制工作，以下是某企业库存成本控制方案范例。

<table>
<tr><td rowspan="2">制度名称</td><td rowspan="2">库存成本控制方案</td><td>编　号</td><td></td></tr>
<tr><td>受控状态</td><td></td></tr>
<tr><td colspan="4">一、目的
为规范仓库库存成本控制管理工作，保证成本信息真实、完整，降低库存成本，提高公司经济效益，制定本控制方案。
二、适用范围
本方案用于本公司仓储部库存成本的计划、核算以及控制等工作。
三、管理职责
1. 仓储部管理人员负责管理仓库内各种物资的进、销、存情况，为财务部门提供准确的成本管理资料，同时对库存物资的安全、完整负责。
2. 财务部负责收集库存成本资料，分析库存成本信息，协助仓储部做好库存成本控制管理工作。
四、制定库存成本控制标准
（一）库存成本标准的定义
库存成本标准是在一定条件下制定的，储存在仓库里的物资所需各项成本的控制标准，是进行库存成本控制的准绳，它应包括成本计划中规定的各项指标。</td></tr>
</table>

（二）库存成本控制标准的制定

公司库存成本管理人员应当选择合适的方法确定库存成本控制标准，具体方法如下：

1. 明确仓库成本控制标准的目的

合理降低仓库库存成本是编制仓库成本控制标准的基本要求，降低库存成本的措施是编制标准的保证。

2. 确定仓库库存成本控制的范围

本公司在年度内一切库存成本支出，包括仓储期间内物料、产品库存所需要的成本，都应列入年度库存成本控制方案。

3. 确定仓库库存成本控制标准的内容

仓库库存成本控制标准内容包括库存持有成本、库存获得成本、库存缺货成本。

4. 编制库存成本控制标准方案

仓储主管编制库存成本控制标准方案，并提交至仓储部经理审核。

（三）方案制定注意事项

1. 在制定库存成本控制标准之前，必须进行充分的调查、研究和科学的计算。

2. 在制定库存成本标准时，需要正确处理成本指标与其他技术经济指标的关系（如和质量、仓储效率等的关系），从完成企业的总体目标出发，经过综合平衡，防止出现片面性的情况。

五、仓库库存成本核算

（一）仓库库存成本核算项目

库存成本核算的项目包括仓储在仓库里的货物所需成本，它还包括采购费用、仓储费用。

（二）仓库库存成本核算方法

公司使用的库存成本计算方法，可以在先进先出法、加权平均法、个别计价法中选用一种。核算方法一经选用，不得随意变更。

（三）仓库库存成本核算程序

1. 库存成本支出的审核

财务部成本核算人员应根据国家、公司的有关规定、制度对发生的各项库存成本支出进行严格审核，对不符合规定和制度的成本，以及各种浪费、损失等加以制止或追究相应责任。

2. 确定仓库库存成本计算对象

财务部应根据公司仓储类型的特点和对库存成本管理的要求，确定成本计算对象和成本项目，并根据确定的成本计算对象开设产品成本明细账

3. 归集分配库存成本

成本核算人员对发生的各项库存成本要素进行归集汇总，编制各成本项目分配表，按其用途分配记入有关的库存成本明细账。

4. 计算库存的总成本和单位成本

库存成本明细账中计算出的成本即为库存发生的总成本，用库存总成本除以库存产品的数量，就可以计算出库存的单位成本。

六、仓库库存成本控制管理

（一）库存成本管控的具体措施

库存成本管理控制具体包括以下4方面内容：

1. 确定合理库存物料数量

为有效控制库存成本，实现公司的经营目标，成本控制人员需根据库存成本核算结果确定合理库存物料的数量，进而建立最佳库存量基准，合理控制采购数量，从而高效使用仓库，有效降低库存成本。

2. 减少不可以用库存

（1）降低在途库存。尽可能缩短从供应商到公司的运输时间，需要提前根据产品的特性（价格、体积重量等）

选择合适的运输方式，加强本段时间内的成本管理会大大影响企业的在途库存量。

（2）降低预留库存。公司必须对整批交货类订单严格控制，降低预留库存，以此降低库存的成本水平。

3. 采用合适的库存补货方式

为节约库存成本，实现最小库存量，仓储部门需合理采用库存补货方式，以便降低库存，减少成本。

4. 完善仓库管理

仓储部门应及时配合财务部门不定时地对仓库物料进行抽检与核对，促进和完善仓库的管理。

（二）库存成本控制过程注意事项

1. 正确协调成本与服务之间的关系

公司必须制定一个合理的服务水平，既要符合行业的整体现况及客户的期望要求以控制公司的库存成本开支，又要略高于公司的主要竞争对手以保持公司的竞争力，并扩大市场占有份额。

2. 协调库存成本与其他成本的关系

库存成本的控制还应在追求总成本降低的前提下，平衡各个库存仓储环节管理工作的展开，协调好库存成本与其他成本的关系。

七、库存成本控制评估

（一）库存成本控制效果评估

财务部根据库存成本的控制结果，编制库存成本控制效果评估报告，对控制前后期的库存成本进行对比分析，了解库存成本控制指标的完成情况及变动情况，明确库存成本控制过程中存在的问题，寻求降低库存成本费用的改善措施。

（二）库存成本控制措施评估

仓储部根据库存成本控制效果评估报告，分析各项库存成本控制措施的合理性，并编制库存成本控制措施评估报告，呈报财务部审批。

执行部门		监督部门		编修部门	
执行责任人		监督责任人		编修责任人	

7.3 库存定额管理

7.3.1 安全库存量的确定

安全库存量，是指为了预防需求或供应方面不可预测的波动而引起缺货，在仓库中经常应保持的最低库存量。

安全库存是库存的一部分，主要是为了应对需要和订货点发生短期的随机变动而设置的。通过建立适当的安全库存，减小缺货的可能性，在一定程度上降低库存短缺成本，但安全库存的加大会使库存持有成本增加。因此，企业必须在缺货成本和仓储成本两者之间进行权衡，确定最适合的安全库存量。

1. 影响安全库存量的因素

影响安全库存量的因素有很多，其中决定性因素主要有如下两个方面，如图7—10所示。

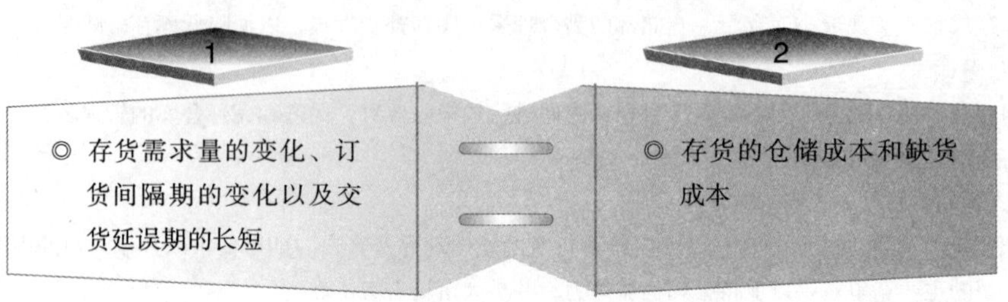

图7—10 影响安全库存量的因素

2. 计算安全库存量

根据对安全库存量影响因素的分析结果，可确定安全库存量，具体方法见表7—2。

表7—2 安全库存量的计算方法

计算方法	方法说明
概率方法	◆ 假设在一定时期内需求是服从正态分布的，且只考虑需求量超过库存量的概率，为了求解一定时期内库存缺货的概率，可以利用统计学知识，简单地画一条需求量的正态分布曲线，并在曲线上标明我们所拥有的库存量的位置。当需求量是连续的时候，常用正态分布来描述需求函数 ◆ 具体计算公式为：安全库存量 = 需求量标准正态偏差 × 标准差
顾客服务水平方法	◆ 顾客服务水平，就是指对顾客需求情况的满足程度，顾客服务水平可以根据订货及缺货次数来计算。公式表示为： $\text{顾客服务水平} = 1 - \frac{\text{年缺货次数}}{\text{年订货次数}} \times 100\%$ ◆ 一般情况下，顾客服务水平越高，说明缺货发生的情况越少，从而缺货成本就较小，但因增加了安全库存量，导致库存的持有成本上升；而顾客服务水平较低，说明缺货发生的情况较多，缺货成本较高，安全库存量水平较低，库存持有成本较小 ◆ 计算安全库存量，可借助于数量统计方面的知识，将顾客需求量的变化和提前期的变化作为一些基本的假设，从而在顾客需求发生变化、提前期发生变化以及两者同时发生变化的情况下，分别求出各自的安全库存量

7.3.2 仓储综合定额管理

在仓储管理过程中，可以设置各类定额，一般情况下，需要确定每平方米存储量定额、保管费率定额、账货相符率定额、收发货差错率定额、保管损耗定额、劳动效率定额等，才能对仓储水平进行综合评价。各项定额的计算及作用见表7—3。

表7—3 仓储管理定额说明

管理定额项目	解释说明	计算方法
每平方米储存量定额	◆ 考核仓储面积利用程度的一个重要指标，是制定其他定额的基础	◆ 计算公式为：每平方米储存量定额 = 日平均储存量（吨）/ 仓库（货场）实际使用面积
保管费率定额	◆ 考核货物保管费用高低的指标	◆ 计算公式为：每吨货物月保管费用（保管费率）=月保管费用总额/月平均储存量
账货相符率定额	◆ 是考核仓库保管账与实物相符程度的指标，内容包括品名、规格、数量、金额、产地、货位编号等	◆ 账货相符率 = 盘点账货相符数量 / 储存货物总数 ×100%
收发货差错率定额	◆ 指收发货差错累计笔数占收货、发货总笔数的比率	◆ 收发货差错率 = 差错累计笔数 / 收发货总笔数 ×100%
保管损耗定额	◆ 指按储存量平均每吨货物的损耗金额占平均存储量的比率	◆ 保管损耗率 = 保管损耗定额 / 平均储存量（吨）×100%
劳动效率定额	◆ 考核仓库人员劳动效率的指标，可分为仓管员劳动定额和仓库全员劳动定额	◆ 仓管员平均工作量 = 保管货物吨数或收发货笔数或收发货吨数 / 保管人员数

7.3.3 合理库存量的确定

合理库存是指企业保持与正常经营相适应的，具有先进性和可行性的商品库存量数。

1. 合理库存量

确定合理库存量对仓库的库存管理具有重要意义，具体内容如图7—11所示。

合理库存量的定义

合理库存量是保证企业生产经营活动正常进行所确定的合理库存数量，又可以称为物资储备定额。

由于物资消耗、需求的多样性，使合理库存量呈现不同的状况，所以企业的合理库存量应依实际情况来确定。

当企业生产具有经常性、连续性的特点时，对物料的需要比较均衡，就可以计算一个周期的合理库存量标准，这个标准称为库存定额。

图7—11 确定合理库存量的意义

2. 确定合理库存量应满足的条件

仓管员在确定合理的库存时，应满足以下条件。具体条件如图7—12所示。

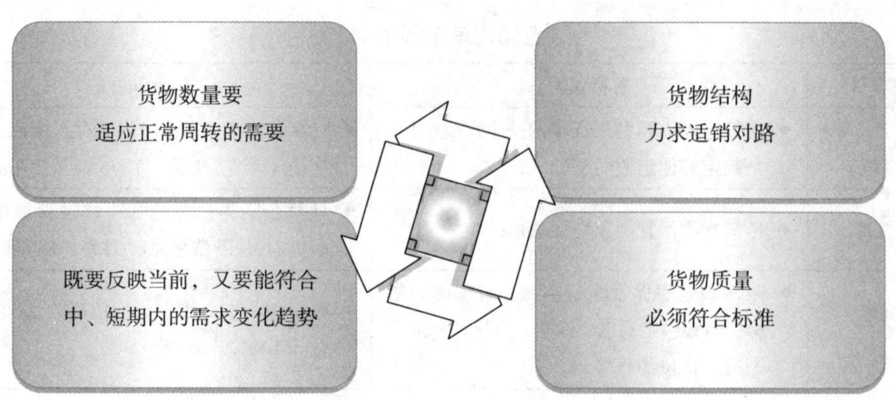

图7—12　确定合理库存量应满足的条件

3. 合理库存量的确定步骤

仓管员根据仓库中存货的定额数量，确定合理库存量，以保证企业的正常生产经营。确定合理库存量时，应遵循以下的步骤，具体如图7—13所示。

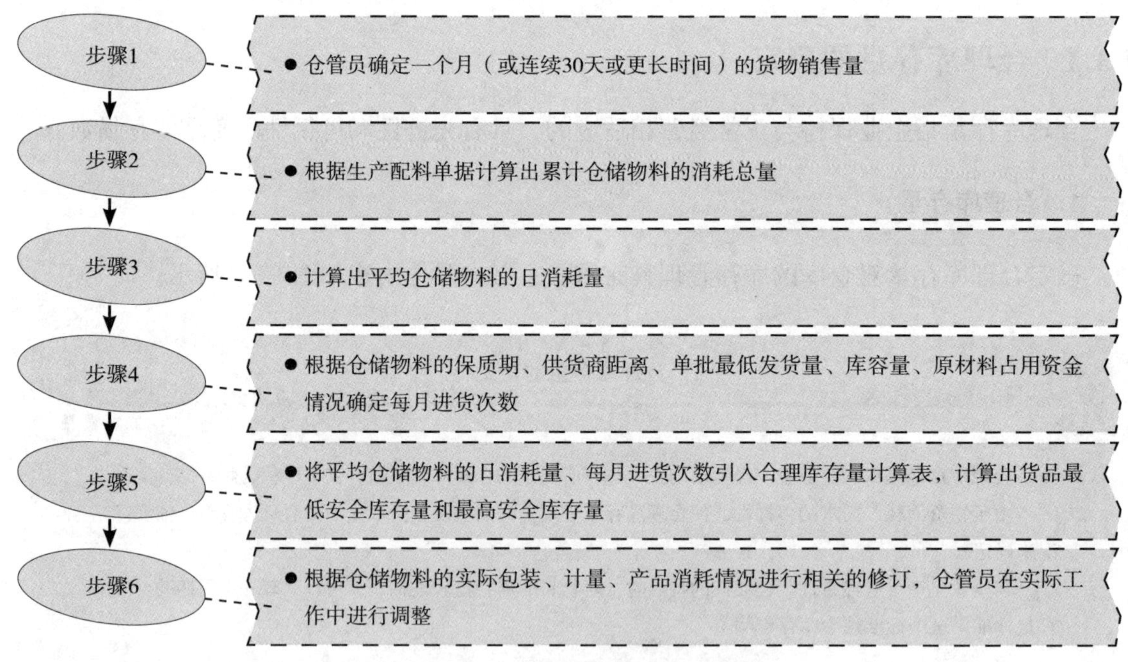

图7—13　合理库存量的确定步骤

7.3.4　库存货物周转管理

库存周转，是指对暂时未卖出的货架上的产品依据先进先出的原则进行循环的过程。

库存周转可以分为前线存货和后备存货的周转。其中前线存货是指陈列在货架或者零售商处的散装货物；后备存货指的是存放在仓库内的用于补货的货物。

1. 库存周转率

库存周转率又称库存周转次数，是指在一定时间内库存循环使用的次数。

库存周转率可从财务的角度计划预测整个公司的现金流，从而评价整个公司衡量货物在运营过程中仓储流转的快慢，衡量企业库存管理的水平。

库存周转率可通过产品成本及价值计算，也可以根据出库总金额及平均库存金额来计算，具体的计算公式如图7—14所示。

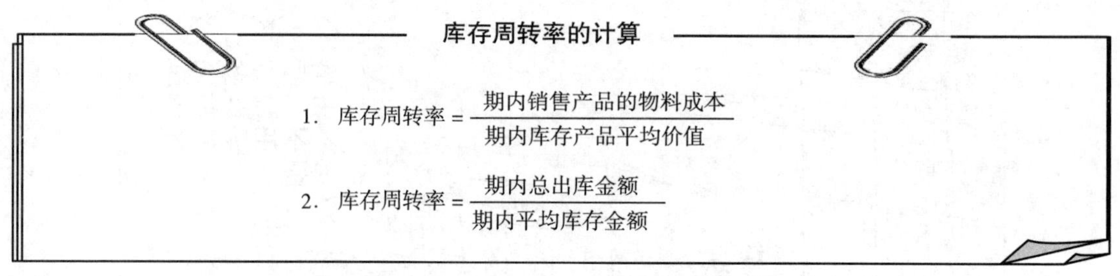

图7—14　库存周转率的计算

2. 提升库存周转率的意义

库存周转率对企业来说具有非常重要的意义，具体内容如图7—15所示。

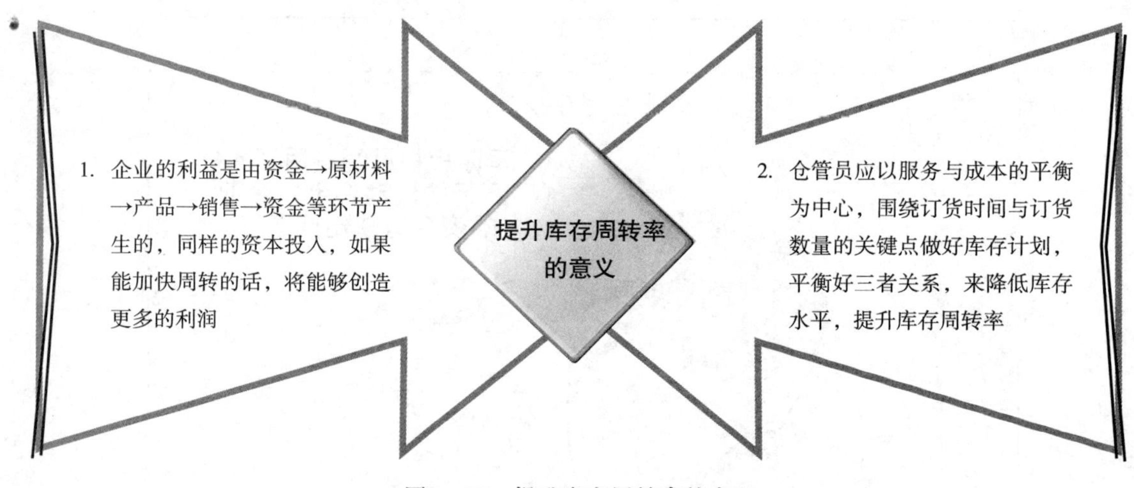

图7—15　提升库存周转率的意义

3. 货物库存周转注意事项

库存周转率一般是对企业整体的财务及库存管理水平进行评价。虽然它也适合评价价值流中的某种材料，但是随着价值流长度的变化，库存周转率可能会发生较大变化。

尽量不要采用库存周转率评价生产过程中的单一环节，应正确区分单库周转率与企业总的库存周转率。

7.3.5 仓库劳动效率的计算

仓储的劳动效率表现在库存周转率、仓库容量利用率、平均收发货时间、装卸工时效率、仓储作业效率等指标上。高效率仓储可体现出“快进、快出、多存储、保管好”的特点。

不同的指标计算方式也不同，具体各项指标的计算见表7—4。

表7—4 仓库劳动效率相关指标计算表

指标名称	指标解释与计算方法
库存周转率	◆ 计算公式为：库存周转率 = 货物出库总和 / 平均库存数
仓库容量利用率	◆ 指库存物资的实际数量与仓库可存放数量的比率，或库存物资的实际体积与仓库容积的比率 ◆ 计算公式为：仓库容量利用率 = $\frac{\text{库存物资的实际数量（或体积）}}{\text{仓库可存放物资数量（或容积）}} \times 100\%$
平均收发货时间	◆ 指仓库收发每批次（一张收 / 发货单据一批次）货物的平均用时 ◆ 平均收发货时间 = $\frac{\text{收发货时间总和}}{\text{收发货总批次数}} \times 100\%$
装卸工时效率	◆ 指单位时间内平均每位仓管人员装卸的货物总量，一般情况下用“吨 / 时”为单位进行衡量 ◆ 装卸工时效率 = $\frac{\text{考核期内装卸货物总重}}{\text{作业人员数量} \times \text{货物装卸总时长}}$
仓储作业效率	◆ 指平均每个工作日的出入库货物总量 ◆ 一般情况下用“吨 / 日”或者“件 / 日”为单位进行衡量 ◆ 计算公式为：仓储作业效率 = $\frac{\text{全年出入库货物总量}}{\text{全年工作日数}}$

7.4 库存管理常用方法

7.4.1 ABC库存管理

1. 方法简介

ABC分类法，又称巴雷托分析法，是指将企业的库存物资按其重要性大小划分为A、B、C三类，然后根据重要性分别进行管理的方法。

一般情况下，ABC管理法的分类依据见表7—5。

表7—5　　ABC管理法库存划分标准及控制要点一览表

类别	划分标准		控制方法	适用范围
	占储存成本比重	实物量比重		
A类	70%左右	不超过20%	重点控制	品种少、占用资金多的存货
B类	20%左右	不超过30%	一般控制	介于两者之间的存货
C类	10%左右	不低于50%	简单控制	品种多、占用资金少的存货

2. ABC库存管理措施

ABC库存管理的具体措施如图7—16所示。

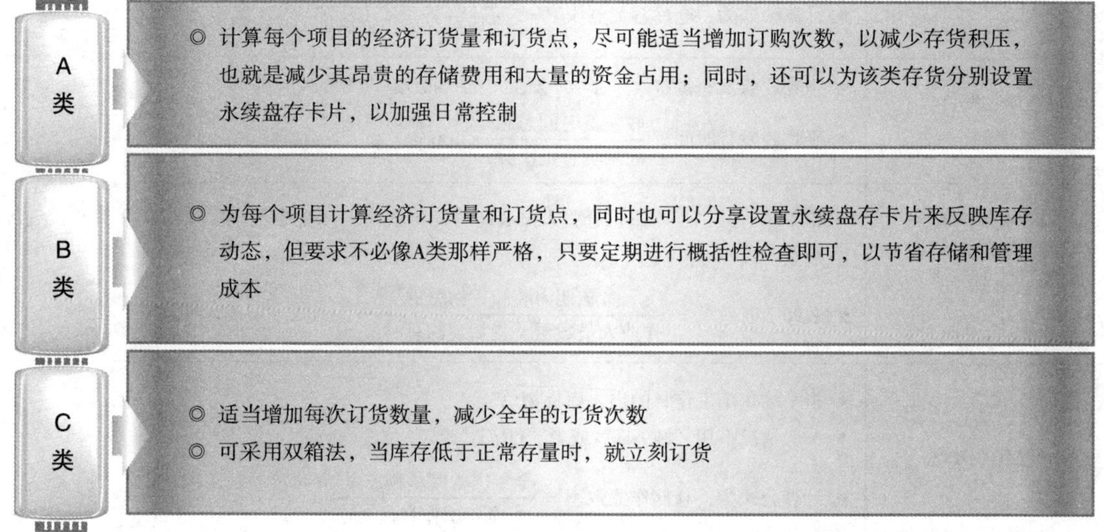

图7—16　ABC库存管理法的控制措施说明

3. ABC库存管理法的实施步骤

ABC库存分类管理法，可以分以下4个步骤实施，具体内容如图7—17所示。

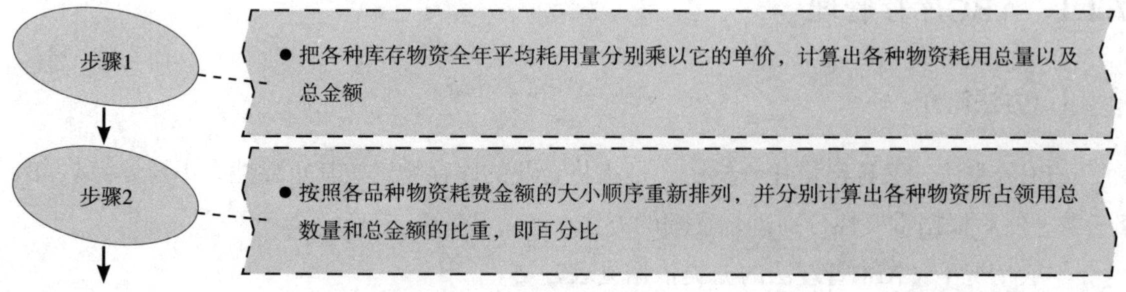

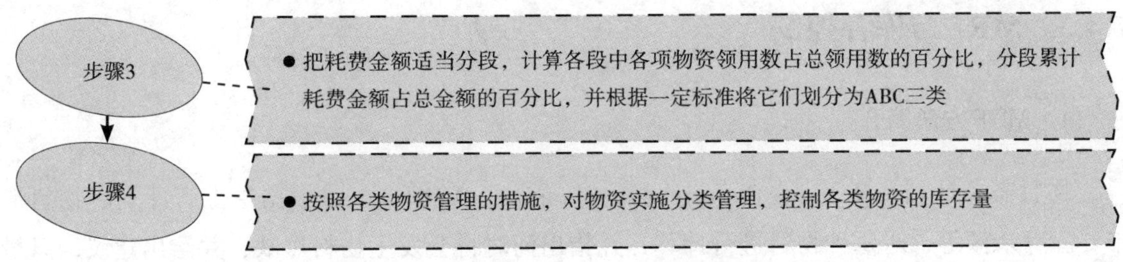

图7—17　ABC库存分类管理法的实施步骤

7.4.2　EOQ管理法

1. EOQ方法简介

经济订货批量（Economic Order Quantity，EOQ），通过平衡采购进货成本和保管仓储成本核算，以实现总库存成本最低的最佳订货量。经济订货批量是固定订货批量模型的一种，可以用来确定企业一次订货（外购或自制）的数量。当企业按照经济订货批量来订货时，可实现订货成本和储存成本之和最小化。

2. EOQ管理法的计算方法

EOQ管理方法的计算过程如图7—18所示。

◎ **年库存总成本**

年库存总成本=年购置成本+年订货成本+年保管成本

即：

$$TC = DC + \frac{DS}{Q} + \frac{QH}{2}$$

◎ **经济订货批量（EOQ）**

Q的最小值Q_{opt}可称为经济订货批量（EOQ），是使订货成本与保管成本相等的值，运用微积分，可计算得出如下值：

$$Q_{opt} = EOQ = \sqrt{\frac{2DS}{H}}$$

其中：D——年需求量；

C——价格；

S——每次订货成本；

H——单位货物年保管成本；

订货量（Q）设定为经济订货批量（EOQ）。

图7—18　EOQ管理方法的计算过程

7.4.3 MRP与库存控制

1. MRP方法简介

物料需求计划（Material Requirement Planning，MRP），是根据主生产计划、物料清单、库存余额等，对每种物料进行计算，并指出何时将会发生物料短缺，并给出建议，以最小库存量来满足需求并避免物料短缺的方法。

MRP被设计并用于制造业库存管理信息处理的系统，它解决了如何实现制造业库存管理目标——在正确的时间按正确的数量得到所需的物料这一难题。

MRP可以通过主生产计划明确企业要生产什么，并通过物料清单（BOM）明确企业的物料需求状况。其逻辑关系如图7—19所示。

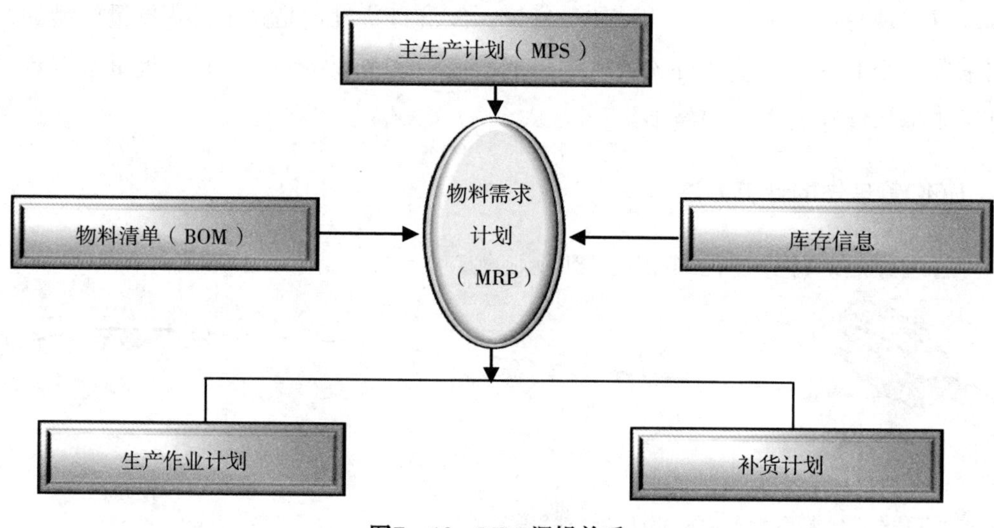

图7—19 MRP逻辑关系

2. MRP实施步骤

MRP实施一般需要如下4个步骤，具体如图7—20所示。

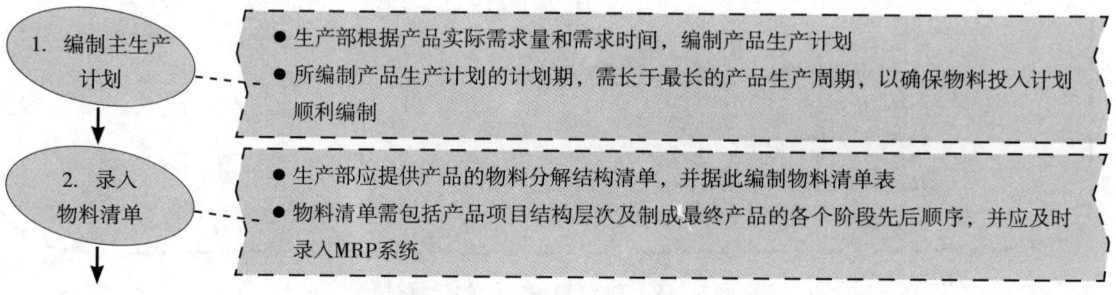

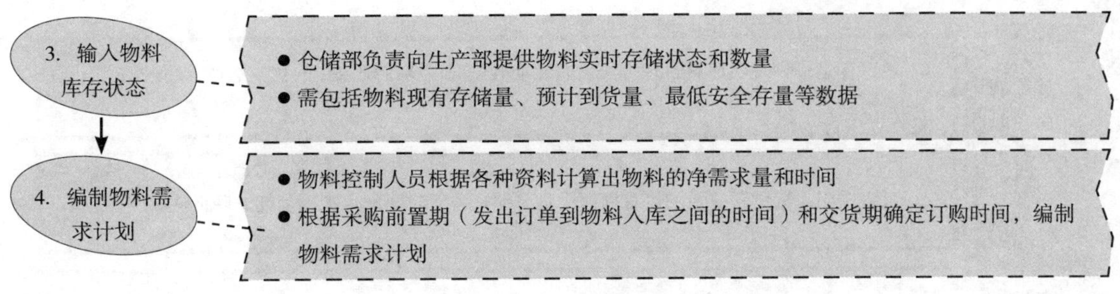

图7—20 MRP实施步骤

7.4.4 JIT与库存控制

1. JIT方法简介

准时生产方式（Just In Time，JIT）又称为零库存生产方式（Zero Inventories），是指在需要的时候，按需要的量生产所需的产品，通过生产的计划和控制及库存的管理，追求一种无库存，或库存达到最小的生产方式。

JIT可以通过工厂的“拉动系统”进行管理，设计产品设计、过程设计、物料管理、设备选择、质量保证等一系列活动，有计划地避免所有浪费，持续不断地提高生产率。

2. JIT方法的管理目的

JIT库存管理法可以达到以下目的，具体如图7—21所示。

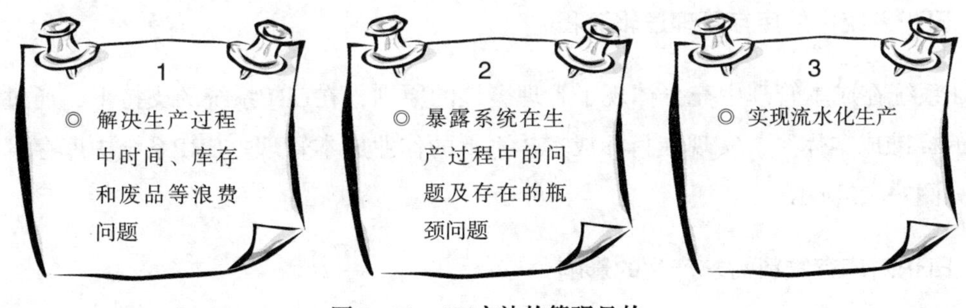

图7—21 JIT方法的管理目的

3. JIT库存控制策略

实施JIT库存管理法，应当强调员工的参与和管理，并对生产过程进行持续的变革，以小批量，实现柔性化生产。要实现JIT管理，可以采用以下几个策略，具体如图7—22所示。

零库存	◎ 零库存是一种现代库存管理方法，它在准确的时间将准确数量的物资送达，超过的部分就是浪费
缩短备货期	◎ 可以采用小批量和较短的供货周期供货，缩短备货时间和生产提前期，降低成本
高批次小批量	◎ 可以采用多批次小批量的供货方法，减少和避免存货，当发现问题的时候也容易改进
高质量无缺陷	◎ 消除各种引起浪费的不合理因素，在整个生产过程中每一个操作都达到精益求精 ◎ 将质量管理引入每一个操作中，对产品质量进行及时检测和处理

图7—22　JIT库存管理策略

7.4.5　ERP与库存管理

1. ERP与库存的关系

ERP库存管理很早就在企业信息管理中得到应用。企业怎样投资库存、何时投资、投资多少的问题是库存管理的最大难点和挑战。

ERP的发展为库存管理提供了一种新的更为科学合理的管理思想，同时提高了企业生产经营效率。

2. ERP系统中的库存管理逻辑流程

ERP系统在成本管理中充分体现了管理会计的原则，在ERP系统的支持下，通过建立作业层次的标准成本体系，实现在目标成本体系下的作业成本管理。ERP系统中库存管理的逻辑流程如图7—23所示。

3. ERP对库存物料需求产生的影响

物料需求分为独立需求与相关需求，ERP系统中的物料需求为相关需求，每个物料项的需求都是由更高层次的需求引发的，通过物料需求计划程序调用产品结构文件或产品结构树来实现对库存的管理。

ERP系统各模块之间的实时集成性，对库存物料需求产生了新的影响，具体如图7—24所示。

采购计划
采购管理
应付系统
库存管理
存货核算
财务系统
销售管理
应收系统

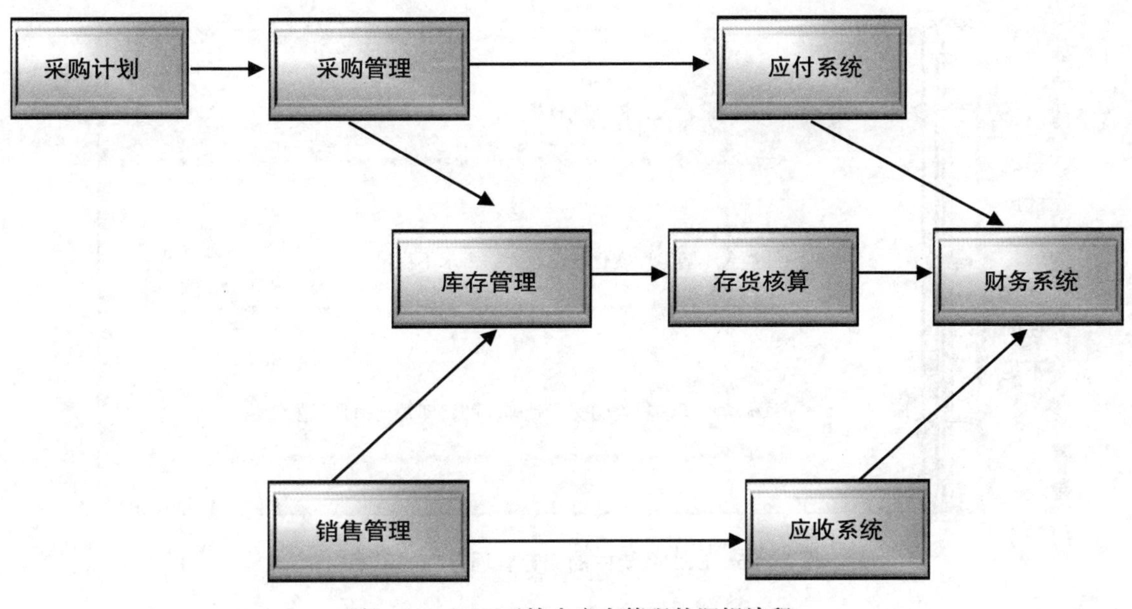

图7—23　ERP系统中库存管理的逻辑流程

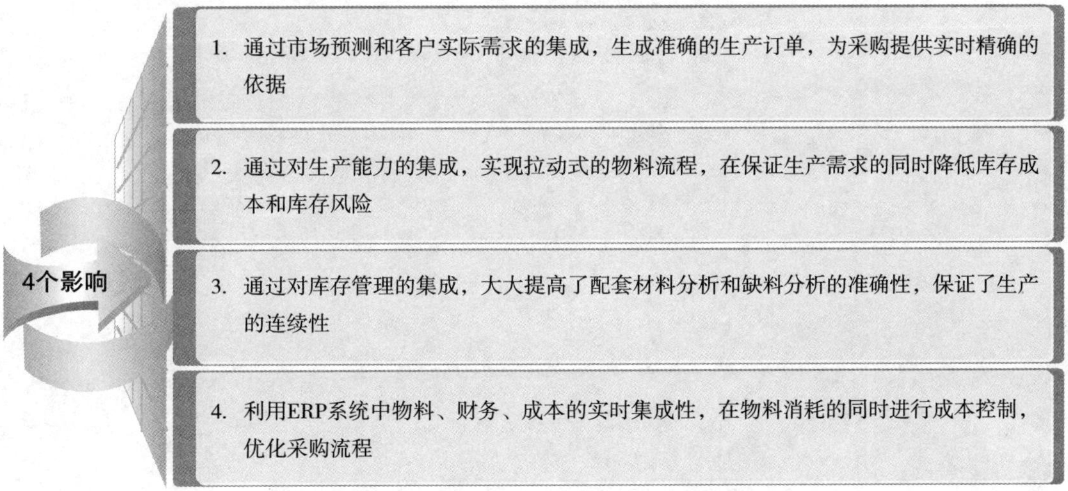

4个影响
1. 通过市场预测和客户实际需求的集成，生成准确的生产订单，为采购提供实时精确的依据
2. 通过对生产能力的集成，实现拉动式的物料流程，在保证生产需求的同时降低库存成本和库存风险
3. 通过对库存管理的集成，大大提高了配套材料分析和缺料分析的准确性，保证了生产的连续性
4. 利用ERP系统中物料、财务、成本的实时集成性，在物料消耗的同时进行成本控制，优化采购流程

图7—24　ERP对库存物料需求产生的影响

4. ERP系统中的库存管理存在的不足

ERP系统中的库存管理存在一些不足，具体内容如图7—25所示。

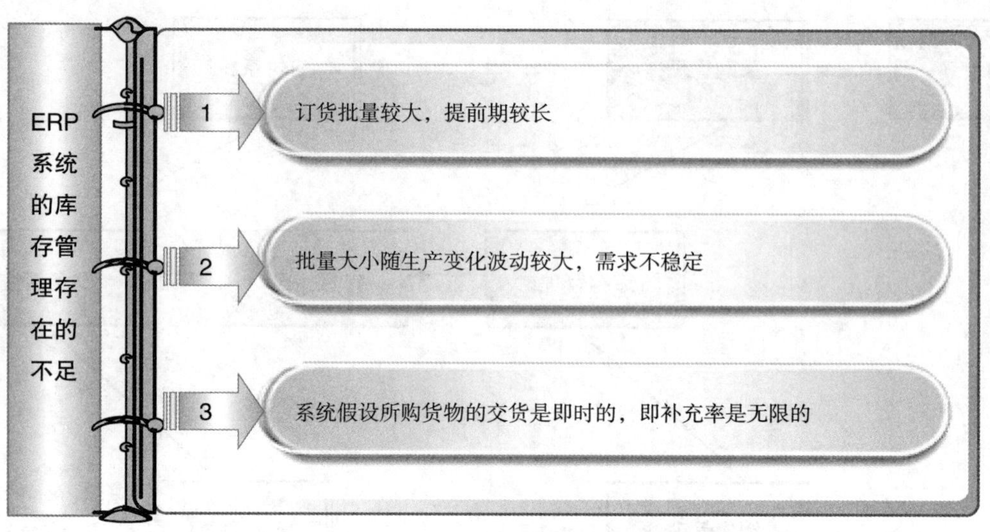

图7—25 ERP系统中的库存管理存在的不足

第8章

仓库出库作业

8.1 货物出库

8.1.1 货物出库的原则要求

1. 货物出库的原则

货物出库，是仓管员根据业务部门或存货单位开出的货物出库凭证（提货单、调拨单），按其所列货物编号、名称、规格、型号、数量等项目，组织货物出库一系列工作的总称。如图8—1所示。

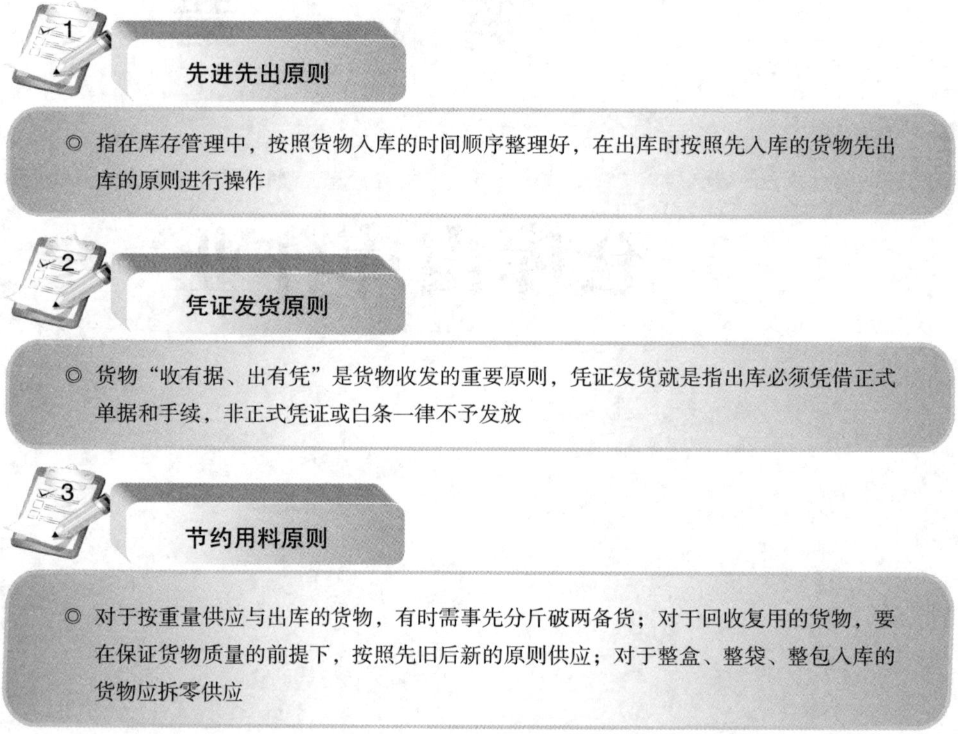

先进先出原则

◎ 指在库存管理中，按照货物入库的时间顺序整理好，在出库时按照先入库的货物先出库的原则进行操作

凭证发货原则

◎ 货物“收有据、出有凭”是货物收发的重要原则，凭证发货就是指出库必须凭借正式单据和手续，非正式凭证或白条一律不予发放

节约用料原则

◎ 对于按重量供应与出库的货物，有时需事先分斤破两备货；对于回收复用的货物，要在保证货物质量的前提下，按照先旧后新的原则供应；对于整盒、整袋、整包入库的货物应拆零供应

图8—1 货物出库原则

2. 货物出库的要求

货物出库不论采取何种形式，仓储管理人员都必须按照一定的手续、要求进行操作管理。具体的货物出库要求见表8—1。

表8—1　货物出库要求说明

出库要求	要求事项说明
出库凭证和手续齐全	◆ 出库凭证和手续必须符合要求，仓库发料时，必须以企业货物供应部门开出的“定额供货单”“领货单”“企业内部调拨单”“外拨销售发票的提货单”或“外拨加工领货单”等发货凭证为依据，严格限额发货 ◆ 超计划用料和临时用料须经有关领导书面批准后才能发料 ◆ 工料报废需补料的，除经查实后填制盖有“废品已收，同意补发”图章的报废单外，还需使用部门领导签署“同意补发”的意见后，才能补发；对不符合发料要求的各种借条一律拒绝发料
出库供应要准确及时	◆ 货物出库准确是指按照货物出库凭证所列货物编号、产地、品名、规格、等级、单位、数量等项，做到准确无误地点交清楚 ◆ 仓管员根据购销单位或存货部门要求，在接到出库凭证之后，及时组织货物出库，如发现出库凭证所列品种、规格、牌号、数量与库存实物不符时（仓管员不得任意改发），应及时通知有关业务部门更换出库凭证
贯彻“三不”“三核”“五检查”要求	◆ “三不”：即未接单据不翻账，未经审单不备货，未经复核不出库 ◆ “三核”：即在发货时，要核实凭证、核对账卡、核对实物 ◆ “五检查”：即对出库货物单据和实物要进行品名检查、规格检查、包装检查、件数检查、重量检查

8.1.2 货物出库的基本方式

货物出库的基本方式有代运出库、送货出库、自提出库三种方式，具体出库方式见表8—2。

表8—2　货物出库基本方式

出库方式	方式说明	适用范围	特点
代运出库	◆ 仓库根据收货单位的委托，凭借“货物调拨通知单”办理出库手续，通过运输部门把货物发到需方指定地点 ◆ 其操作方式是由业务部门事先将发货凭证送到运输部门，运输部门经过制单托运，待交通部门派车派船后，由运输部门委托搬运部门，或使用自有车辆向仓库办理提货手续	◆ 这种货物出库方式适用于在内、外贸储运公司所属的仓库和产地、口岸批发的企业	◆ 代办代提、整批发出 ◆ 与承运部门直接办理货物交接手续
送货出库	◆ 一种情况是仓库直接把“货物调拨通知单”所开列的货物直接送到收货单位所指定的地方 ◆ 一种情况是由货主自行给用户送货	◆ 这种方式，多为储运公司所属的仓库、大型连锁超市公司配货中心和产地、口岸批发企业所属仓库采用	◆ 单到备货，做好待运准备 ◆ 承运单位派车到库提货，运送到收货单位办理交接手续

续表

出库方式	方式说明	适用范围	特点
自提出库	◆ 收货单位或受收货单位委托，持货主所开的“货物调拨通知单”（“提货单”）并自备运输工具到仓库直接提货，仓库根据出库凭证发货，交接手续应在仓库内当即办理完毕	◆ 这种出库方式，在产销地批发企业所属的仓库和储存工业原材料工具等货物的仓库广泛采用	◆ 提单下仓，随到随发 ◆ 自提自运，当面点交，划清货物的责任

8.2 出库发货审核程序

8.2.1 货物出库准备细则

货物在出库发货前，仓管人员应协调配合相关货物管理人员做好货物出库准备工作。以下是某企业货物出库准备细则范例。

制度名称	货物出库准备细则	编　号	
		受控状态	

第1条　为规范本公司的货物出库准备工作，保证各类货物快速、准确地出库，及时投入使用或进入市场，制定本细则。

第2条　凡本公司仓储货物的出库准备工作，均按本细则的相关规定执行。

第3条　货物经多次装卸、堆码、翻仓和拆检，会使部分包装受损，不符合运输的要求。因此，出库工作人员必须视情况事先进行整理，加固或改换包装。

第4条　根据货物的特性及实际使用要求，有些货物需要拆零后出库，出库工作人员应事先做好准备，备足零散货物，避免因临时拆零而延误发货时间。

第5条　对于需要拼箱的货物，出库工作人员应做好挑选、分类、整理和配套准备工作。

第6条　对于需要装箱、拼箱或改装的货物，出库工作人员应根据货物的性质和运输的要求，准备各种包装材料、相应的衬垫物，以及刷写包装标志的用具、标签、颜料和钉箱、打包等工具。

第7条　货物出库前，应留出必要的理货场地，并准备必要的装卸搬运设备，以方便运输人员的提货发运或装箱送箱，加快发送速度。

第8条　出库凭证的准备。

1. 货物的出库，一律凭盖有财务专用章和有关部门签章的“领料表”（一式三联，一联存接收部门，一联交财务部，一联交仓库作为出库依据）。

2. 仓库出库主管在发货前，须根据“领料表”编制“货物出库单”，以便备用。

第9条　核对出库凭证。

1. 货物出库前，必须有正式的出库凭证，此类凭证均应由使用部门主管人员、仓储部经理签章。

2. 出库凭证应包括的内容如下：

（1）经货物领用部门主管签名的“货物领用单”。

（2）经仓储部经理签章的“货物出库单”。

（3）货物检验合格报告书、合格证等。

3. 出库工作人员接到“货物领用单”后，要认真核对货物的编号、规格、品名、数量有无差错和涂改，有关部门的签章是否齐全。

4. 审核无误后，出库管理人员按照“货物出库单”上所列的货物品名、规格、数量与仓库账目，再做全面核对。

第10条 出库凭证经复核无误后，出库工作人员按其所列的项目内容和凭证上的批注，与编号货位进行对货，核实后核销货物明细卡上的存量，按规定的批次备货。

1. 理单，根据货物的货位，按“货物领用单”的编号顺序排列，以便迅速找对货位，及时出库。

2. 核对，按照货位找到相应的货物后，出库工作人员要“以表对卡，以卡对货”，进行信息核对。

3. 点数，出库工作人员要仔细点清货物出库的数量，防止差错。

4. 签单，应付货物盘点工作结束后，出库工作人员逐笔在出库凭证上签名。

第11条 出库工作人员、领料员根据货物场地的大小、运输车辆到库的班次，对到场货物按照车辆配载。领料部门编配分堆，然后对场地分堆的货物进行单货核对，核对工作必须逐车、逐批地进行，以确保单货数量、品名、唛头、去向等完全相符。

第12条 为方便收货方的收转，理货员必须在应发货物的外包装上标注收货方的简称。

1. 标志应在货物外包装的两侧，字迹应清楚，不错不漏。

2. 采用旧包装时，必须刷除原有的标志，如系粘贴标签，必须粘贴牢固。

第13条 出库复核人员按照出库凭证，对出库货物的品名、规格、数量进行再次核对，以保证货物出库的准确性。复核查对的具体内容包括以下4个方面：

1. 怕震怕潮的货物，衬垫是否稳妥，密封是否严密。

2. 每件包装是否有装箱单，装箱单上所列各项目是否和实物、凭证等相符。

3. 领料部门、箱号、危险品或防震防潮等标志是否正确、明显。

4. 是否便于装卸搬运作业，能否保证货物在运输装卸中不致破损。

第14条 经反复核对确实不符时，仓管员应立即进行调换，并将错备货物上的刷唛标记除掉，重新复核结余货物的数量或重量是否与保管账目、货物保管卡片的结余数目相符，若发现不符应立即查明原因，及时更正。

第15条 货物出库前，必须经复核员复核，复核员根据“货物出库单”仔细检验库别、签章、品名、产地、规格、数量是否清楚，发现问题及时与有关部门联系，妥善解决。

第16条 本细则由仓储部制定，其解释权、修改权归仓储部所有。

第17条 本细则自核准颁布之日起执行。

执行部门		监督部门		编修部门	
执行责任人		监督责任人		编修责任人	

8.2.2 领用出库凭证表单

为了明确出库货物的用途，正确计算产品成本，所有货物出库都必须有一定的凭证领用手续。货物出库领用的凭证主要有出库单、发货通知单等。

1. 货物出库单

领用货物经仓储主管开具货物出库单，经仓储部经理审批签字，交仓储主管详细审核无误后方可按出库单据实领用。出库单一式三份，一份存接收部门，一份交财务部，一份交仓库作为出库依据。货物出库单可参考表8—3进行设计。

表8—3　　货物出库单

收货单位：　　　　　　　　　　　　时间：　　年　　月　　日

货物类别	货物名称	货物编号	出库记录			单价	成本总额	库存领用余数
			数量	时间	领用人			
备注						合计		

2．发货通知单

发货通知单是将各种不同的客户订单内容，如货物的货号、数量、价格等以完整和规范化的格式反映出来，同时，还能使销售过程中所需的各种授权和批准在发货通知单上得到证明，领用物料前，仓储主管下发经审批通过的发货通知单，仓管员如实填写并保管，具体表单格式可参考表8—4。

表8—4　　发货通知单

编号：　　　　　　　　　　合同号：

货物名称		货物型号	
发货数量		发货日期	
送货人		联系方式	
收货人		联系方式	
收货单位		运费	
详细地址			
随货附件			
备注			

制单人：　　　　　　仓管员：　　　　　　送货人：

8.2.3　审核出库凭证要求

1. 凭证审核的内容

仓储部门相关人员接到出库凭证后，必须对出库凭证进行审核。具体出库凭证的审核内容如图8—2所示。

图8—2　货物出库凭证审核内容

2. 凭证审核的要求

针对凭证的审核内容不同，与其对应的审核要求也不尽相同，但所有的凭证审核过程都需遵循凭证审核的通用要求，具体如图8—3所示。

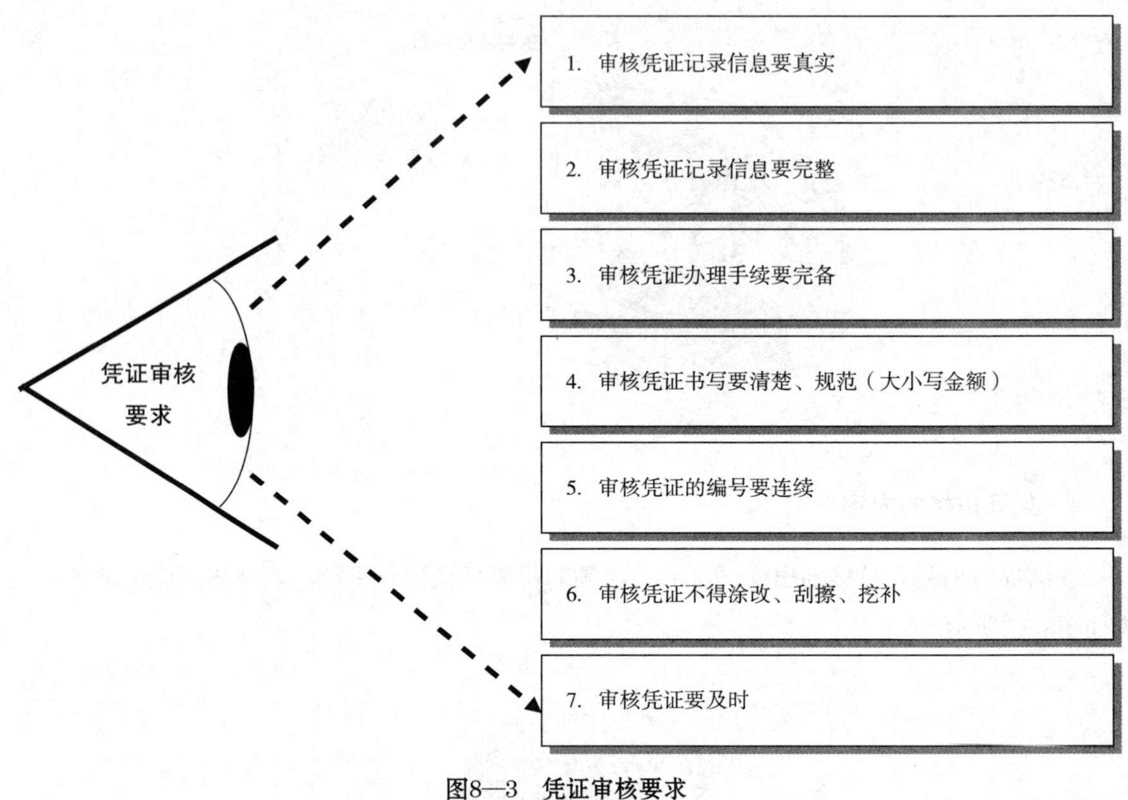

图8—3 凭证审核要求

8.2.4 对外委外出库凭证表单

企业在实际生产经营过程中，由于加工能力和工艺设备条件的限制，往往需要把一些货物送外单位委托加工，对外委外加工所涉及的出库凭证表单主要有“委外加工发料单”“委外加工出库单”等，具体凭证表单见表8—5、表8—6。

表8—5 委外加工发料单

委外加工单位： 日期： 年 月 日 编号：

材料编号	材料名称及规格	数量	单位	材料成本	
				单价	总价
加工要求		完成日期		备注	

表8—6　　委外加工出库单

委托供应商：　　　　发料日期：　年　月　日　　　　编号：

序号	物料编号	品名规格	单位	应发数量	实发数量	发料仓库	计划交期	负责人
1								
2								
3								
备注								

8.2.5 对外出库凭证审核内容

货物出库必须以公司开具的正式出库凭证为依据，仓库接到货物出库凭证后，首先由仓储管理人员认真核对信息，审核出库凭证上所列发货信息，具体审核内容如图8—4所示。

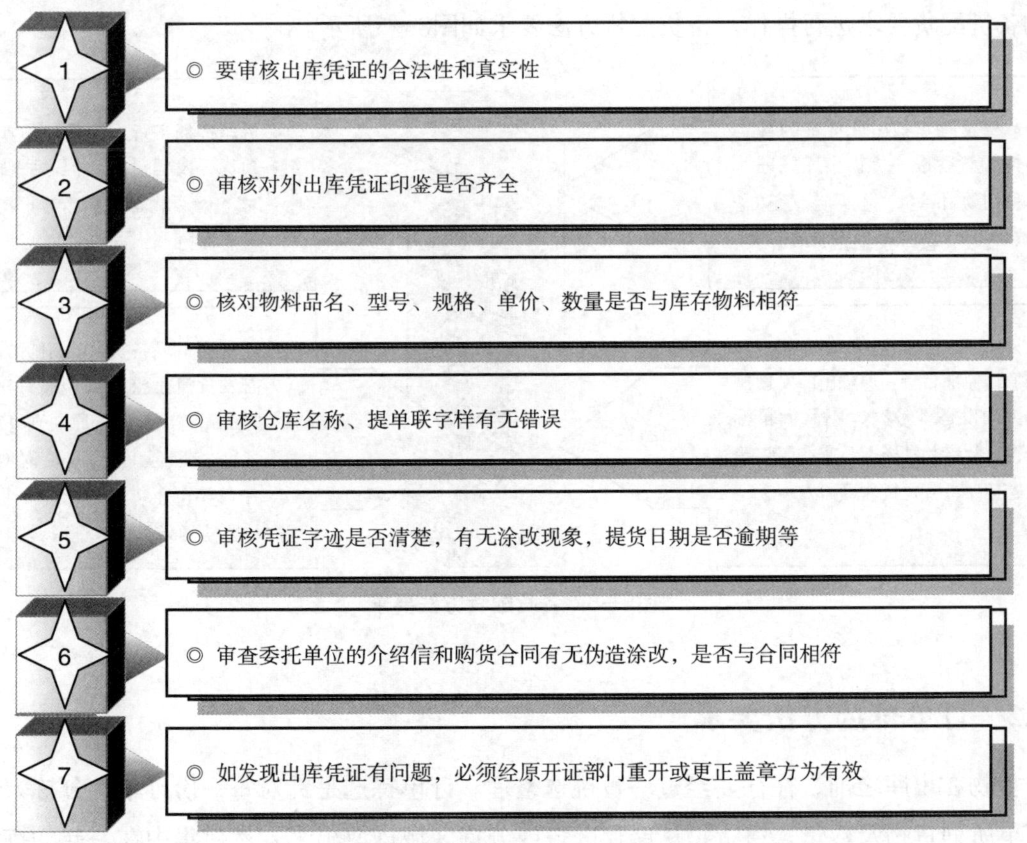

图8—4　对外出库凭证审核内容说明

8.3　出库发货过程管理

8.3.1　备货配货方法要求

1. 备货配货定义

备货，是指配送企业根据客户的要求或自身经营的需要，从供应商处集中货物并存储的过程，它是货物配送的前提和基础。

配货，是指企业为了顺利、有效、方便地向众多客户发送货物，对仓库中的众多货物进行整理和装配的过程。

2. 备货配货要求

为了准确、及时、安全、经济地组织货物出库，仓管员在货物出库发货时，必须按照一定的备货配货要求进行操作。备货配货方法要求如图8—5所示。

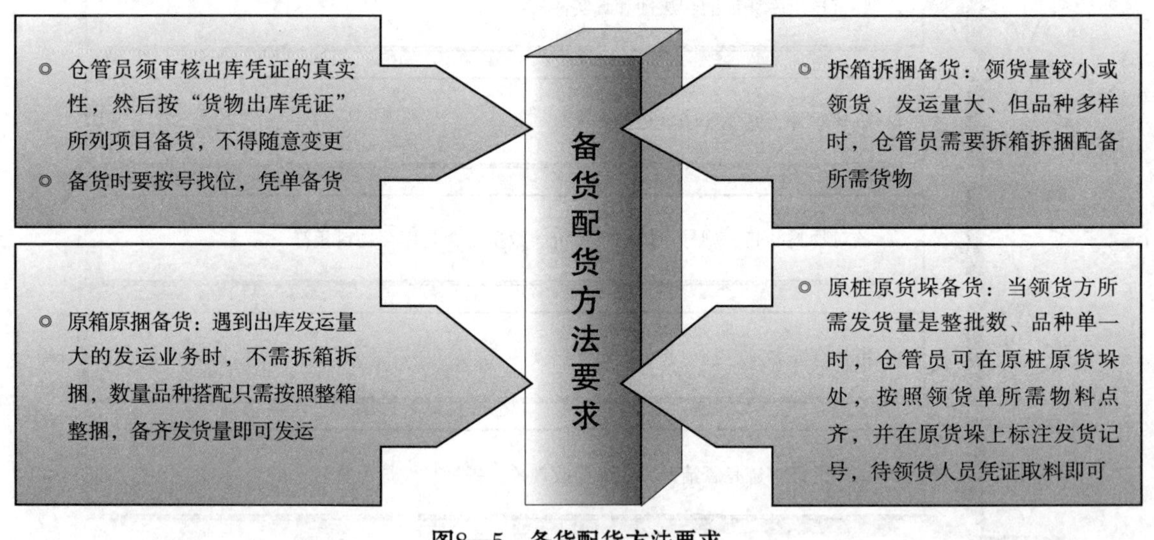

图8—5　备货配货方法要求

8.3.2　订单拣选方法要求

货物在出库之前，往往要经过一番挑选整理。订单拣选是针对每一份订单，分拣人员按照订单所列货物及数量，将货物从储存区域或分拣区域拣取出来，然后集中在一起的拣货方式。根据不同货物的要求，订单拣选的要求有所不同，其具体要求如图8—6所示。

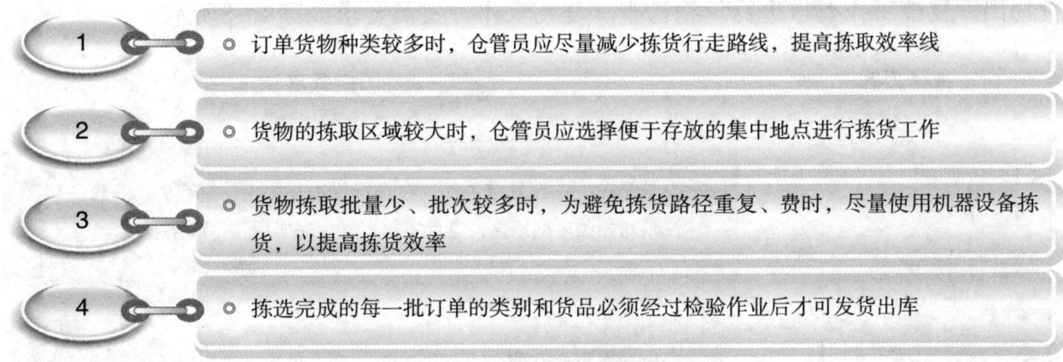

图8—6　订单拣选方法要求

8.3.3　复核工作方式要求

1. 复核工作主要内容

在发货作业的各个环节上，都贯穿着复核工作。这些分散的复核形式，起到分头把关的作用，都有助于提高仓库发货业务的工作质量。复核的主要内容如图8—7所示。

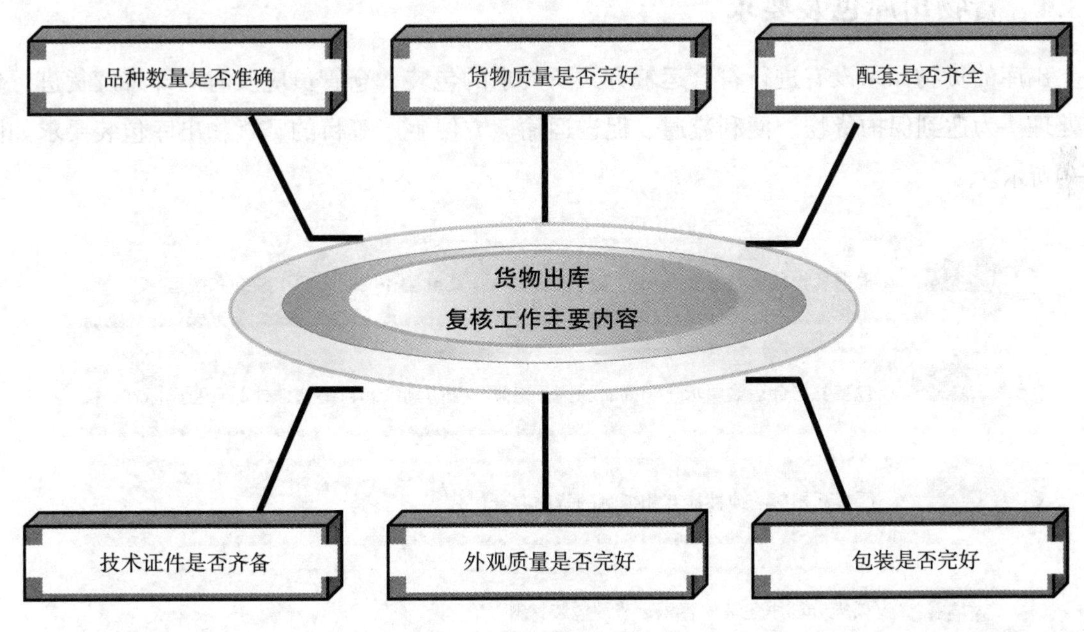

图8—7　复核的主要内容

2. 复核方式与要求

为保证出库货物数量准确、质量完好、包装完善，杜绝发生差错事故，仓管员须严格按照货物出库复核工作要求进行货物检查。复核工作方式及要求如图8—8所示。

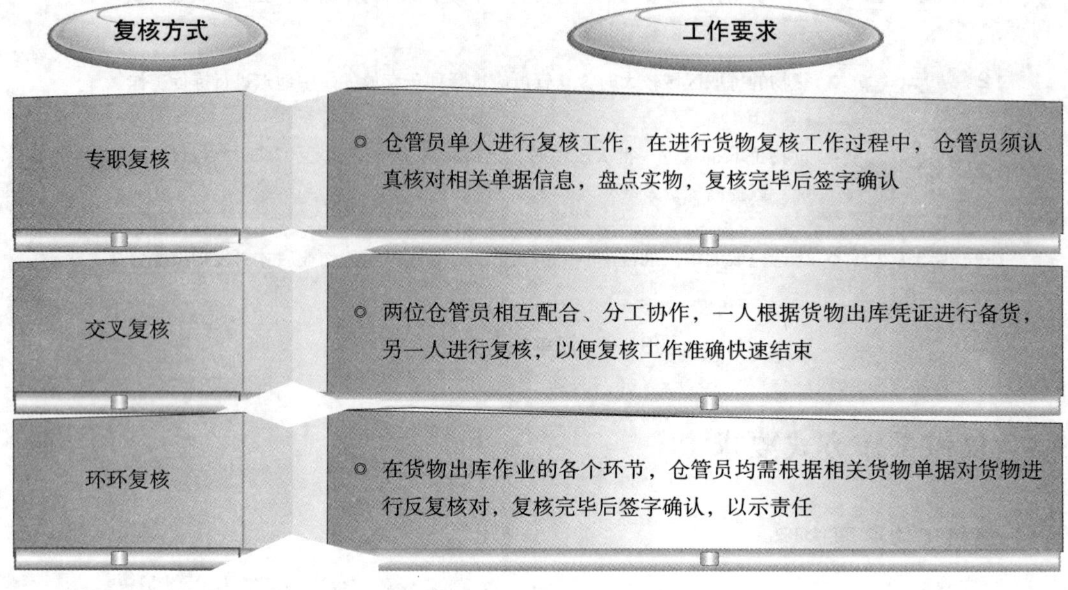

图8—8 复核工作方式及要求

8.3.4 货物出库包装要求

出库的货物如果没有进行符合运输方式所要求的包装，仓管员应及时对即将发货进行包装处理。为达到保护货物、便利流通、促进运输、方便生产等目的，货物出库包装要求如图8—9所示。

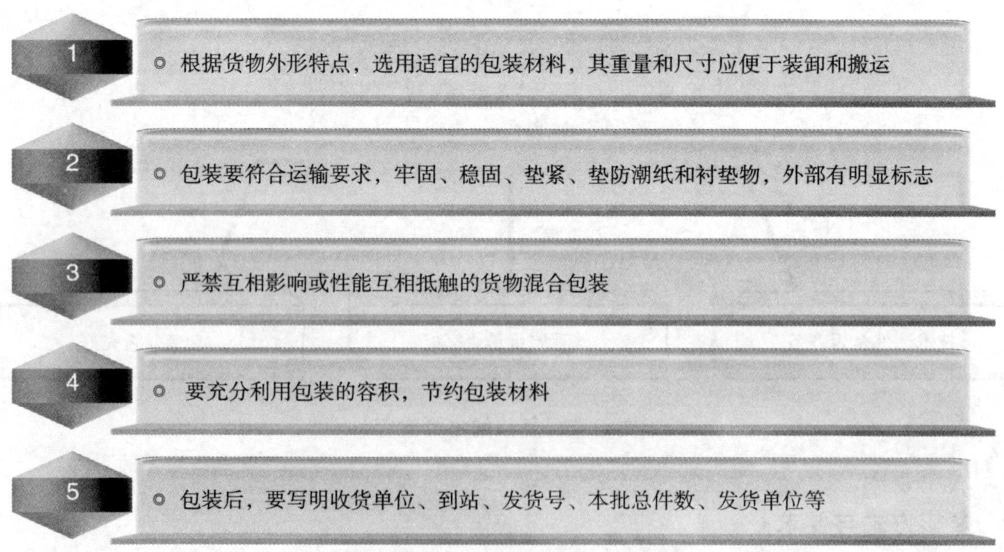

图8—9 货物出库包装要求

8.3.5 出库货物刷唛要求

唛头，专指在货物的外包装上注明收货人和货物内容的信息标志。把这些信息制作在外包装上的工作过程叫做刷唛。

1. 唛头的内容

唛头的主要内容如图8—10所示。

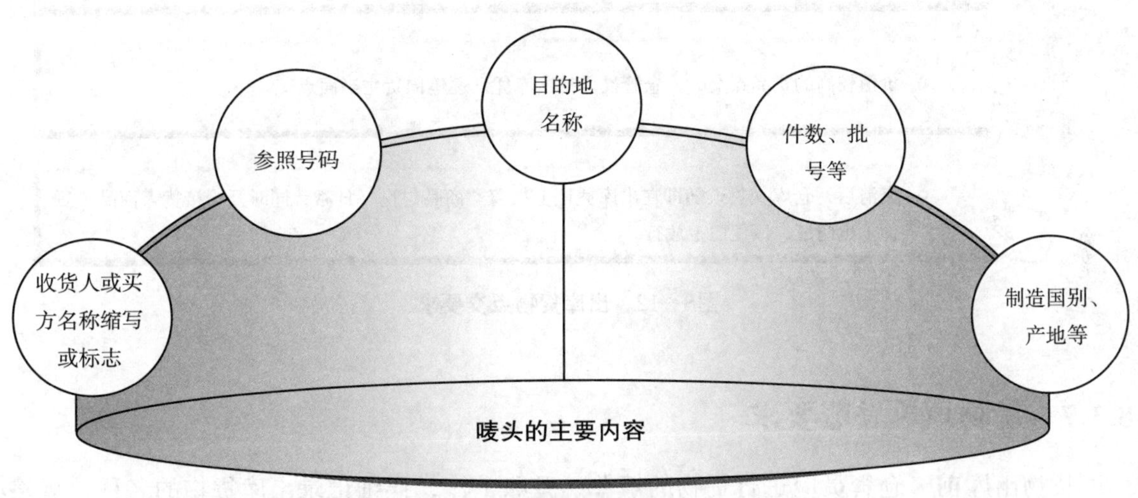

图8—10 唛头的主要内容

此外，买卖双方根据商品特点和具体要求商定是否将相关信息刷在货物外包装的两侧，若将这些内容刷在两侧，则称为侧唛。

2. 刷唛操作要求

出库产品刷唛工作要严格按照一定要求进行，具体内容如图8—11所示。

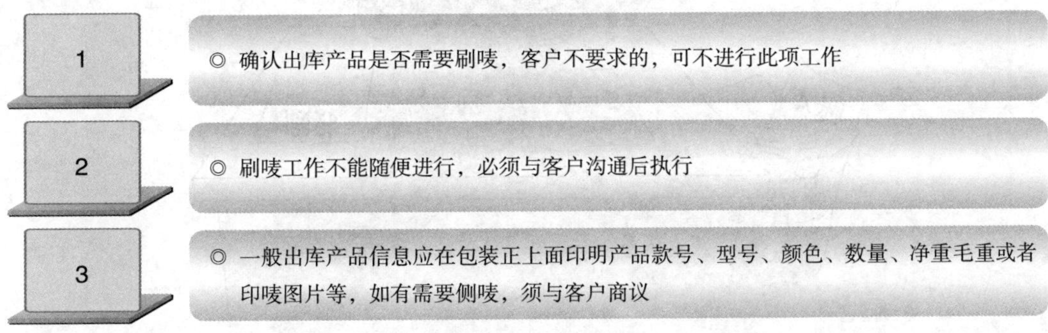

图8—11 刷唛要求

8.3.6 出库货物点交要求

出库货物无论是要货单位自提，还是交通运输部门发运，仓管员必须向提货人员或发运人员点交货物。出库货物点交要求如图8—12所示。

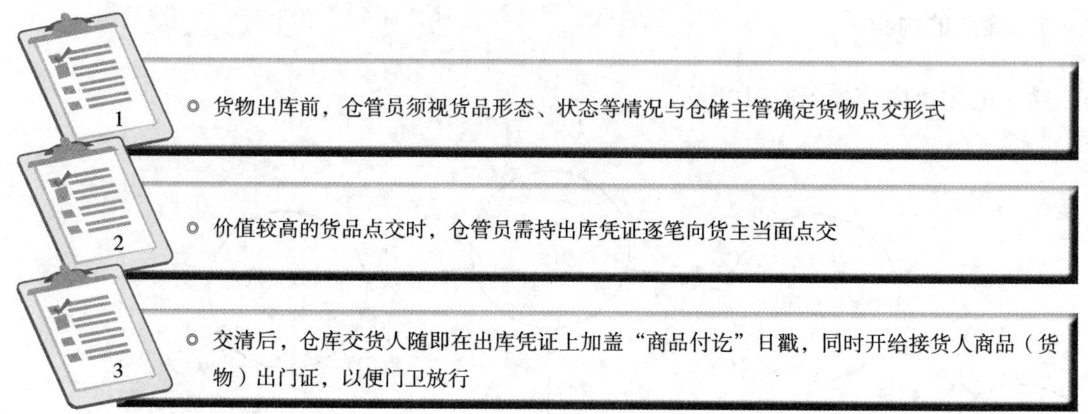

图8—12 出库货物点交要求

8.3.7 货物填单登账要求

货物出库前，仓管员应进行货物的填单、登账工作，详细记录出库货物的名称、规格/型号，数量，出库时间等信息，并做好相应的账务处理。

在填单登账过程中，必须按实际情况登记，禁止舞弊行为，做到杜绝假账。

1. 货物出库单据填写要求

货物点交后出库前，仓管员需要填写货物出库单据，填写要求如图8—13所示。

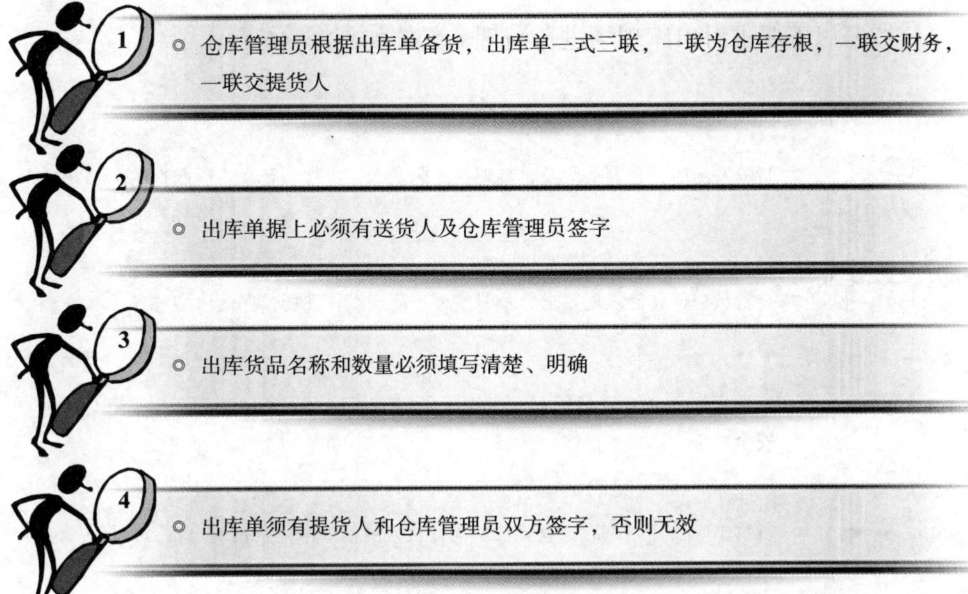

图8—13 货物出库单据填写要求

2. 货物出库登账要求

出库货物点交结束后，仓管员应及时在出库单上填写相应信息，并将出库单连同有关证件资料及时交给货主，以便货主办理货款结算手续，仓管员把留存的一联出库凭证交给实物明细账登记人员登记做账。

货物出库登账要求如图8—14所示。

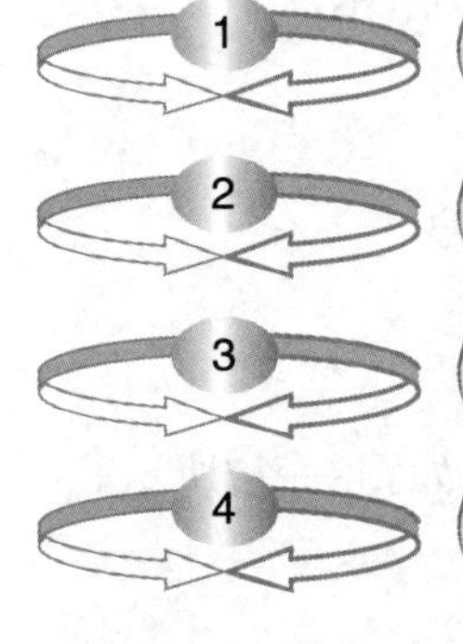

1. 货物点交后，仓管员须在出库单上填写实发数、发货日期等内容，并签名
2. 仓储主管审核仓管员签名的出库单，核对仓库货物结存数，并以此为依据，填写发货通知单，并将相关数据信息交财务部备案登账
3. 与货物出库相关的出库单，发货通知单，提货单金额、数据必须如实记录、保持一致，不得弄虚作假
4. 仓管员根据留存的一联出库凭证记录实物保管明细账，以备查用，登账时必须做到账账相符、账实相符、账证相符

图8—14 货物出库登账要求

8.3.8 出库现场清理要求

货物发出后，仓管员应做好出库现场的清理工作，具体内容包括清理库存商品、库房、场地、设备和工具等。

仓管员应按照以下要求对出库现场进行清理，具体如图8—15所示。

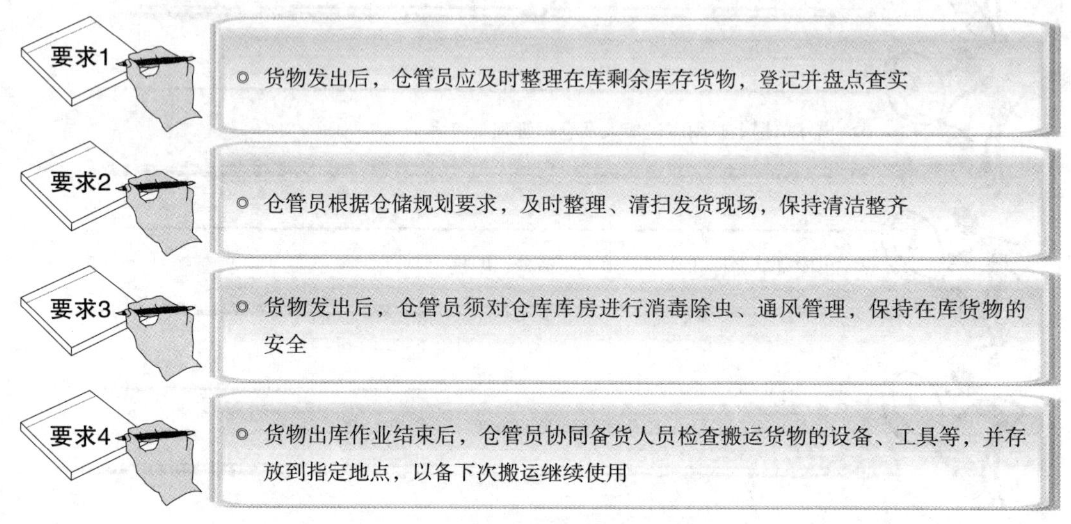

图8—15 出库现场清理的4点要求

8.4 货物的退库处理

8.4.1 哪些货物可以退库

根据实际生产工作的需要，下列货物可以经过审批退货，如图8—16所示。

8.4.2 退库的手续处理方法

1. 货物退库流程

仓管人员应按照一定的流程办理货物退库手续。具体货物退库流程如图8—17所示。

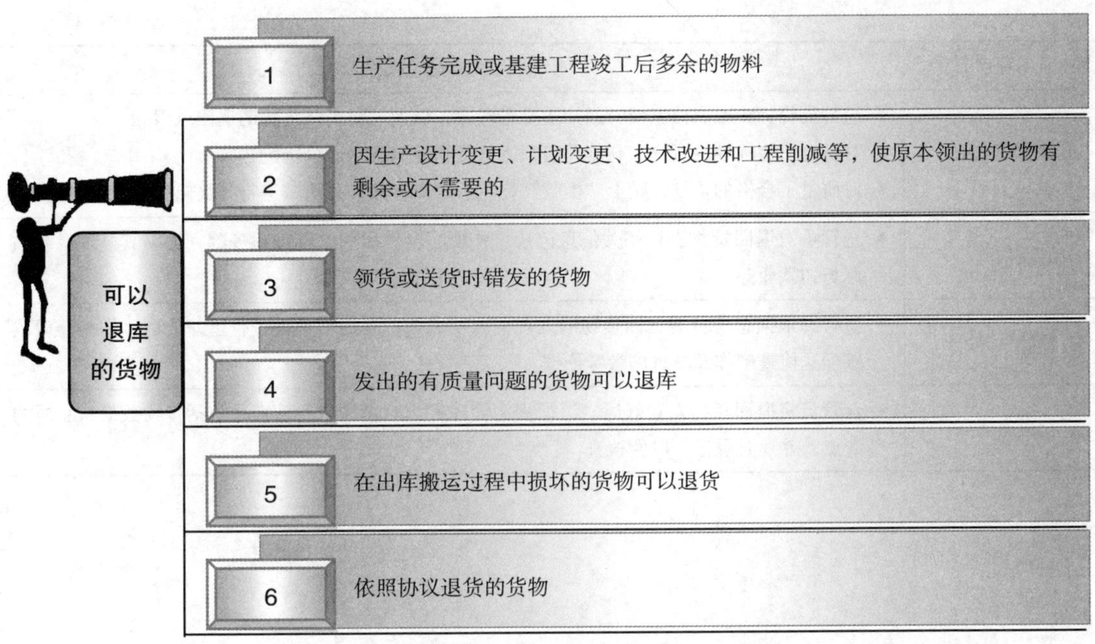

图8—16　可以退库的货物

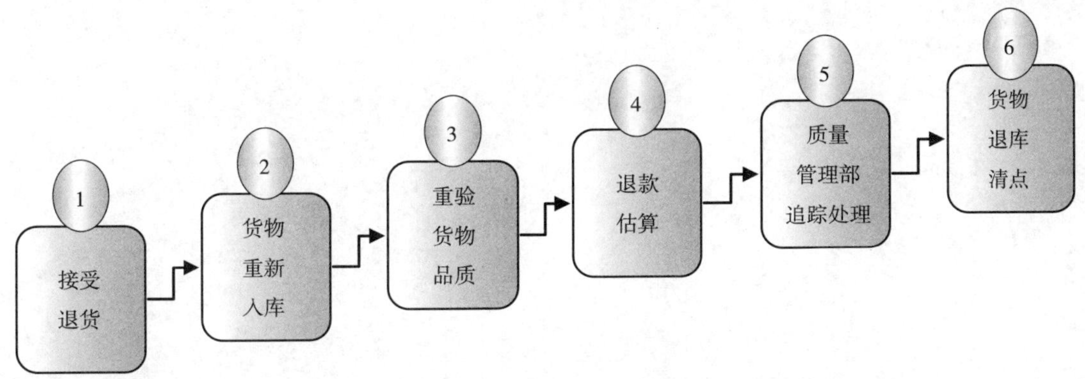

图8—17　货物退库办理流程

2. 退库货物处理方法

货物退库处理方法见表8—7。

表8—7　货物退库处理方法

货物退库程序节点	货物退库处理操作
接受退货	◆ 仓管员组织相关货物管理人员将退回货物转移到仓库并妥善保管
货物重新入库	◆ 仓管员组织相关货物管理员对退回货物进行初步审核，并将退回货物进行入库管理，以待进一步确认退回原因

续表

货物退库程序节点	货物退库处理操作
重验货物质量	◆ 仓管员将货物退回信息及时通知质量管理部，以便及时确认货物的退回原因 ◆ 对符合质检标准的货物，仓管员组织进行货物存储备用或分拣配送 ◆ 对质量不合格的货物，贴上“拒收”标签后隔离存放，并对其进行降级使用或报废处理
退款估算	◆ 仓管员对退回货物进行相关信息记录，并填写退货回单，转交财务部，协助其办理退款估算与扣款业务
质管部追踪处理	◆ 质管部根据仓管员对退回货物的处理情况及成效，对退回货物进行追踪处理，作为今后改善配送检查工作及核查的参考依据
货物退库清点	◆ 仓管员将退回货物安置好后，组织货物管理人员对货物进行清点，包括货物数量、品质的清点，并及时登记，以便核查

第9章

仓库设备管理

9.1 仓储设备分类

9.1.1 托盘

托盘，是指用于集装、堆放、搬运和运输的放置作为单元负荷的货物和制品的水平平台装置，是一种常用的仓储设备。

托盘有多种类型，一般按材质、用途、台面、叉车的叉入方式和结构进行区分，主要类型见表9—1。

表9—1　托盘的介绍说明

托　盘	介绍说明
平托盘	1. 平托盘使用范围最广，利用数量最大，通用性最好。根据台面分类，有单面型、单面使用型、双面使用型和翼型四种 2. 根据叉车叉入方式分类，有单向叉入型、双向叉入型、四向叉入型三种 3. 根据材料分类，有木制平托盘、钢制平托盘、塑料制平托盘、复合材料平托盘以及纸制托盘五种
柱式托盘	1. 柱式托盘分为固定式和可卸式两种 2. 托盘的基本结构是 4 个角有钢制立柱，柱子上端可用横梁连接，形成框架型 3. 柱式托盘的主要作用，一是利用立柱支撑重量物，往高叠放；二是可防止托盘上放置的货物在运输和装卸过程中发生塌垛现象
箱式托盘	1. 箱式托盘是四面有侧板的托盘，有的箱体上有顶板，有的没有顶板 2. 箱板有固定式、折叠式、可卸下式三种 3. 四周栏板有板式、栅式和网式，因此，四周栏板为栅栏式的箱式托盘也称笼式托盘或仓库笼 4. 箱式托盘的防护能力强，可防止塌垛和货损，还可以装载异型不能稳定堆码的货物，应用范围较广
轮式托盘	轮式托盘与柱式托盘和箱式托盘相比，多了下部的小型轮子。因此，轮式托盘显示出能短距离移动、自行搬运或滚上滚下式装卸等优势，用途广泛，适用性强
特种专用托盘	1. 平板玻璃集装托盘，也称平板玻璃集装架，分许多种类型 2. L型单面装放平板玻璃单面进叉式 3. A型双面装放平板玻璃双向进叉式吊叉结合式和框架式等 4. 运输过程中托盘起支撑和固定作用，平板玻璃一般都立放在托盘上，并且玻璃要顺着车辆的前进方向，以保持托盘和玻璃的稳固
	1. 轮胎专用托盘，特点是耐水、耐蚀，但怕挤、怕压 2. 利用轮胎专用托盘，可多层码放，不挤不压，大大地提高装卸和储存效率
	长尺寸物托盘，是一种专门用来码放长尺寸物品的托盘，有的呈多层结构。物品堆码后，就形成了长尺寸货架
	油桶专用托盘，是专门存放、装运标准油桶的异型平托盘。双面均有波形沟槽或侧板，以稳定油桶，防止滚落。优点是可多层堆码，提高仓储和运输能力

续表

托 盘	介绍说明
滑板托盘	在一个或多个边上设有翼板的平板，用于搬运、存储或运输单元载荷形式的货物或产品的底板
植绒内托盘	植绒内托盘是一种采用特殊材料的吸塑托盘，将普通的塑料硬片表面粘上一层绒质材料，从而使托盘表面有种绒质的手感，用来提高包装品档次

9.1.2 货架系统

货架系统是指专门用于存放成件物品的保管设备系统。

1. 货架系统的分类

货架的种类很多，按照不同的分类依据，货架可以分为多种，具体见表9—2。

表9—2 货架的分类

依 据	分 类
按货架的发展分类	◆ 传统货架、新型货架
按货架的适用性分类	◆ 通用货架、专用货架
按货架的制造材料分类	◆ 钢货架、钢筋混凝土货架、钢与钢筋混凝土混合式货架、木制货架、钢木合制货架等
按货架的封闭程度分类	◆ 敞开式货架、半封闭式货架、封闭式货架等
按结构特点分类	◆ 分层架、层格架、橱架、抽屉架、悬臂架、三脚架、栅型架等
按货架的可动性分类	◆ 固定式货架、移动式货架、旋转式货架、组合货架、可调式货架、流动储存货架
按货架的结构分类	◆ 整体结构式；货架直接支撑仓库屋顶和围棚 ◆ 分体结构式；货架与建筑物分为两个独立系统
按货架的载货方式分类	◆ 悬臂式货架、橱柜式货架、棚板式货架
按货架的构造分类	◆ 轻型仓库货架、可拆卸式货架、固定式货架

2. 常见的货架系统

仓库管理员在陈列仓储货物时，需要根据货架的形状、货物的特性及仓储特性等选择合适的货架系统。

在仓库内，最常用的几种货架包括托盘货架、驶入式货架、移动式货架、后推式货架、旋转式货架、悬臂式货架、阁楼式货架等。货架的具体介绍见表9—3。

表9—3　　几种常见的货架

名称	具体介绍	图例
托盘货架	◆ 是以托盘单元货物的方式来保管货物的货架 ◆ 其结构是货架沿仓库的宽度方向分成若干排，每排货架沿仓库纵长方向分为若干列，在垂直方向又分成若干层，从而形成大量货格，得以用托盘储存货物	叉车　横梁　支柱架　托盘式单元负载
驶入式货架	◆ 是叉车驶入驶出货架内、以托盘单元货品进行存储作业的组装式货架 ◆ 驶入式货架又称通廊式货架、贯通式货架，是采用格构式立柱边续方式连接起来的多门式、托盘单元化货品沿深度方向存储在悬臂梁上的货架结构形式	
移动式货架	◆ 其底部安装有运行车轮，可沿铺设于地面上的轨道移动 ◆ 移动式货架仅需设一条通道，空间利用率极高，安全可靠，移动方便	
后推式货架	◆ 是一种高密度托盘存储系统，它是将相同货物的托盘存入二倍、三倍和四倍深度又稍微向上倾斜可伸缩的轨道货架上 ◆ 托盘的存放和取出在同一通道上进行，存入时叉车将托盘逐个推入货架深处，取出时托盘借重力逐个前移，是一种后进先出的存取方式	
旋转式货架	◆ 设有电力驱动装置，货架沿着由两个直线段和两个曲线段组成的环形轨道运行，由开关或用小型计算机操纵，存取货物时，把货物所在货格编号由控制盘按钮输入，该货格则以最近的距离自动旋转至拣货点取货	

续表

名 称	具体介绍	图 例
悬臂式货架	◆ 是由在立柱上装设悬臂来构成的，悬臂可以是固定的，也可以是移动的 ◆ 具有结构稳定、载重能力好、空间利用率高等特点，适用于存放长物料、环型物料、板材、管材及不规则货物	
阁楼式货架	◆ 是在已有仓库工作场地上进行立体规划，建造阁楼，将原有的单层仓库改成两层或多层的仓库，利用钢梁和金属板把原有的储区做楼层分割，每个楼层可存放不同种类的货架	

9.1.3 搬运设备

搬运设备主要是在企业仓库（包括码头、料场和商业货仓等）内部进行物料装卸、运输、升降、堆垛和储存的机械设备。

1. 搬运设备分类

搬运设备按功能大致可分为起重机械、装卸机械、输送机、搬运车辆四类。具体如图9—1所示。

2. 常见的搬运设备

常见的搬运设备多为叉车、推车、输送机等，设备根据不同特点，分为很多类型。

（1）叉车

叉车是指对成件托盘货物进行装卸、堆垛和短距离运输、重物搬运作业的各种轮式搬运车辆。常用于仓储大型物件的运输，通常使用燃油机或者电池驱动。

使用燃油机的叉车称为内燃叉车，内燃叉车又分为普通内燃叉车、重型叉车、集装箱叉车和侧面叉车。具体介绍见表9—4。

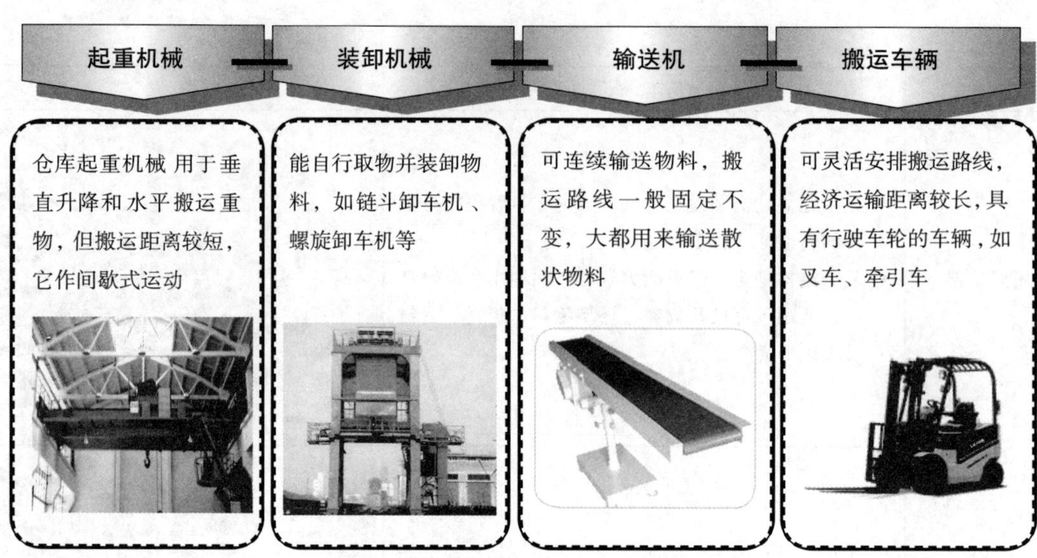

图9—1　搬运设备的分类

表9—4　内燃叉车介绍说明

类型	介绍说明
普通内燃叉车	◆ 一般采用柴油、汽油、液化石油气或天然气发动机作为动力，承载能力1.2～8.0吨，作业通道宽度一般为3.5～5.0米，考虑到尾气排放和噪声问题，通常用在室外、车间或其他对尾气排放和噪声没有特殊要求的场所。由于燃料补充方便，因此可实现长时间的连续作业，而且能胜任恶劣环境下（如雨天）的工作
重型叉车	◆ 采用柴油发动机作为动力，承载能力10.0～52.0吨，一般用于货物较重的码头、钢铁等行业的户外作业
集装箱叉车	◆ 采用柴油发动机作为动力，承载能力8.0～45.0吨，一般分为空箱堆高机、重箱堆高机和集装箱正面吊。用于集装箱搬运，如集装箱堆场或港口码头作业
侧面叉车	◆ 采用柴油发动机作为动力，承载能力3.0～6.0吨。在不转弯的情况下，具有直接从侧面叉取货物的能力；主要用来叉取长条型的货物，如木条、钢筋等

电动叉车以电动机为动力，蓄电池为能源。承载能力通常为1.0～8.0吨，作业通道宽度一般为3.5～5.0米。由于没有污染、噪声小，因此广泛应用于室内操作和其他对环境要求较高的仓库，如医药仓库、食品仓库等。

仓储叉车主要是为仓库内货物搬运而设计的叉车。除了少数仓储叉车（如手动托盘叉车）是采用人力驱动外，其他都是以电动机驱动的，因其车体紧凑、移动灵活、自重轻和环保性能好而在仓储业得到普遍应用。在多班作业时，电机驱动的仓储叉车需要有备用电池。

（2）推车

手推台车是一种以人力为主的搬运车。其广泛用于医疗、电子、通信、五金等行业。

一般每次搬运量为5～500千克，水平移动30米以下，搬运速度30米/分以下。主要分类如图9—2所示。

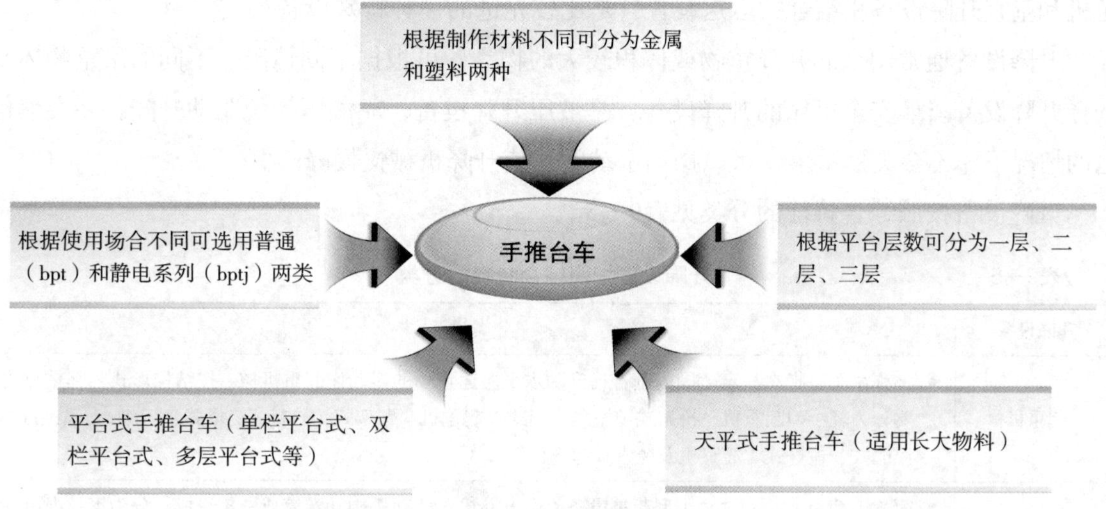

图9—2 手推台车分类说明

物流台车又叫载货台车或笼车，是一种安装有四只脚轮的运送与储存物料的单元移动集装设备。常用于大型超市或工厂的仓储物流周转。

（3）输送机

输送机是在一定的线路上连续输送物料的物料搬运机械，又称连续输送机。输送机的分类说明如图9—3所示。

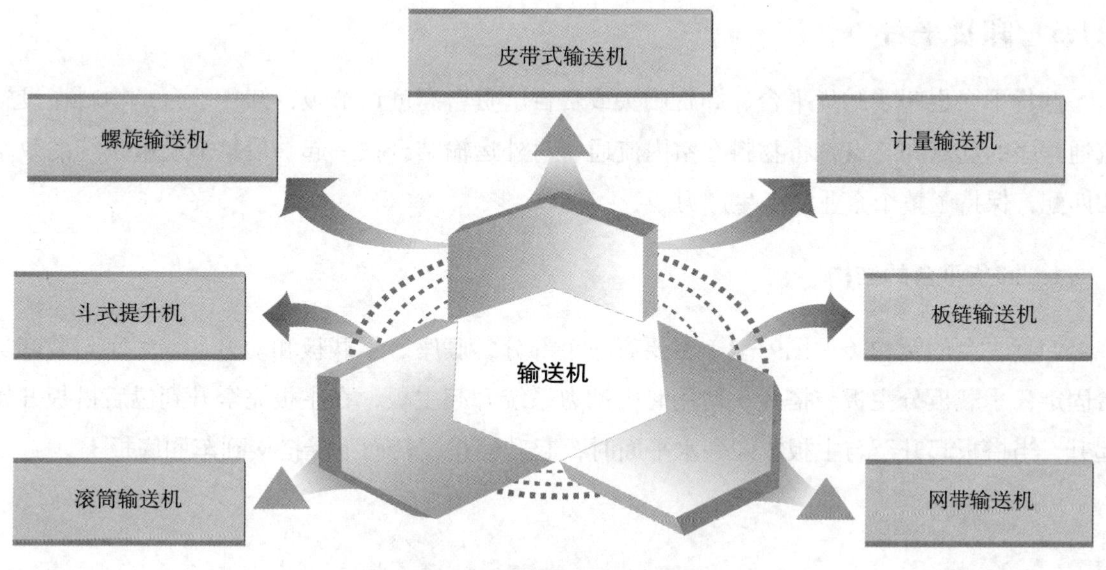

图9—3 输送机的分类说明

9.1.4 升降设备

升降设备，也叫升降机、提升机或电梯，是垂直上下往复输送的一种形式，也是水平输送机和垂直升降设备相结合的运送装置，是比较先进的一种特殊设备。

升降设备通常用来起升降重物或体积较大的物品，可根据不同情况、不同的吊重物体来选择升降设备。最安全可靠的升降设备，是液压升降设备，靠液压系统驱动升降，在突然停电的情况下，不会突然坠落，可以操动手动阀，使升降机械慢慢降落。

升降设备按照综合特征的分类见表9—5。

表9—5 升降设备按照综合特征的分类

升降设备	分类说明
起重机	◆ 又称吊车，指在一定范围内垂直提升和水平搬运重物的多动作起重机械。按结构形式，起重机主要分为轻小型起重机、桥架式（桥式、门式）起重机、臂架式（自行式、塔式、门座式、铁路式、浮船式、桅杆式）起重机及缆索式起重机
电动葫芦	◆ 简称电葫芦，是一种轻小型起重设备，由电动机、传动机构和卷筒或链轮组成，分为钢丝绳电动葫芦和环链电动葫芦两种
卷扬机	◆ 常见的卷扬机吨位有 0.3 ～ 30 吨不等。卷扬机从是否符合国家标准的角度可分为国标卷扬机、非标卷扬机
升降机	◆ 指在垂直上下通道上载运人或货物升降的平台或半封闭平台的提升机械设备或装置。按结构的不同，分为剪叉式升降机、套缸式升降机、铝合金式升降机、曲臂式升降机、油缸直顶式升降装置、导轨链条式升降机、钢索式液压提升装置

9.1.5 卸货平台

卸货平台也叫装卸货平台、卸货码头或货台、货台高度调节板，卸货平台是物料在设施流通程序的起点和终点，将物料在室内流通与对外运输结合在一起，使整个设施系统的效率相匹配，保持了整个企业的高生产力。

1. 卸货平台的结构

卸货平台的结构（见图9—4）主要有三个部分，底座、承载板和动力系，底座与装卸货台固定，承载板分主板与搭板，使用时由动力系统升起主板，在主板完全升到位后搭板开始起升，当搭板起升至与主板成同一水平面时，起升停止，转而下降搭接到车厢底板上。

图9—4 卸货平台的结构

2. 卸货平台的作用

卸货平台在装卸货作业中，用以连接货台与货车车尾空隙的衔接桥梁设计，使装卸货物更方便、快捷。

各种不同类型的货车车尾高于或低于货台。装卸平台会升起并下降搭接至货车车尾，这样叉车就可以自由出入货车进行安全、顺畅的运输作业。作业中的卸货平台如图9—5所示。

图9—5 作业中的卸货平台

3. 卸货平台使用注意事项

由于卸货平台隐藏着许多危险的地方（如叉车意外坠落等），因此平台的安全设计必须与该设施其他系统的高标准相匹配，将危险系数降到最低，以保障操作人员与生产安全。

9.1.6 自动分拣系统

自动分拣系统是一种自动化作业系统，它是先进配送中心所必需的设施条件之一。自动分拣系统具有很高的分拣效率，通常每小时可分拣商品6 000～12 000箱，能大幅度提升仓储作业效率。自动分拣系统目前已经成为发达国家大中型物流仓储中心不可缺少的一部分。

自动分拣系统一般由控制装置、分类装置、输送装置及分拣道口组成。如图9—6所示。

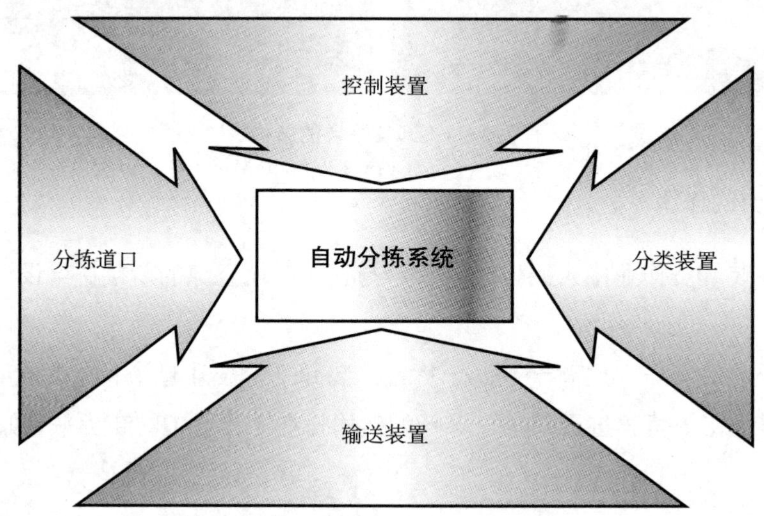

图9—6 自动分拣系统组成说明

自动分拣系统具有能连续、大批量地分拣货物，分拣误差率极低，基本实现无人化等特点，如图9—7所示。

三个主要特点		
	能连续、大批量地分拣货物	自动分拣系统不受气候、时间、人的体力等的限制，可以连续运行，同时由于自动分拣系统单位时间分拣件数多，因此自动分拣系统的分拣能力可以连续运行100个小时以上，每小时可分拣7 000件包装商品
	分拣误差率极低	自动分拣系统的分拣误差率大小主要取决于所输入分拣信息的准确性，这又取决于分拣信息的输入机制，如果采用人工键盘或语音识别方式输入，则误差率在3%以上，如采用条形码扫描输入，除非条形码的印刷本身有差错，否则不会出错。因此，目前自动分拣系统主要采用条形码技术来识别货物
	基本实现无人化	建立自动分拣系统的目的之一就是为了减少人员的使用，减轻员工的劳动强度，提高人员的使用效率，因此，自动分拣系统能最大限度地减少人员的使用，基本做到无人化

图9—7 自动分拣系统特点

企业应根据货物包装情况来选择使用自动分拣系统，各类分拣系统的特点，见表9—6。

表9—6 自动分拣系统分类说明

分拣系统类型	分类说明
堆块式分拣系统	◆ 由堆块式分拣机、供件机、分流机、信息采集系统、控制系统、网络系统等组成
交叉带式分拣系统	◆ 由主驱动带式输送机和载有小型带式输送机的台车连接在一起，当台车移动到所规定的分拣位置时，转动皮带，完成把商品分拣送出的任务

续表

分拣系统类型	分类说明
斜导轮式 分拣系统	◆ 转动着的斜导轮在平行排列的主窄幅皮带间隙中浮上、下降时，达到分拣目的
轨道台车式 分拣系统	◆ 被分拣的物品放置在沿轨道运行的小车托盘上，当到达分拣口时，台车托盘倾斜30°，物品被分拣到指定的目的地
摇臂式 分拣系统	◆ 被分拣的物品放置在钢带式或链板式输送机上，当到达分拣口时，摇臂转动，物品沿摇臂杆斜面滑到指定的目的地
垂直式 拣选系统	◆ 垂直式拣选系统（又称折板式垂直连续升降输送系统）是不同楼层间平面输送系统的连接装置。根据用途和结构的不同，又从某楼层分拣输送至另一楼层

9.2 仓储设备管理要点

9.2.1 仓储设备管理内容

仓储设备管理主要是指对设备的选购配置、投入使用、维修保养及改造更新的控制管理。具体内容如图9—8所示。

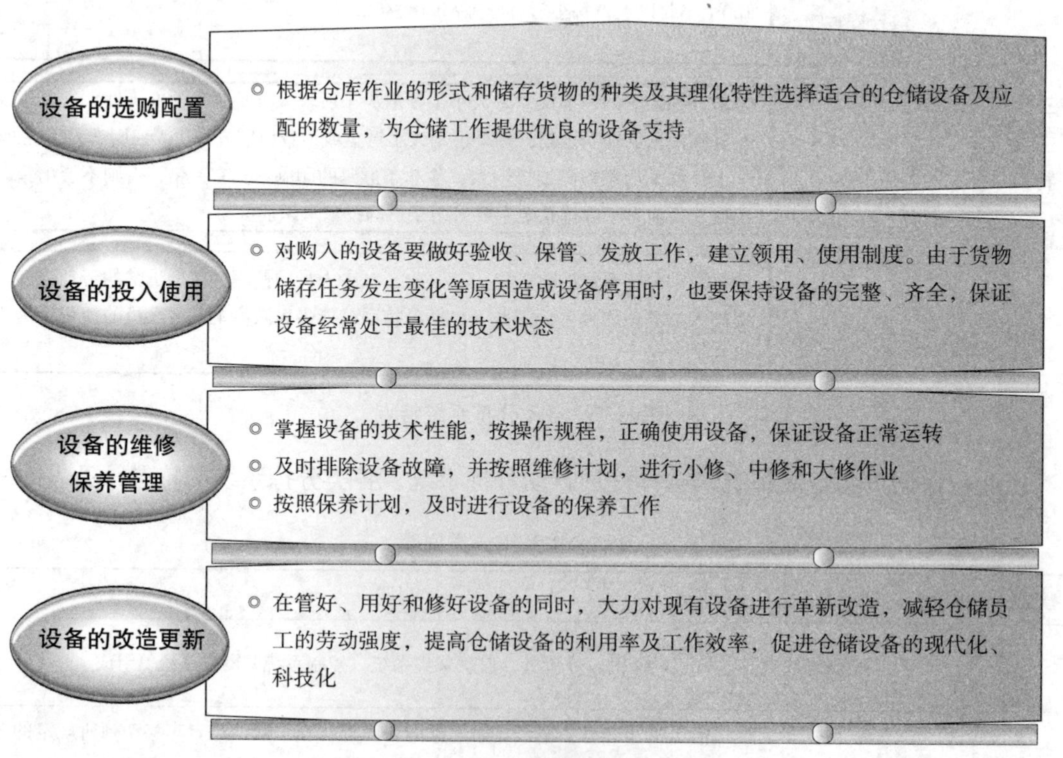

图9—8 仓储设备管理的主要内容

仓管员应对设备的控制管理情况建立台账，并针对设备管理中可能出现的各种状况制定相应措施。

9.2.2 仓储设备管理流程

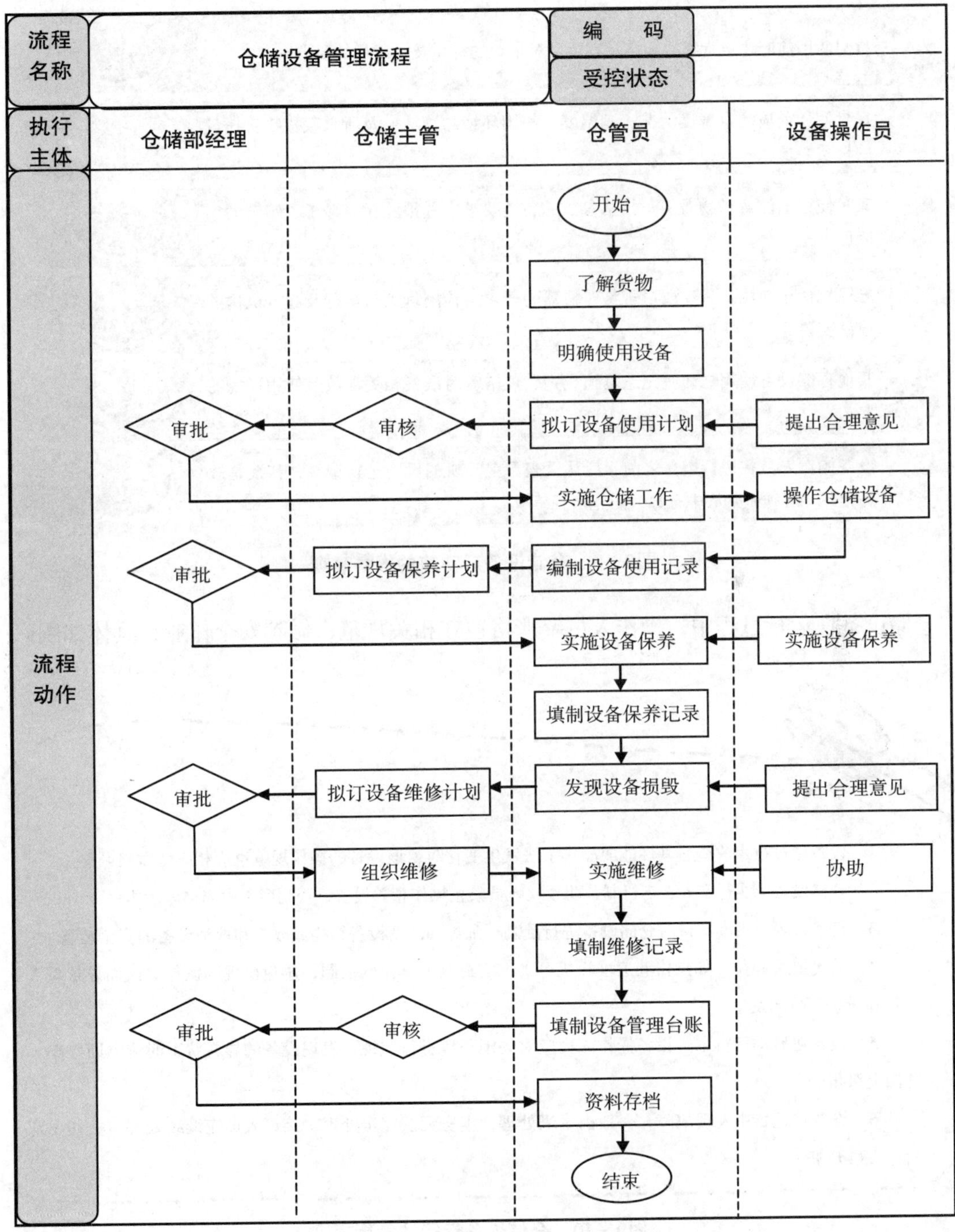

9.2.3 仓储设备运行管理

仓储设备操作人员上岗前，必须根据设备操作规范的内容进行培训。持有相关许可证件的人员才可操作设备。操作人员启动设备前必须进行检查，具体内容如图9—9所示。

货架使用前应注意货物的规格及其重量对货架的材质及承载量的要求 1

托盘使用前应注意温度情况、潮湿度、使用环境的清洁度及所承载货物对托盘的材质要求 2

叉车使用前注意货物对叉车技术参数的各类要求，并检验相应绳子、锁链的牢固性 3

堆垛机使用前注意货物质量规格对机器的要求，检测货叉与运行及起升机构的连锁装置等 4

其他存储设备使用之前应注意货物类别、规格等对设备相关参数及使用环境的要求 5

设备操作人员在进行操作之前，应认真查看上一班的设备运行记录，特别是故障记录，必须做到心中有数，防止出现事故 6

图9—9 仓储设备启动前的准备事项

仓储设备在运行过程中，操作人员要严格遵守相关规范，做到安全作业，具体如图9—10所示。

1. 设备经过技术改造后其性能或操作手法发生变化时，该设备的操作规范也应相应地做出调整

2. 仓储设备应实行定人、定机制，非授权人员禁止操作相关设备，否则后果由当事人承担

3. 任何人未经批准不得对仓储设备进行乱割、乱焊和改变设备结构或改变和取消设备的安全装置

4. 关键要害岗位（如操作巷道堆垛机等），实行两人操作确认制，避免出现因操作失误而导致重大人身和设备事故的发生

5. 设备在启动运行中，设备操作人员应对周围环境进行监视，发现设备的异常状况时应立即停车，并向上级报告

6. 设备在运行中发现故障，一般由本班处理，本班无法完全处理，接班人员应继续处理，一切正常后，方可开机

图9—10 仓储设备运行注意事项

采购员在仓储设备作业完毕后，应协同操作人员对设备运行情况进行记录，记录要详细、完整、真实，具体记录内容如图9—11所示。

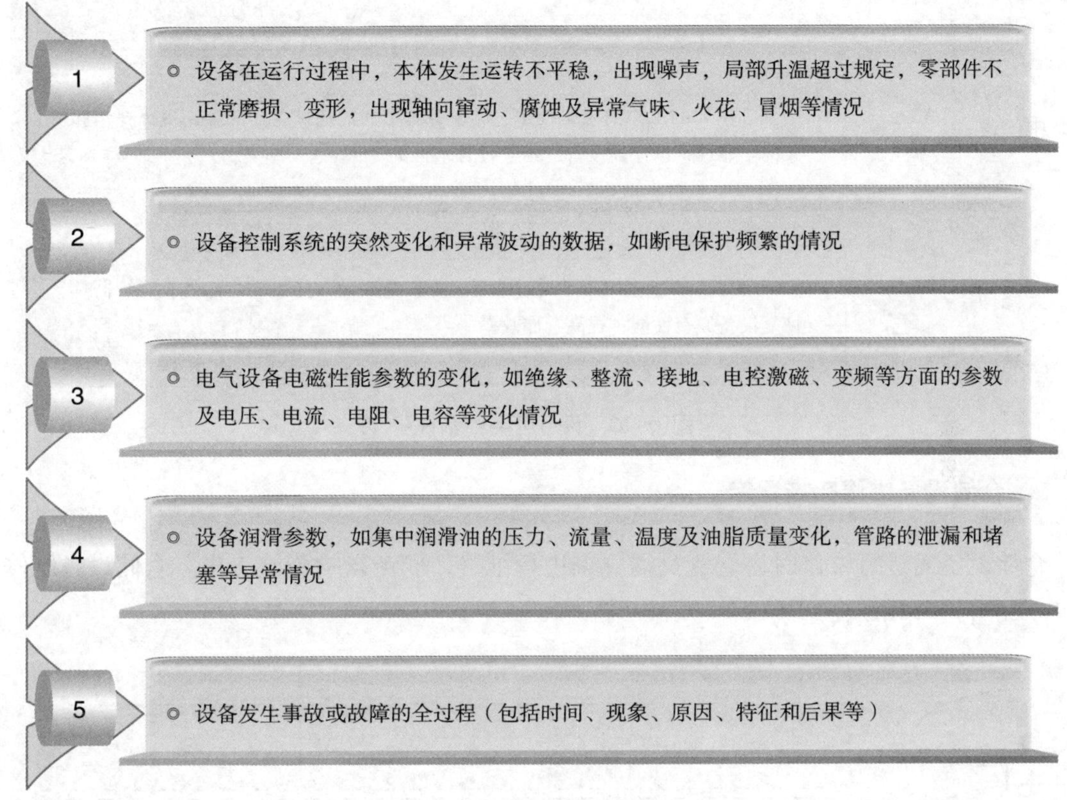

图9—11 设备运行记录内容

仓储设备运行记录由仓管员按照班、日、月的顺序装订成册，仓储部应不定期地检查设备运行状况的记录情况，处理不记录设备运行状况或故意漏记、错记设备运行状况的事件，并追究相关人员责任。

9.2.4 仓储设备维护管理

仓储设备应实行定期修理制度，仓管员应处理好仓储作业与维修的关系，做好维修安排。

1. 设备的维修分类

设备的维修通常分为小修理、中修理和大修理三类。如图9—12所示。

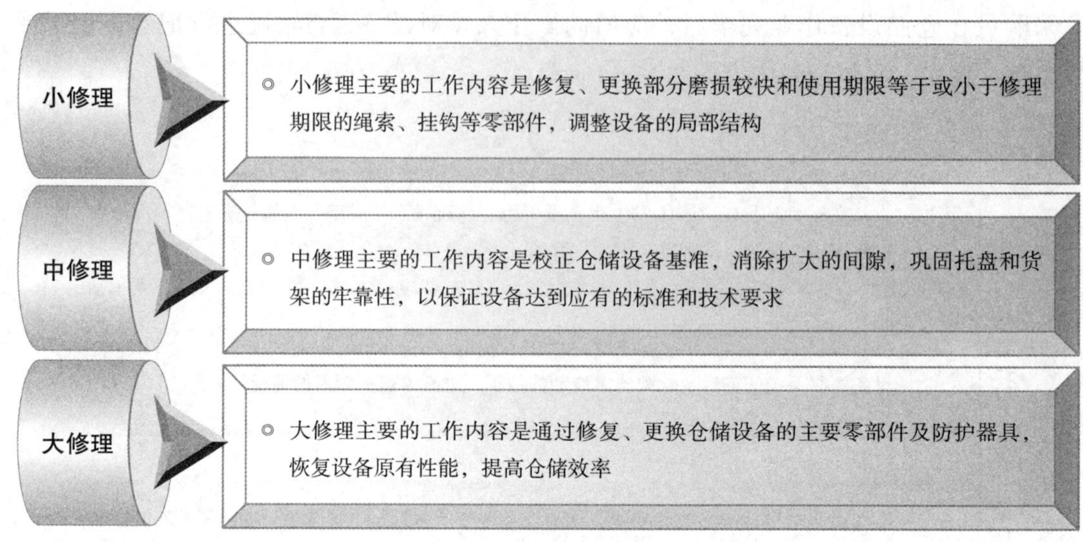

图9—12　设备分类维修说明

2. 仓储设备维修实施程序

仓储设备需进行维修时，仓管员需立刻进行维修，以免影响仓储工作。仓储设备维修实施程序如图9—13所示。

图9—13　仓储设备维修实施程序

3. 仓储设备的分级保养

仓储设备保养的工作由仓储主管根据相关保养制度组织仓管员进行，仓管员必须按照设备的保养规范做好设备的维护保养工作。

设备的维护保养分为日常维护保养、一级维护保养与二级维护保养三个级别。其中日常维护保养又分为每班保养与节假日保养。如图9—14所示。

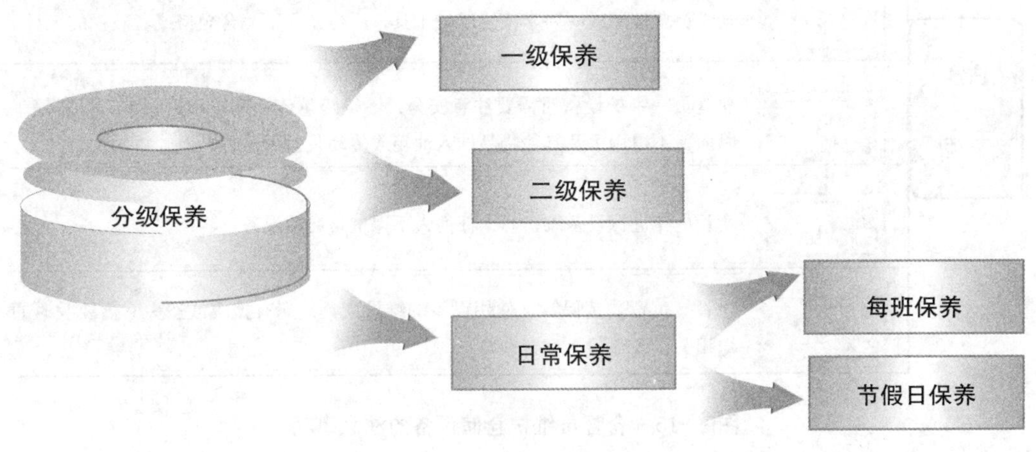

图9—14 仓储设备的分级保养

仓管员应定期对仓储设备进行润滑保养，确保仓储设备正常运行。

4. 仓管员维护仓储设备时的注意事项

仓管员在实施设备维护作业时，要注意穿戴防护用具，正确使用维护器具，按照要求操作，相关注意事项如图9—15所示。

仓管员在设备维护作业结束后应详细、完整地填写设备维护记录，并进行整理、分析，编制设备维修报告，由仓储主管对其进行检查。

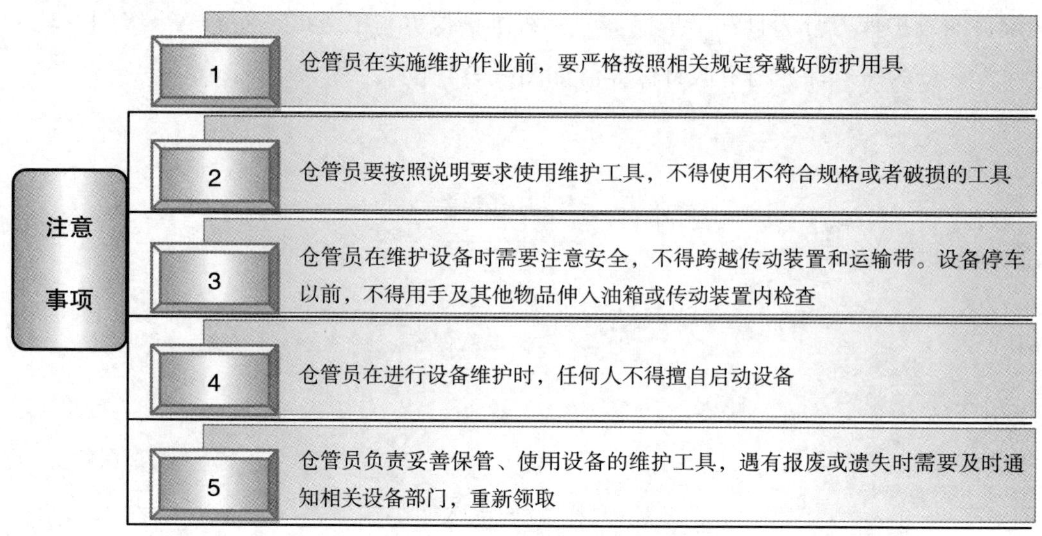

图9—15　仓管员维护仓储设备的注意事项

9.3　仓储设备效率管理

9.3.1　仓储设备利用率

仓储设备利用率是指每年度设备实际使用时间占应使用时间的百分比，是反映仓储设备的工作状态及仓储效率的技术经济指标。

设备利用率的计算方法如图9—16所示。

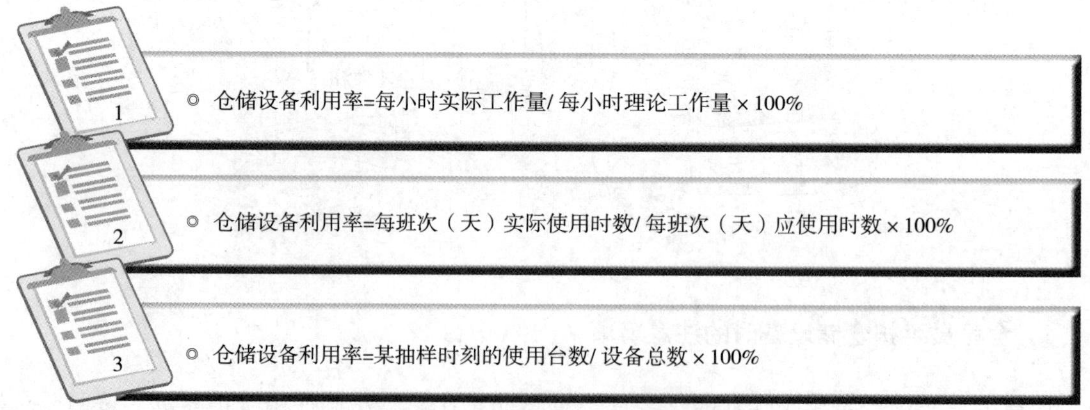

图9—16　设备利用率的计算方法

9.3.2 仓储设备效率提升

存储设备效率可以通过科学配备仓储设备、改造或更新仓储设备、改变货物存放位置及方式、加强操作人员技能等方法来进行提升，见表9—7。

表9—7 仓储设备效率提升方法

提升方法	方法说明
科学配备仓储设备	1. 货架摆放科学与否决定了拣货路线是否合理，货物摆放时应选择合适的货架，在规格及载重程度上满足货物的需求 2. 企业要根据储存货物的类型、重量及相关特点，选择适合的装卸搬运设备，要求设备既能满足货物的装卸搬运的载重、速度等需求，又能满足企业节省成本的需求
改造或更新仓储设备	1. 企业要密切关注对仓储设备行业情况，了解设备更新的动向，及时对设备进行更新或者升级 2. 仓储部、设备部及技术部等相关部门可根据设备实际使用情况对设备进行改造，使仓储设备工作效率不断提升 3. 仓管员要加强设备的维修保养，提高设备完好率
改变货物存放位置及方式	1. 新仓库可以按照货架摆放及拣货路线设计货物存放位置及方式 2. 旧仓库成本较低的提升办法是调整货物存放的位置及方式，同时逐步改变拣货路线、拣货方式
加强操作人员技能	1. 仓储部要在仓储设备投入使用之前对操作人员进行培训，提高岗位技能 2. 制定仓储设备操作、维修、保养等制度，使操作人员的工作有据可依 3. 加强对仓储人员的日常管理，提高设备操作人员的整体素质

第10章

仓库安全管理

10.1 仓库安全的重要性和任务

10.1.1 危险因素及排查方法

仓库的危险因素是多种多样的，各种隐患所导致的火灾、漏电事故、设备事故、人员擦伤及坠落事故都会给企业及员工带来灾难性的影响，因此仓管员要对危险因素及时发现并排查，杜绝事故的发生。

常见的仓库危险因素及排查方法见表10—1。

表10—1 仓库危险因素及排查方法说明

危险因素	危害说明	排查方法
运转的设备	在设备转运过程中，超高、超速、人货混装，造成设备损坏及人员伤亡	1. 对设备操作者上岗证件进行检查，要求证照齐全，证件不全者不得操作设备 2. 设备操作者在启动设备前必须检查车况是否良好，确认车况良好后方可启动 3. 操作者要严格按车辆标准来限制装车重量，如有人货混装的，立刻责令人员下车，并按照规定速度行驶 4. 司机离开驾驶室必须检查是否拔掉钥匙和拉好手刹、锁好车门，以防其他人员启动发动机
化学品	化学品可能是易燃易爆易腐蚀或者有毒的物品	1. 检测各种化学品是否有 MSDS（化学品安全说明书），是否依据 MSDS 的要求进行存储和管理 2. 仓管员要对各种化学品应张贴标志进行检查，要求标志清晰、明了 3. 查看有规定要求的特殊化学药品(如剧毒之类)是否设立专门的橱柜进行存放，如无专柜存放，要限时设立存放专柜
电气安全	因电气设备操作不当或电路老化可能会引发触电事故	1. 检查所有插座是否配有漏电保护装置，以防止发生触电时电源不能自动切断 2. 定期检查设备和电线的绝缘性能，对老化的绝缘线及时更换 3. 检查潮湿的环境下的仓储电气设备使用情况，雷雨天气下，严禁启动大型电气设备 4. 仓库要尽量使用安全的产品替代电气产品，使用绝缘保护的器具
烟火	因吸烟和电器线路短路引起火花，引发火灾	1. 设置“严禁吸烟”“当心火灾”等安全标志，对吸烟者进行严肃处理 2. 仓管员交接班时必须检查灭火器是否良好，库内电气线路、开关是否规范，有无破损
高空操作	作业人员易因疏忽大意而高空坠落，仓库材料因堆垛不合理而坍塌，造成压伤事故	1. 仓管员要提醒操作人员在高空作业前穿戴好防护用品，防止摔伤 2. 仓管员对原材料、成品要按规定进行堆垛，并定期检查其牢固性，与物料堆垛保持一定安全距离，避免垮堆被压伤
物品跌落	高层存放的物品如未设置防护装置，容易坠落砸伤作业人员及仓储设施	1. 作业前提醒相关人员操作时注意轻拿轻放 2. 查看高层存放处是否搭建防护网 3. 检查每名作业人员是否佩戴安全帽

续表

危险因素	危害说明	排查方法
压伤、扎伤、夹伤	因为容器或物品尖锐、过重等导致库存物品受损或人员受伤	1. 检测仓储设备是否符合人机工程学 2. 作业前要提醒相关人员穿戴好防护手套、防砸鞋等劳动保护装备

10.1.2　仓库安全管理责任

仓储部及安全部对所管辖仓库货物的出入库安全储存管理、消防等工作负责。仓储主管、仓管员要明确安全管理工作责任，保证仓库的安全。

1. 仓储部经理的安全责任

仓储部经理的安全责任主要有组织建立安全体系、处理安全事故等，具体内容如图10—1所示。

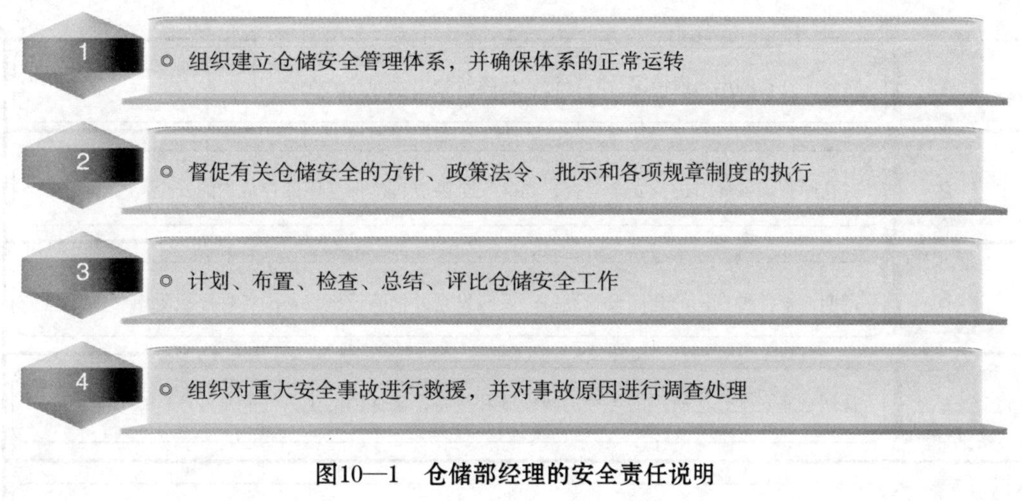

图10—1　仓储部经理的安全责任说明

2. 仓储主管的安全责任

仓储主管安全责任主要有执行各项安全制度、组织人员消除安全隐患等，具体如图10—2所示。

3. 仓管员的安全责任

仓管员主要负责仓库的货物出入安全检查、日常安全巡查及消防管理等工作。其具体的安全责任如图10—3所示。

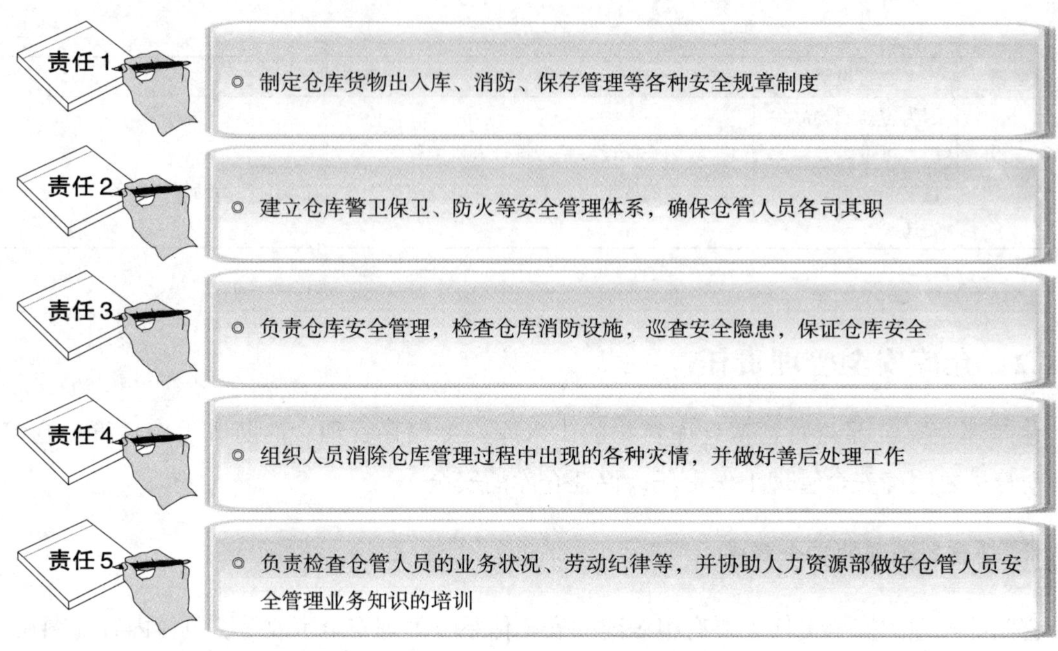

图10—2　仓储主管安全责任说明

1	对仓库货物的出入库情况及时登记，保障货物出入的安全性
2	对仓库管理各环节进行安全巡查，消除安全隐患，确保仓库储存货物的安全
3	定期检查各种在用的仓储设施设备，及时发现并消除设施设备的各种事故隐患
4	管理仓库安全作业所用的各种消防设施和设备，确保消防工具性能良好
5	配合公安及消防部门积极救治仓库发生的各种灾害，并协助做好善后处理工作

图10—3　仓管员安全责任说明

10.1.3　安全警示标志设置

仓管员要充分认识在危险部位设置警示标志的重要性，在仓库危险部位设置明显的安全警示标志，明确仓储作业过程中的危险因素，有效防止安全事故的发生。

1. 安全色的使用

在安全警示标志的设置工作中，安全色的正确使用方法如图10—4所示。

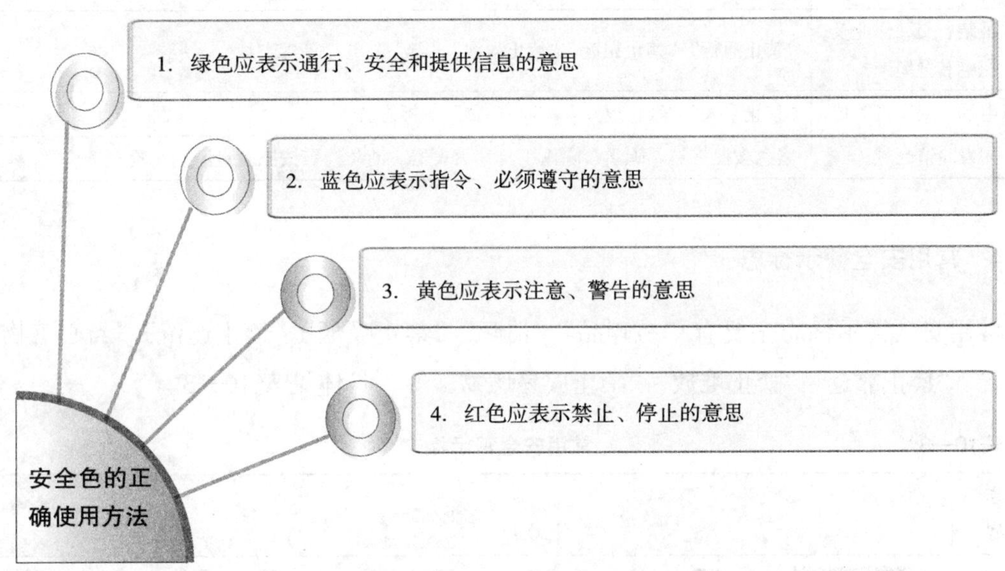

图10—4 安全色的正确使用方法说明

2. 安全警示标志的设置方法

（1）附着式，用钉挂、粘贴、镶嵌等方式将标志直接附着在建筑物等设施上。

（2）悬挂式，用吊杆、拉链等将标志悬挂在相应位置上。

（3）柱式，把标志牌固定在标志杆上，竖立于其指示物附近。

3. 安全警示标志的使用场所及类型

安全警示标志的使用场所及类型见表10—2。

表10—2 安全警示标志的使用场所及类型

场 所	安全警示标志
库区大门入口处	“禁止动物入内”“未经允许，不得入内”“监控系统”
库区醒目位置	“禁止烟火”“禁止堆放”“注意安全”及车辆行驶限速标志
库区过道	“安全出口”“安全通道”
车辆行驶道旁	“当心车辆”
路口拐弯处	转向指示、凸面反光镜
单行道醒目处	“禁止转向”

续表

场　所	安全警示标志
货物包装箱明显处	“易碎品”“禁用手钩”“向上”“怕晒”“由此吊起”“怕雨”等
起重吊装、交叉作业及变电装置周围	“禁止通行”“禁止靠近”“禁止入内”“当心触电”等标志牌
运货电梯、提升机等地	“禁止乘人”“禁止逗留”“当心坠物”等标志牌
易发险情区域	紧急救援工具，除雪、除雨工具，灭火器、消防栓等按照就近原则布置

4. 常用安全警示标志

常用安全警示标志主要有“易碎品”“怕晒”“禁止吸烟”“禁止逗留”“当心落物”“当心火灾”“禁止靠近”“禁止堆放”“禁止放易燃物”等，具体见表10—3。

表10—3　　常用安全警示标志

标志类型	常见标志
提示、指令标志	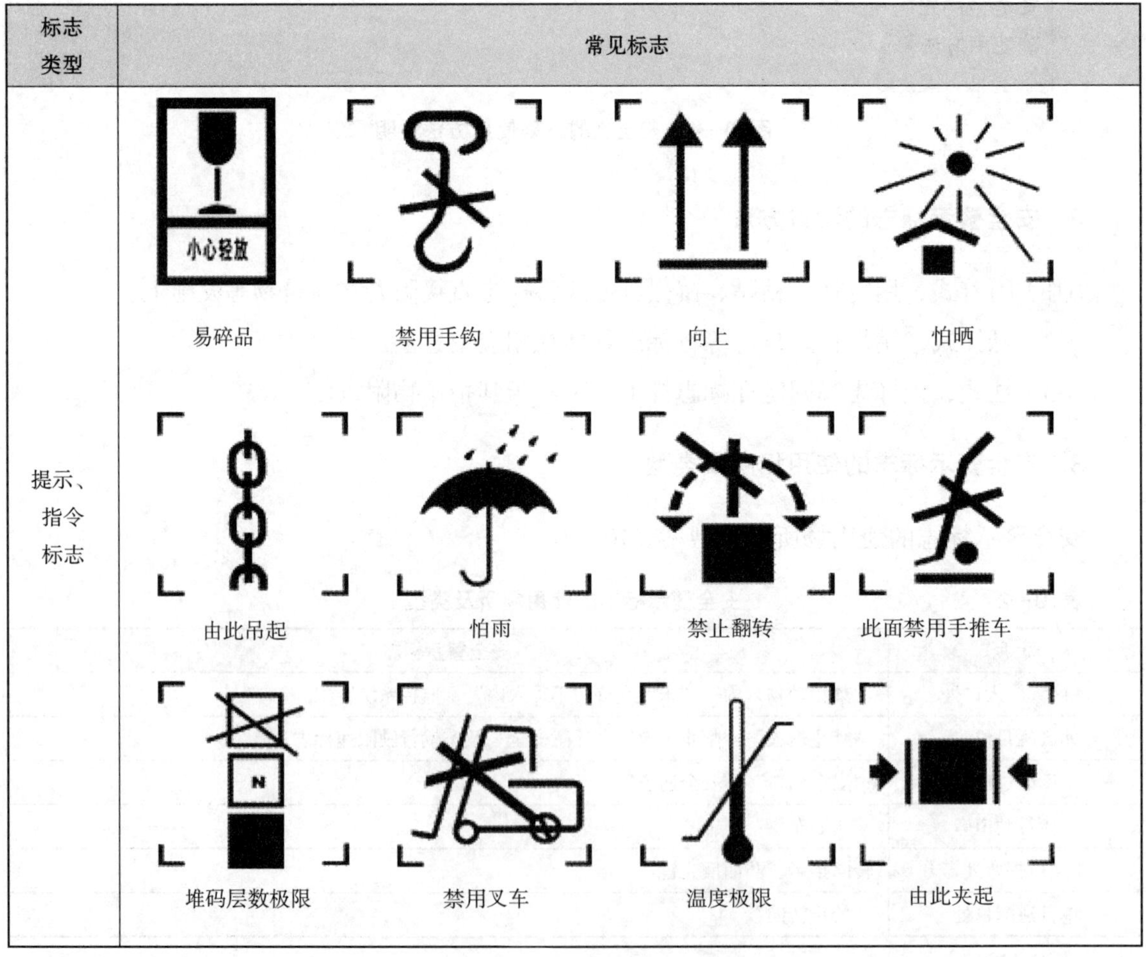易碎品　禁用手钩　向上　怕晒 由此吊起　怕雨　禁止翻转　此面禁用手推车 堆码层数极限　禁用叉车　温度极限　由此夹起

续表

标志类型	常见标志
警告标志	当心中毒 当心裂变物质 当心伤手 当心坠落 当心吊物 当心落物 当心扎脚 当心爆炸
禁止标志	禁止吸烟 严禁带火种 禁止放易燃物 禁止烟火 禁止乘人 禁止攀登 禁止堆放 禁止入内

10.1.4 仓库安全管理制度

仓库安全管理制度是仓管员实施仓库安全作业的工作手册，仓管员依此制度来保证仓库及储存货物的安全。以下是某企业仓库安全管理制度范例。

制度名称	仓库安全管理制度	编　号	
		受控状态	

第1章　总则

第1条　为做好仓库安全管理各项工作，促进仓库各项工作科学、合理、安全地运行，杜绝各类安全事故发生，维护仓库秩序，制定本制度。

第2条　本制度适用于本公司所属各类仓库货物的安全管理工作，适用于我公司所有仓库的警卫保管、防火防盗、安全生产等事项。

第3条　仓库管理员安全职责如下：

1. 守卫仓库，对出入仓库人员进行登记，防范非法分子的破坏，确保仓库安全。
2. 监控报警系统，消除火灾隐患，做好防盗工作。
3. 协助进行仓储货物的出入库及装卸工作，确保生产安全。
4. 发生安全事故时，及时参与救治，并协助进行善后处理工作。

第2章　出入仓储安全管理

第4条　除仓库工作人员和因业务、工作需要的有关人员外，任何人未经批准不得进入仓库。

第5条　所有进入仓库人员不得携带打火机、背包、手提袋等。

第6条　除验收及盘点时需要，任何人员未经批准，不得将仓库货物开封查看。

第7条　因业务、工作需要进入仓库时，必须办理入仓登记手续，并要有仓库工作人员陪同，不得独自进仓，工作完毕应经仓库管理员检查后再出仓。

第3章　消防安全管理

第8条　仓库管理员要注意消防水池的水位，防患于未然。

第9条　仓库管理员应定期检查防火设施，并接受保安部的检查监督。

第10条　严禁在仓库内吸烟，妥善保管易燃、易爆货物，严禁随意动用仓库消防器材。

第11条　有火灾发生时，仓库管理员要及时报告消防部门，并协助调查火灾原因，做好善后处理工作。

第4章　仓库防虫害管理

第12条　仓库的门窗应配备有防蝇、防尘、防鼠设施，以保持仓库无蝇、无有害昆虫。

第13条　在白蚁繁殖期，仓管员应全面普查仓库建筑物和周围环境，防止蚁患滋生。

第14条　仓库周围的树木、沟渠、角落及有可能滋生害虫的地方，每月要喷洒一次杀虫剂。

第15条　仓库工作员工不得将食物带入仓库，切断害虫的食物源，防止病虫害。

第16条　仓库管理员应在库房各个地点放置捕鼠胶，每天对捕鼠胶进行检查，对失去黏性的捕鼠胶进行处理或更换，如果发现老鼠应马上清理。

第5章　危险货物存放管理

第17条　对于遇火、遇潮容易引起燃烧、爆炸或产生有毒有害气体的物品不得在露天、潮湿和低洼、容易积水的地方存放。

第18条　阳光照射容易燃烧、爆炸或产生有毒有害气体的物品和桶装、罐装等易燃液体、气体应当存放在阴凉、通风的地方。

第19条　性质与防护及灭火方法相抵触的化学试剂及化学危险品不得放在同一仓库或储存室。

第20条　仓库管理员下班前须认真检查是否拉闸、断电，并排除所有安全隐患。

第6章　仓库的警示标志及防护设置管理

第21条　仓库的人行道或空地应保持平坦，不得有障碍物。若有，则应该设置醒目的警示标志或安放防护栏。

第22条　仓库因储存需要所设置的坑、沟、壕等必须有足够支撑力的物品覆盖或有防护栏，夜间必须有照明，以防止发生安全事故。

第23条　对仓库中高于两米的运输线，必须设置防护网或防护罩进行保护。若使用防护网，则其网格的大小应以能阻止所运输的物件坠落于地面为标准，运输线的两端应设置防护栏，其高度不得低于1米。

第24条　仓储所用的叉车、运货设备等必须放到指定的地方，以防止发生意外碰撞。

第7章　附则

第25条　本制度由仓储部制定并负责修改、解释。

第26条　本制度自审核通过之日起生效。

执行部门		监督部门		编修部门	
执行责任人		监督责任人		编修责任人	

10.2　仓库的保卫工作

10.2.1　仓库保卫机构组织形式

仓库保卫机构应当按照仓库规模的大小、生产的特点及储存货物的重要程度进行确定，机构在本企业主管部门的领导下工作，业务上受安全部门的领导。

仓库保卫机构组织形式如图10—5所示。

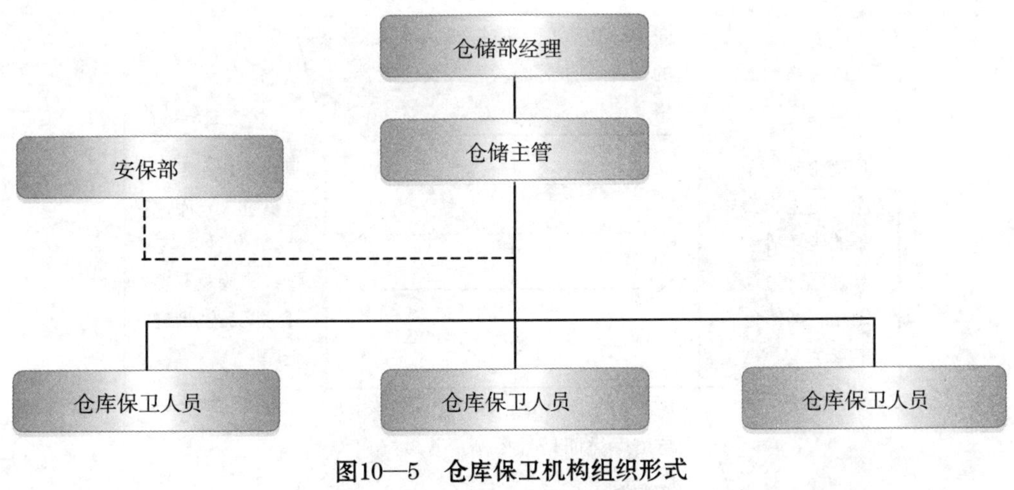

图10—5　仓库保卫机构组织形式

10.2.2 仓库保卫机构职责

仓库保卫机构的主要职责是严防破坏、防盗、灾害事故的发生，维护仓库的安全秩序，确保仓库及储存货物安全。详细内容如图10—6所示。

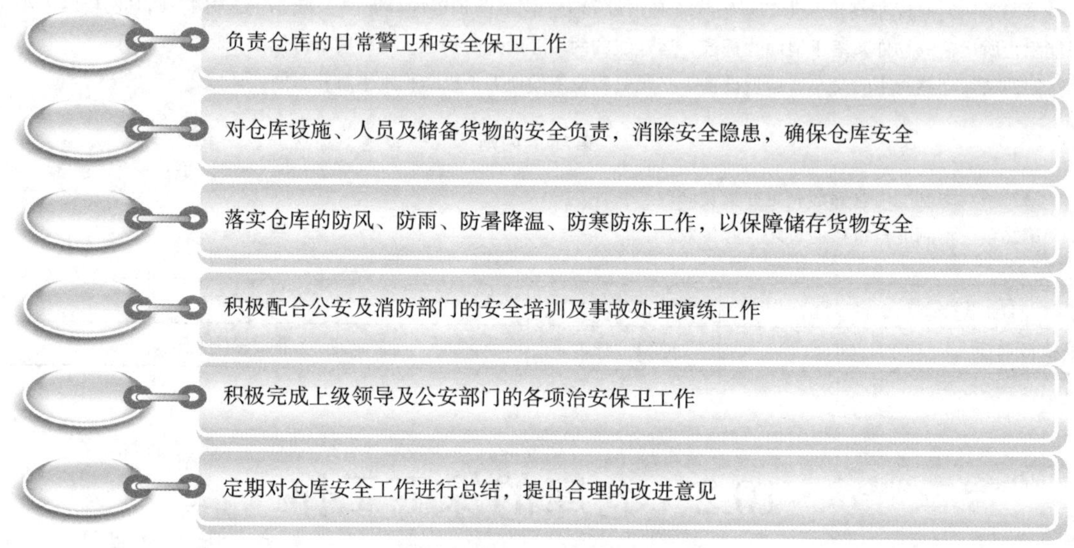

图10—6 保卫机构的主要职责

10.2.3 保卫人员职责任务

仓库保卫人员主要负责仓库的警备及保卫工作，要做到忠于职守，切实执行任务。具体内容如图10—7所示。

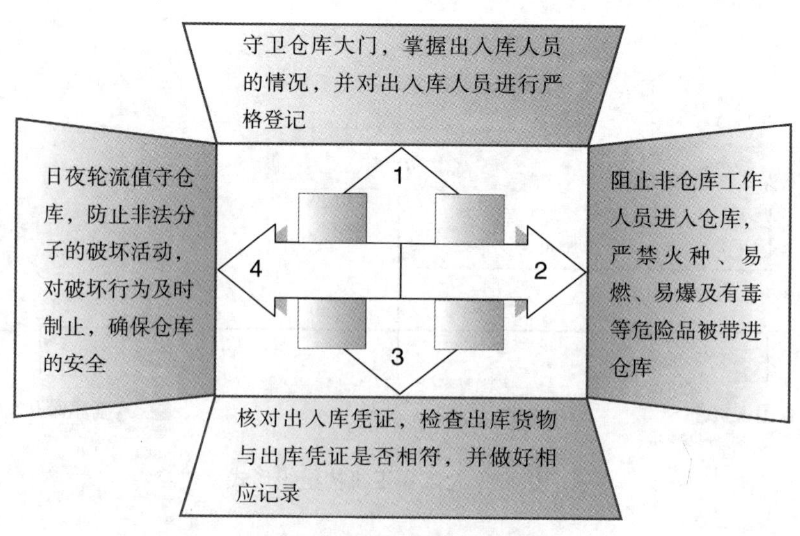

图10—7 仓库保卫人员职责

仓库保卫人员要在任何时候、任何情况下都必须遵守工作纪律，不得监守自盗，以权谋私。

10.2.4 仓库保卫管理制度

以下是某企业仓库保卫管理制度范本，供读者参考。

制度名称	仓库保卫管理制度	编　号	
		受控状态	

第1章　总则

第1条　为加强仓库的安全防盗工作，保障公司财产不受损失，制定本制度。

第2条　本制度适用于本公司所属各类仓库货物的防盗管理工作。

第3条　相关部门职责。

1. 仓储部协同安全部共同对企业仓库安全工作负责。
2. 仓储部协同安全部定期组织开展警卫与保卫安全的法制宣传、教育工作。
3. 仓储部协同安全部定期开展安全检查工作，及时整改漏洞隐患，并做好记录。

第2章　设立安全保卫机构

第4条　为有效实施仓库的保卫工作，企业应当根据仓库规模的大小、仓库作业的特点、所储存货物的重要程度，安排专门的保卫人员（下称保卫员），由其全面负责仓库的保卫工作。

第5条　仓库安全保卫组织的工作应该在本公司安全部的领导下进行，业务上归安全部门领导。

第6条　保卫员应遵守岗位职责，坚守岗位，文明上岗，严格遵守岗位规范，做好自己的本职工作。

1. 仓库保卫员必须严格遵守仓库保卫制度，坚守岗位，工作时间不得随意离开仓库。有事外出时，必须请假并获得批准。仓库保卫员应熟悉仓库的工作人员、证件和出库手续，并严格按照制度进行各项检查。
2. 对外来人员、车辆进行登记，对货物出库凭证及出库商品进行详细核对。
3. 对仓库安全进行定期检查，并详细地记录检查情况。
4. 仓库保卫员要熟悉仓库附近的社会情况和地形情况，当发现不法分子行窃、破坏时，应坚决制止，并及时报警抓捕。

第3章　出入库管理

第7条　库房钥匙专人保管并备案，严禁无关人员入内。

第8条　仓库中必须安装监视设备、自动报警设备，做好安全管理的防范工作。

第9条　非仓库管理相关人员未经允许一律不得进入库房，对不听劝阻者，记下工牌号码，上报有关部门，按过失处理。

第10条　各种生活用危险品及车辆、油料、易燃品严禁进入库区。

第4章　日常安全管理

第11条　本着"谁主管谁负责，宣传教育在前"的安全原则，坚持人员责任制，做到制度上墙，责任到人，逐级把关，不留死角。

第12条　仓库保卫员加强日常巡查工作，发现可疑的人和事时及时查问并上报仓储主管。

第13条　保卫员必须贯彻预防为主的方针，做好防火、防盗、防汛、防工伤事故等工作。

第14条　仓库区域内严禁烟火和明火作业，确因工作需要动用明火，按相关安全规定执行。

第15条　保卫员要对库区配备的各种消防器材和工具严加看管，不得私自挪用。

第16条　仓库防盗设施要严密牢固，及时修缮损坏设施。

第17条　仓储部要定期对仓储员工进行法制教育，加强员工的法制意识，积极配合人力资源部做好员工的思想品德考察工作，保证员工队伍的纯洁。

第5章　事故处理

第18条　仓库失窃处理。

1. 仓库失窃后，保卫员须在第一时间到达并封锁现场，不准任何人进入并报警，记录被窃物品价值、盗窃时间等。
2. 执法人员到现场后，保卫员须协助其工作，为执法人员提供资料影印副本，以做好内部调查，并对所涉及的各部门人员进行调查并录取口供，同时对重点部位和个人进行严密调查。
3. 由于管理不善，造成物品损坏或被盗，根据相关的规定，对事件责任人员及责任部门按照相关规定进行处罚。对于情节恶劣的，公司有权追究相关责任人的法律责任。
4. 仓库管理人员内外勾结，为外来盗窃人员提供信息或者盗窃仓库物品，不论数量多少，除没收所盗物品外，并可视其情节给予行政处分；构成犯罪的移交司法机关追究刑事责任。
5. 对于在防盗工作中成绩突出的集体和个人，由仓储主管向企业申报立功、授予荣誉称号。

第19条　对有下列情形之一的人员，应给予通报批评或罚款：

1. 对本制度拒不执行的部门及个人。
2. 不检查、不落实防盗措施的部门或者具体负责的仓储人员。
3. 无视安全防盗工作及发生盗窃案件隐匿不报的责任人员。
4. 因玩忽职守发生盗窃案件，造成财产损失的人员。

第6章　附则

第20条　本制度由仓储部、安全部共同制定，仓储部并负责修改、解释。

第21条　本制度自审核通过之日起生效。

执行部门		监督部门		编修部门	
执行责任人		监督责任人		编修责任人	

10.3　仓库的消防安全管理

10.3.1　仓库防火安全措施

仓库防火安全工作要以“预防为主”为原则，制定防火措施。其措施主要包括制定防火规定、组建消防队伍和做好仓库的日常监察。仓库防火安全措施如图10—8所示。

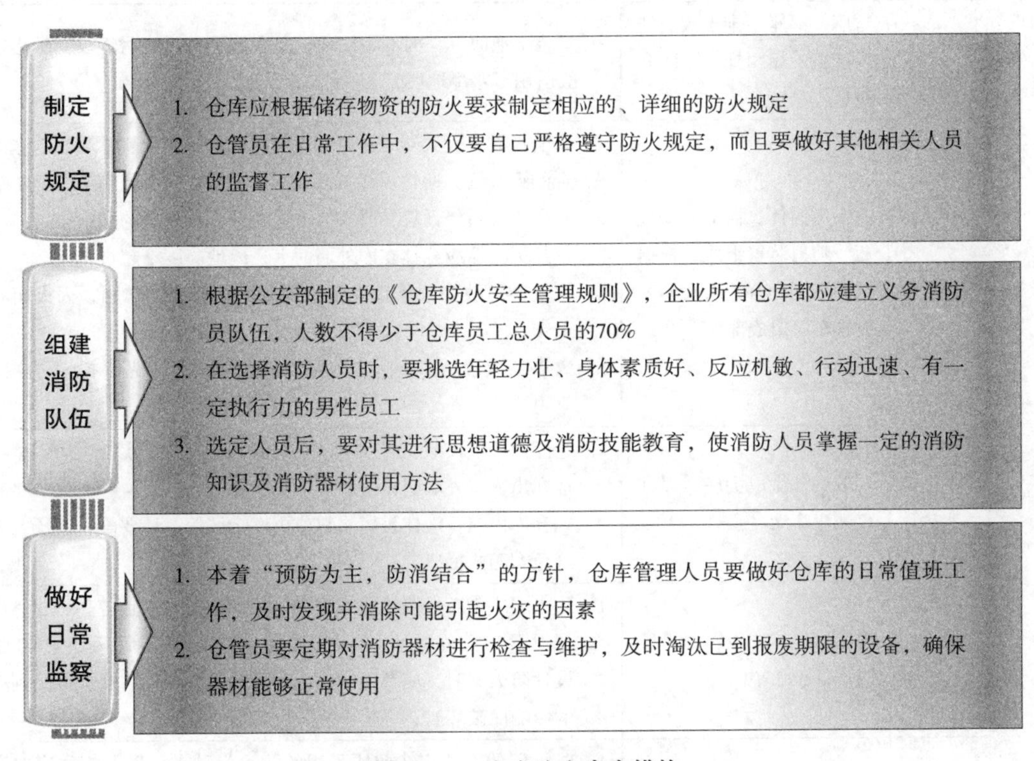

图10—8　仓库防火安全措施

10.3.2　消防设施设置与维护

1. 设置消防设施

仓库是货物高度集中的地方，一旦发生火灾，后果相当严重，因此企业须做好仓库的消防工作。开展消防工作，首先要设置各类消防设施，见表10—4。

表10—4　　消防装置设置方法

消防设施		包含（配套）设备	设置方法
火灾报警系统		感应器、报警装置及其他辅助装置	◆ 根据国家颁布的《火灾自动报警系统设计规范》进行设置
室内消火栓		消火栓、消火栓箱、消火软管卷盘	◆ 一般在室内平均分布，间距30米左右，并做出明显的标志
室外消火栓	地上消火栓	弯座、阀座、排水阀、法兰接管、启闭杆、本体和接口	◆ 安装于地上，一般在仓库周围设置，适用于温暖地区
	地下消火栓	弯座、阀座、排水阀、法兰接管、启闭杆、本体和接口	◆ 安装于地面下，因不易发现，要在地下消火栓附近设立标志，一般适用于寒冷地区
灭火器		主要由筒体、器盖、储气瓶、喷射装置组成，根据类型不同，有的灭火器还有推车等组成部件	1. 采购员设置灭火器时，要考虑仓库危险等级及实际环境。选择适合的灭火器。通常100平方米一个配备，每个仓库不少于2个 2. 室内灭火器要设置在明显的地方，并做出显著的标志 3. 室外灭火器应悬挂在库外墙面上，离地高度不超过1. 5米 4. 灭火器可放在灭火箱内，达到保护及美观的作用，灭火箱不得上锁 5. 灭火器放置地点要远离取暖设施，并加以避光保护，防止阳光直射
其他消防设备	消防水桶	一般底部做成尖底，以红色油漆喷涂	1. 仓库内一般按照50平方米/个配备，独立库房通常至少配备4个，挂在出入口外墙明显处 2. 如仓库内储存液体易燃物料或可燃金属等，还要配备沙子，并用红色木箱式桶盛装
	防火墙	由不燃烧体构成，耐火极限不低于3小时	1. 防火墙应截断燃烧体或难燃烧体的屋顶结构，且应高出非燃烧体屋面不小于40厘米，高出燃烧体或难燃烧体屋面不小于50厘米 2. 设计防火墙时，应考虑防火墙一侧的屋架、梁、楼板等受到火灾的影响而破坏时，不至于使防火墙倒塌
	防火门	指在一定时间内能满足耐火稳定性、完整性和隔热性要求的门，根据材质不同，组成部件也不同	1. 防火门的安装应按照所采用的防火门种类，采取相适应的安装方法 2. 防火门的门框可以采用膨胀螺栓与墙体固定，也可以在砌筑墙体时在洞口处预埋铁件，安装时与门框连接件焊牢 3. 门框与墙体不论采用何种连接方式，每边均不应少于3个锚固点，且应牢固连接 4. 要求推拉门安装后推拉灵活；平开门开启方便，关闭严密牢固 5. 防火门上的拉手、防火锁等五金配件，必须齐全 6. 要求与地平面的间隙应不大于5毫米
	防火隔离带	由泡沫玻璃、岩棉、发泡陶瓷、发泡水泥等一些A级防火材料制作或构成	◆ 一般在库房空旷地带留有足够的空间作为防火隔离带，隔离带不得临时存放可燃物品

2. 消防设施的维护

仓库管理人员应本着“预防为主”的方针，定期对消防设施进行检验和维护，确保其能够正常使用。

维护工作的时间按每年、月、日进行。年度维护工作由仓储部、安全部共同组织进行，每月维护工作由主管安全部门负责人会同专业维保单位组织，每日维护工作由仓管员负责实施。

（1）消防设施每日维护工作内容如图10—9所示。

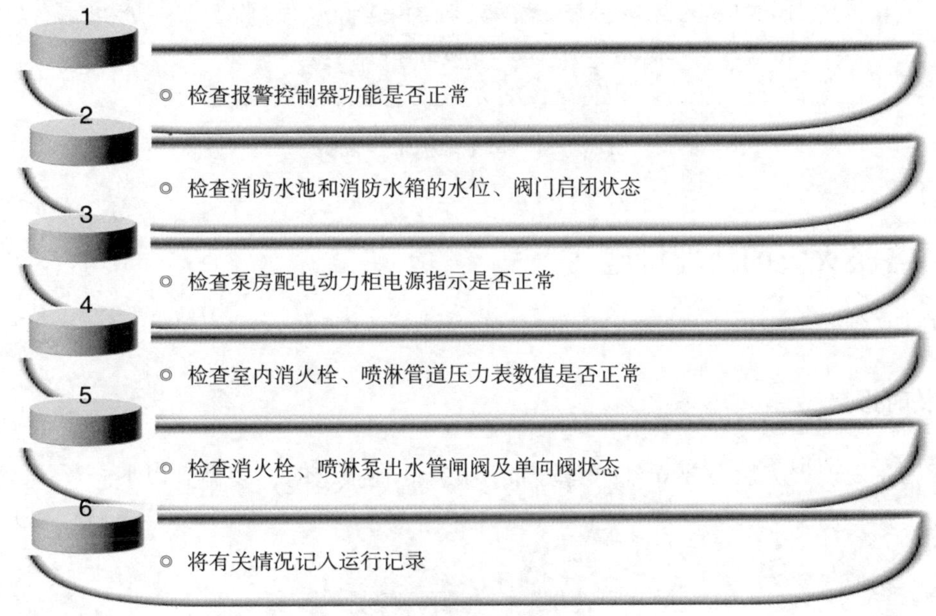

图10—9　每日维护工作说明

（2）消防设施每月维护工作内容如图10—10所示。

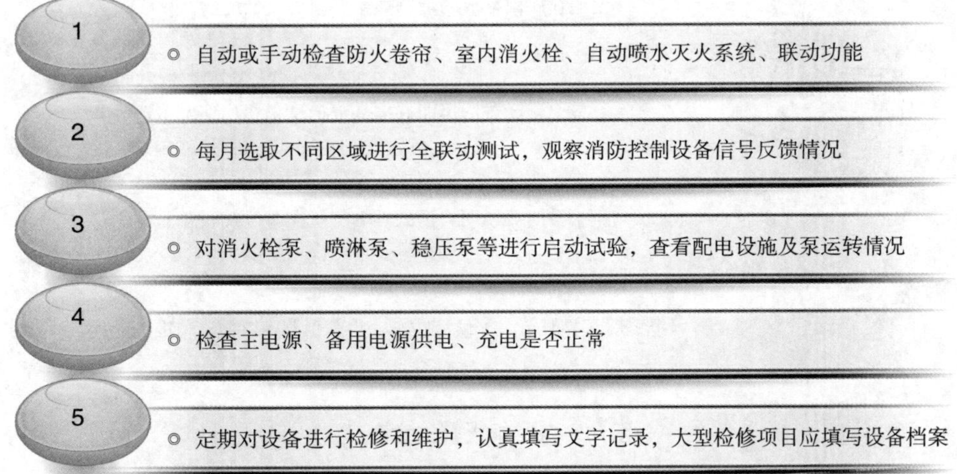

图10—10　每月维护工作说明

（3）每年维护工作内容如图10—11所示。

委托具有资质的消防设施检测企业对固定消防设施进行一次全面检查测试和维护保养

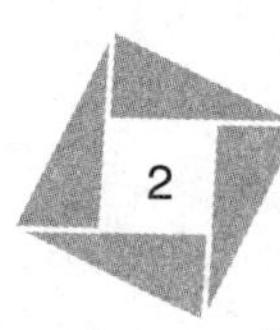

每年定期两次保养室外水泵结合器，在冬季或寒冷天气来临之前做好防冻措施，与公安消防队联系通过水泵结合器进行消防车加压供水试验

图10—11　每年维护工作说明

10.3.3　各类火灾的处理措施

仓管员必须学会在火灾发生时采取正确的应对方法来控制或扑灭火灾，以免损失扩大。

1. 及时报警

仓管员在发现火灾后，要立刻向消防部门报警。在报警时，要做到以下5点，如图10—12所示。

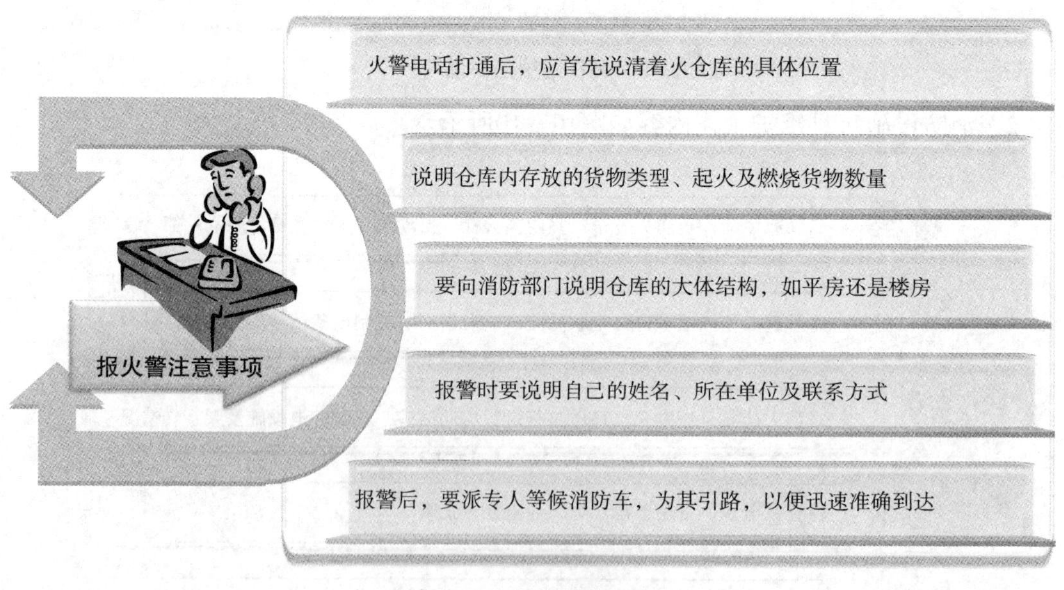

图10—12　报火警注意事项

2. 选择合适的器材灭火

仓管员要牢记各类火灾所使用的消防器材，切不可“抱薪救火”，以免造成更大的灾害。

在火灾发生时，仓管员要明确着火仓库内存储的货物类型，以确定火灾类型，使用适合的消防器材进行灭火。火灾类型及适用的消防器材见表10—5。

表10—5　火灾类型及适用的消防器材

火灾类型	燃烧物质	适用消防器材
A类火灾	指固体物质火灾，这种物质往往具有有机物质性质，一般在燃烧时产生灼热的余烬。如木材、煤、棉、毛、麻、纸张等火灾	1. 一般可采用水冷却法，但对于忌水的物质，如布、纸等应尽量减少水渍所造成的损失 2. 对珍贵图书、档案应使用二氧化碳灭火器、卤代烷灭火器、干粉灭火剂灭火
B类火灾	指液体火灾和可熔化的固体物质火灾，如汽油、煤油、柴油、原油、甲醇、乙醇、沥青、石蜡等火灾	1. 切断可燃液体的来源，同时将燃烧区容器内可燃液体排至安全地区 2. 及时使用大剂量泡沫灭火剂、干粉灭火剂将液体火灾扑灭
C类火灾	指气体火灾，如煤气、天然气、甲烷、乙烷、丙烷、氢气等火灾	1. 关闭可燃气阀门，防止可燃气发生爆炸 2. 选用干粉灭火器、卤代烷灭火器、二氧化碳灭火器灭火
D类火灾	指金属火灾，如钾、钠、镁、铝镁合金等火灾	镁、铝燃烧时温度非常高，水及其他普通灭火剂无效。钠和钾的火灾切忌用水扑救，水与钠、钾起反应放出大量热和氢，会促进火灾猛烈发展。应用特殊的灭火剂，如干砂等
E类火灾	指带电物体和精密仪器等物质的火灾	要使用“1211”或干粉灭火器、二氧化碳灭火器，因为这三种灭火器的灭火药剂绝缘性能好，不会发生触电伤人的事故

10.3.4 仓库防火安全管理细则

以下是某企业仓库防火安全管理细则范例，供读者参考。

<table>
<tr><td rowspan="2">制度名称</td><td rowspan="2">仓库防火安全管理细则</td><td>编　号</td><td></td></tr>
<tr><td>受控状态</td><td></td></tr>
</table>

第1章　总则

第1条　目的

为加强仓库防火安全管理，预防各类火灾事故的发生，减少火灾危害，确保库存物品安全，制定本管理细则。

第2条　适用范围

1. 本管理细则适用于企业所有仓库的防火安全管理工作。

2. 本管理细则适用于企业所有仓库的防火、火灾救治、事后处理等工作。

第3条　责任分工

1. 仓储主管职责。

（1）仓储主管负责仓库防火安全管理工作，工作时必须贯彻“预防为主、防消结合”的方针。

（2）仓储主管制定电源、火源、易燃易爆物品的安全管理和值班巡逻等制度，落实逐级消防安全责任制和岗位消防安全责任制。

（3）火灾发生时，组织人员配合消防部门参与救火工作，做好善后处理工作。

2. 仓管员职责。

（1）掌握消防器材的使用和维护保养方法，做好防火工作。

（2）开展日常防火安全检查工作，及时发现火灾隐患。

（3）火灾发生时，配合消防部门参与救火工作。

（4）火灾发生后，协助主管领导调查火灾原因，做好善后处理工作。

第2章　消防安全管理要求

第4条　库区消防安全管理要求

1. 库房应设有醒目的安全警示标志，在明显和便于取用的地点放置灭火器材，不得私自挪用。

2. 仓库区域内严禁烟火和明火作业，确因工作需要动用明火时，按安全保卫有关规定执行。

3. 库房内不准使用火炉取暖，不准使用电炉、电烙铁、电熨斗等电热器具和电视机、电冰箱等。

4. 库房内固定的吊装设备需要维修时，应当采取防火安全措施，对机械设备易产生火花的部位，要设置防护罩。

5. 库房及周围100米内，严禁燃放烟花爆竹。

6. 易燃、易爆、易腐蚀等化学危险品应单独设库，并做好专门的标志。

7. 库区的消防车道和仓库的安全出口、疏散楼梯等消防通道，严禁堆放物品，保持安全通道、疏散通道畅通，安全疏散指示灯、应急灯完好。

第5条　用电消防安全管理要求

1. 严禁随意拉设电线，严禁超负荷用电。

2. 电气线路、设备安装应由持证电工负责。

3. 各部门下班后，该关闭的电源应予以关闭。

4. 禁止私用电热棒、电炉等大功率电器。

第6条　用火消防安全管理要求

1. 严格执行动火审批制度，如需动火作业时，工作人员应向仓储主管申请。

2. 动火作业前应清除或隔离附近5米区域范围内的易燃易爆危险物品，并向保卫部借取灭火器材随时备用，结束作业后应即时归还。

3. 未办理申请，擅自开展动火作业者，根据相关规定给予处罚。

第7条　危险品消防安全管理要求

1. 仓管员应严格执行各级动火、防火的有关规定。

2. 仓管员应按规定配置足够的消防灭火器材，定期进行消防检查，建立消防器材分布图和消防档案。

3. 仓管员对易燃、易爆品搬运要轻拿轻放，防止互相撞击摩擦。

4. 危险品的消防器材设备严禁圈占、埋压、挪用。

第8条　危险品储位规划、存储要求

1. 危险品的存放应严格遵循分类、分项、专库、专储的原则。

2. 仓管员应为各种易燃易爆危险品如氧气瓶、乙炔瓶等分别设储存仓库，且间距应在5米以上。

3. 仓管员应在库房门口设置安全防火警示牌，设置消防器材。

4. 危险品应按生产批号或规格成垛堆放。

5. 危险品库房应经常清理、清扫，保持整洁卫生，危险性垃圾必须按规定进行处理或销毁。

第3章　安全检查

第9条　仓管员对库区各部位进行每日防火巡查，发现问题及时记录上报。

第10条　仓管员对火险隐患，应及时发现，造册登记，抓紧整改；限期未整改者，进行相应处罚，对因客观原因不能及时整改的，应采取应急措施确保安全。

第11条　对于检查消防重点部位，执行定点、定人、定措施的制度，并根据需要，配置自动报警系统灭火等技防设备。

第12条　消防负责人必须定期检查各类防火记录，并做好存档留底工作。

第13条　仓管员在检查过程中发现下列行为应责成有关人员当场改正：

1. 违章使用明火作业或者在具有火灾、爆炸危险的场所吸烟、使用明火。

2. 将安全出口上锁、遮挡，或者占用、堆放物品影响疏散通道畅通。

3. 消火栓、灭火器材被遮挡影响使用或者被挪作他用。

4. 消防设施管理不到位，值班人员脱岗。

第4章　消防设施、器材维护管理

第14条　仓管员应经常检查消防设施、器材，保持设施整洁、卫生、完好，地处寒区的仓库，寒冷季节要采取防冻措施。

第15条　仓管员对消防设施和消防设备定期进行测试。

1. 每月检测正压送风、防排烟系统。

2. 每季度对室内消火栓、喷淋泄水进行测试。

3. 消防水泵、喷淋水泵每半月试开泵一次，检查其是否完整好用。

4. 消防工作管理部门负责组织实施烟、温感报警系统的测试，每个烟、温感探头至少每半年轮测一次。

第16条　消防器材管理。

1. 消防器材专人管理，定期巡查消防器材，保证其处于完好状态。

2. 仓管员应经常检查消防器材，发现丢失、损坏应立即补充并上报领导。

第5章　火灾的救治

第17条　火灾发生时，仓管员要采取正确的应对方法来控制或扑灭火灾，以免损失扩大。

<table>
<tr><td colspan="6">1. 及时报警，仓管员在发现火灾后，要立刻向消防部门报警。
2. 仓管员要将火灾情况及时报告上级领导，并根据仓储货物特性及燃烧货物特点，选择适合的消防器材进行灭火。
第18条　火灾发生后，仓管员要协助主管领导调查火灾原因，责任落实到人。

第6章　附则

第19条　本制度由仓储部负责制定、解释，报总经理批准后执行。
第20条　本制度自颁布之日起执行。</td></tr>
<tr><td>执行部门</td><td></td><td>监督部门</td><td></td><td>编修部门</td><td></td></tr>
<tr><td>执行责任人</td><td></td><td>监督责任人</td><td></td><td>编修责任人</td><td></td></tr>
</table>

10.4　仓库的安全作业管理

10.4.1　装卸作业安全操作要求

装卸作业安全是仓库安全管理的一个重要方面，它关系到仓储作业的效率及装卸人员的人身安全。仓管员在工作过程中，必须明确出入库作业的安全操作规程。

仓库装卸作业主要包括人力装卸和机械装卸两种，它们有不同的安全操作要求。

1. 人力装卸作业安全操作要求

人力装卸作业安全操作基本要求主要有以下几项，如图10—13所示。

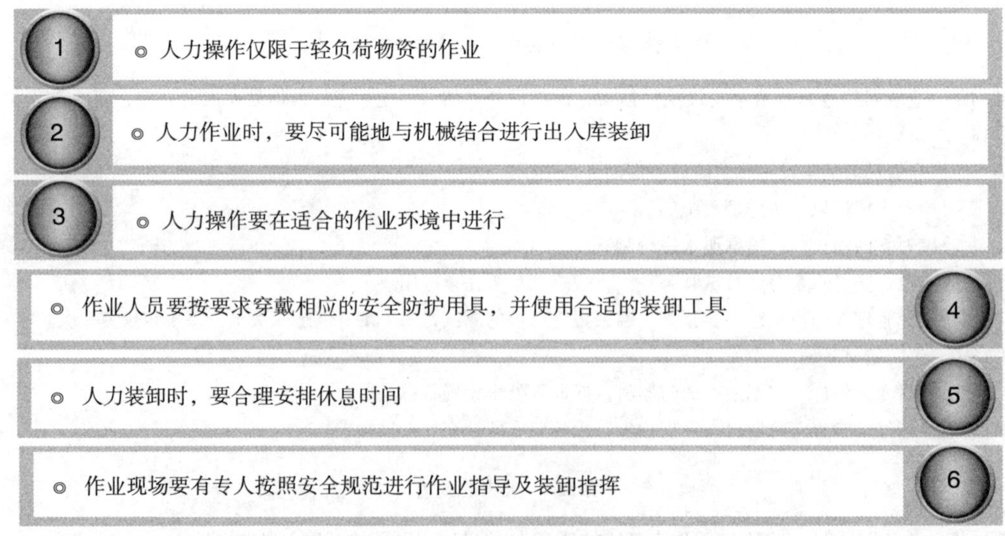

图10—13　人力装卸作业安全操作基本要求

2. 机械装卸作业安全操作要求

机械装卸作业的安全操作基本要求有以下4点，具体如图10—14所示。

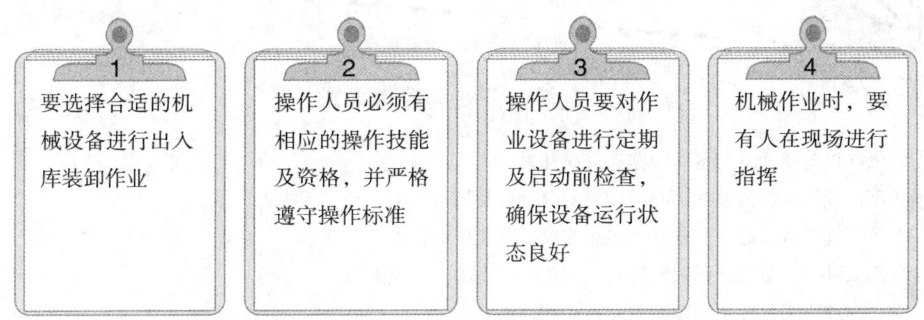

图10—14　机械装卸作业安全操作基本要求

10.4.2　储存保管安全操作要求

仓管员在仓库实施储存作业时，要明确遵守储存保管过程基本安全要求，以确保货物安全。在货物存储保管过程中，基本的安全要求如图10—15所示。

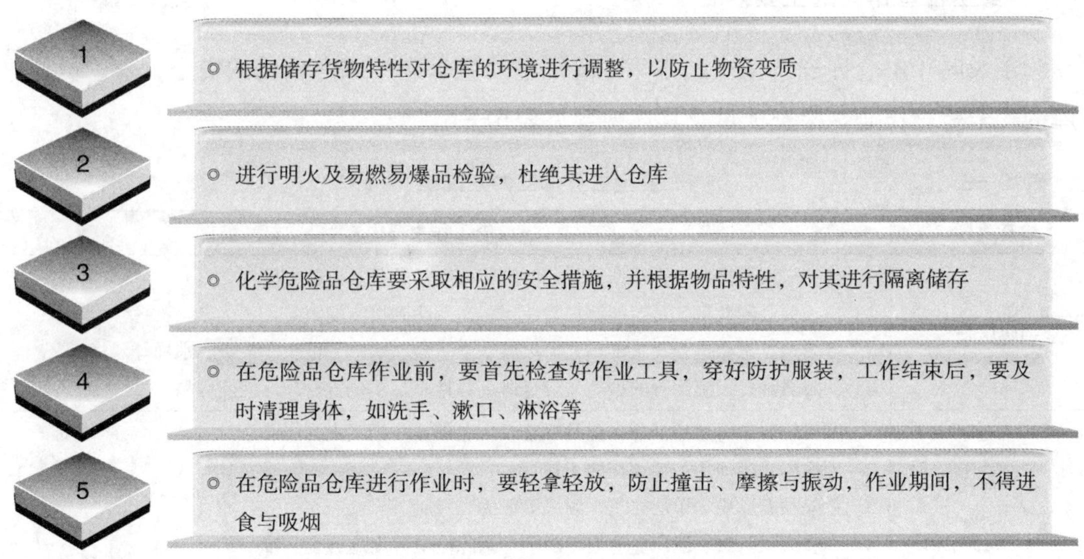

图10—15　储存保管过程基本安全要求

10.4.3　电气设备安全管理要求

随着仓储机械化水平的提高，仓库中使用的电气设备也越来越多，因此，仓管员要特别注意电气设备的安全操作规范。规范具体包括以下6方面内容，如图10—16所示。

电气设备安全管理要求

◎ 电气设备要配备可熔保险器和自动开关
◎ 高压线路经过的地方，必须设置安全设备及警示标志
◎ 各类仓储机械必须有良好的绝缘装置，以及接地装置
◎ 高大的仓库必须设置避雷装置，以免引起雷击，造成火灾
◎ 仓库照明工具必须使用专门灯具，并远离堆垛
◎ 仓管员如需离开仓库时，应拉断仓库内的电闸

图10—16　电气设备安全操作规范

10.4.4　安全检查作业工作管理

1. 安全检查作业的主要内容

为了及时了解仓库安全情况，排除危险因素，确保仓库储存货物的安全，仓管员要进行仓库的安全检查作业。检查项目及具体内容见表10—6。

表10—6　安全检查作业内容说明

检查项目	检查工作主要内容
消防设施	1. 检查火灾警报器是否根据危险程度进行相应的配备及灵敏程度 2. 检查灭火器数量、是否能够正常使用、是否达到报废期限 3. 排查重点部位是否设置推车式灭火器、消防栓、水带、枪头、扳手、水桶等器材 4. 消防器具、设施配置的种类是否合适、数量充足、位置合理、性能可靠
库区库房	1. 醒目位置是否悬挂消防安全及严禁吸烟和禁止使用明火标志牌 2. 库房内是否使用产生火花的工具 3. 危险品专库应为单层建筑，耐火等级为二级 4. 查看通风防爆、泄压、防雷、防晒、消除静电等设施齐全程度
储存	1. 查看货物是否根据性能、养护要求、消防要求等因素分区分类存放、设专人管理 2. 查看货物堆垛是否整齐、方便、安全、节约空间
库内管理	1. 通风、温湿度管理：库内有温湿度计，商品堆垛用垫木架，通风良好 2. 翻仓并垛渗漏、外包装破损及有问题的商品须及时翻移、更换包装和处理 3. 库内卫生是否清洁整齐，地面有无零碎、散落的商品和杂物，多余垫木架集中存放在指定位置

续表

检查项目	检查工作主要内容
安全用电	1. 对库区铺设地下电缆进行排查，地面上要求无明线 2. 对库区库房内照明灯具采用防爆、隔离或密封式的
车辆管理	1. 排查设备操作人员持证上岗情况 2. 排查叉车等起重机械有无上高台
劳动防护	1. 对操作人员上岗穿戴工作服情况进行排查，要求严禁穿带铁丁鞋、高跟鞋、拖鞋 2. 腐蚀性物品装卸时，必须戴耐腐蚀手套，穿胶鞋
各项规章制度	入库验收、保管、装卸、搬运、出库是否制定相关制度
管理人员	是否掌握危险品特性、储存运输原则及灭火方法

2. 安全检查作业的主要形式

安全检查作业主要分为综合性安全大检查、专业性安全检查、季节性安全检查和节日前安全检查及日常安全检查，详细情况见表10—7。

表10—7　　安全检查作业主要形式说明

检查形式	检查时间	责任部门	检查作业说明
综合性安全大检查	一般每年1～2次	企业领导 安全部 仓储部	◆ 根据企业的生产特点和风险状况，组织发动广大职工群众进行检查，同时组织各有关职能部门及工会组织的专业人员，以五查为内容，进行认真细致全面的检查
专业性安全检查	不定期	安全部 设备部	◆ 对易发生事故的场所或操作工序，除在综合性大检查时检查外，还要组织有关专业技术人员或委托有关专业检查单位进行安全检查。专业性安全检查应对某项专业（如垂直提升机、叉车等）的安全问题或在仓储作业中存在的安全问题进行检查
季节性安全检查	每季来临之前的最后一周	安全部	◆ 根据季节特点和对仓储安全工作的影响，由安全部门组织有关人员进行。如雨季以防雷、防静电、防触电、防洪、防建筑物倒塌为内容的检查，夏季以防暑降温为内容的检查，冬季以防冻保暖为内容的检查
节日前安全检查	重大节日或重要会议前	安全部 仓储部	◆ 针对国家重大节日或重要会议前，确保过节或会议期间的安全生产，创造安全储存环境，主要检查节日期间仓库安全工作的布置、安全应急措施和安全值班布置等落实情况
日常安全检查	每日	安全部 仓储部	◆ 按仓库安全制度规定，每天都进行检查。主要由仓管员巡回检查，以辨别仓库内不安全因素，并加以控制消除

第11章

仓储信息管理

11.1 仓储信息系统

11.1.1 仓储信息管理系统

仓储信息管理系统是一个实时的计算机软件系统，它能够按照运作的业务规则和运算法则，对仓库的管理信息进行有效的管理，使其最大化满足产出和精确性的要求。该系统可以独立执行库存操作，与其他系统的单据和凭证等结合使用，可提供更为完整全面的企业业务流程和财务管理信息。

1. 仓库信息管理系统的基本功能模块

仓库信息管理系统通常应具备以下基本的功能模块，如图11—1所示。

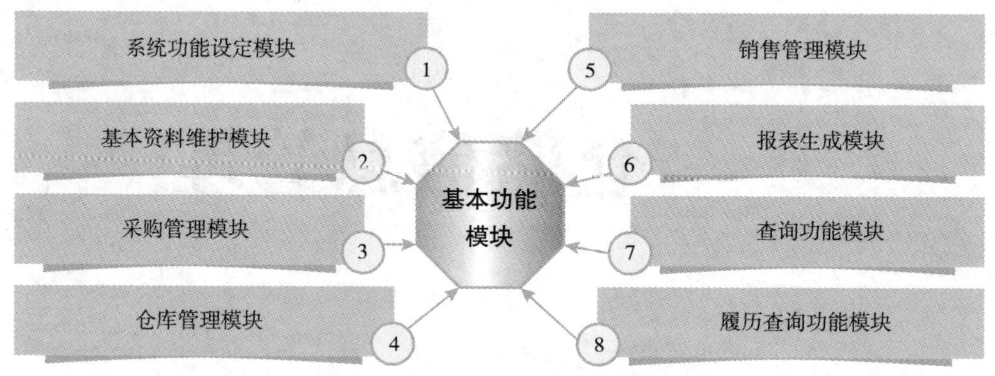

图11—1 仓库信息管理系统功能模块

2. 仓库信息管理系统的主要功能

仓储信息管理系统主要有收货、拣货及配货、出库、库内作业、调度管理、RF支持、预警及账表管理等功能，见表11—1。

表11—1 仓库信息管理系统的主要功能说明

主要功能	功能说明
收货	◆ 系统可处理多种收货情况，可以与生产资源计划系统、配送资源计划系统，以及订单系统高度整合，由以上系统产生的入库任务导入信息管理系统，进行收货作业

续表

主要功能	功能说明
拣货及配货	◆ 客户订单到达系统之后，系统产生拣货单，货物经过拣取后，进行配货
出库	◆ 拣选好的订单经配货、包装之后，进行出库作业
库内作业	◆ 库内作业包括盘点、移库、调整及组托等作业
调度管理	◆ 系统能够实现自动调度、人为调度、自动与人为相结合等调度方式
RF 支持	◆ 系统支持 RF 无线射频终端，可有效地收集货物、储位等信息，信息可以通过无线方式自动传入系统，系统也可以将调度等任务无线传输给 RF 持有人
预警及账表管理	◆ 预警是系统对货物保质期、使用率、任务执行状态、合约及应付款逾期等项目进行的报警；报表管理是指系统可提供货物的相关账表，也可以根据客户需求进行报表预制

11.1.2　仓库电子订货系统

电子订货系统（Electronic ordering system，EOS），是指企业间利用通信网络（VAN或互联网）和终端设备以在线联结（On-Line）方式进行订货作业和订货信息交换的系统。

电子订货系统按应用范围可分为企业内的电子订货系统、零售商与批发商之间的电子订货系统以及零售商、批发商和生产商之间的电子订货系统。

电子订货系统的框架如图11—2所示。

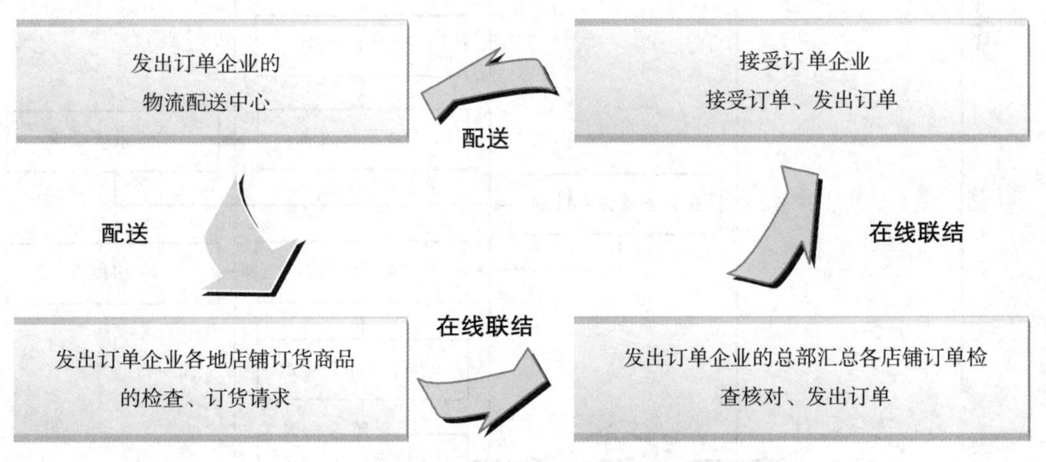

图11—2　电子订货系统的框架

11.1.3 仓储信息系统应用流程

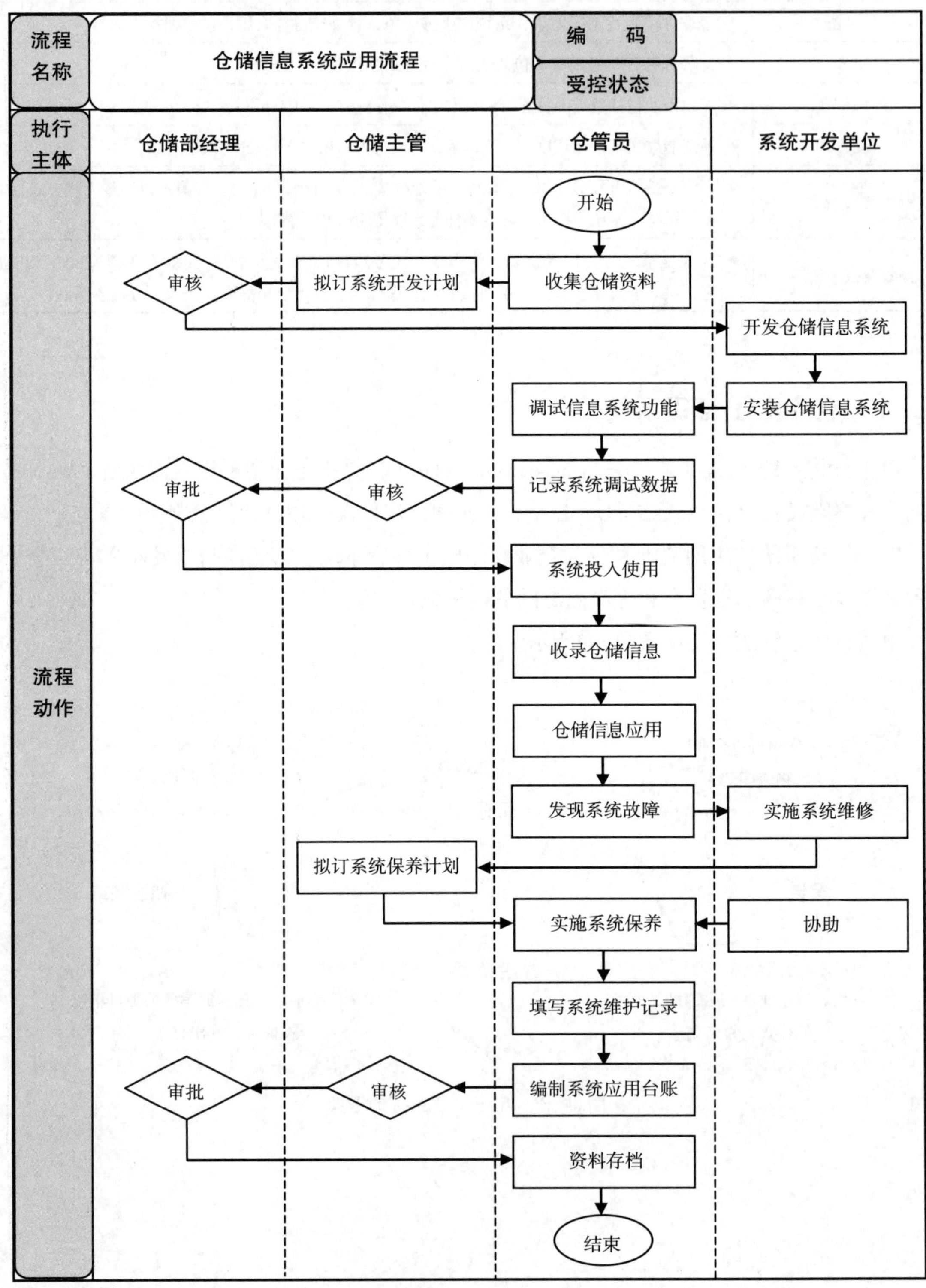

11.2　条形码知识

11.2.1　常用的条形码分类

条形码是将反射率、宽度不同的多个不同的条和空，按照一定的编码规则排列，用以表达一组数字或字母符号信息的图形标志符。

常见的条形码是由反射率相差很大的黑条和白条组成的，它可以通过光电扫描输入计算机，从而判断出某件货物的产地、制造厂、品名规格、价格等一系列产品信息。条形码一般按照码制及维数分类。

1. 按码制分类

条形码按照码制分为交叉25码、39码、库德巴码、128码、93码、49码、UPC码、EAN码及其他码制。具体样式见表11—2。

表11—2　　条形码码制分类说明

码制	说明或样式	
交叉 25 码	交叉 25 码是一种长度可变的连续型自校数字式码制，其字符集为数字 0 ~ 9	1234567890
39 码	39 码是第一个字母数字式码制，字符集为数字 0 ~ 9，26 个大写字母和 7 个特殊字符及空格，共 44 个字符	ISBN 7-88497-523-8 9 787884 975235 >
库德巴码	是一种长度可变的连续型自校数字式码制，字符集为数字 0 ~ 9 和 6 个特殊字符，共 16 字符	a000800a
128 码	是一种长度可变的自校数字式码制，它采用 4 种元素宽度，每个字符由 3 个条和 3 个空，共 11 个单元元素宽度	(21)00000144000000918388

续表

码制	说明或样式
93 码	是一种长度可变的连续型字母数字式码制
49 码	是一种多行的连续码、长度可变的字母数字式代码
UPC 码	UPC 码是一种长度固定的连续型数字代码制，其字符集为数字 0 ~ 9
EAN 码	EAN 码是国际物品编码协会制定的一种商品用条形码，通用于全世界。EAN 码符号有 13 位数字

2. 按维数分类

条形码按照维数分为三类，如图11—3所示。

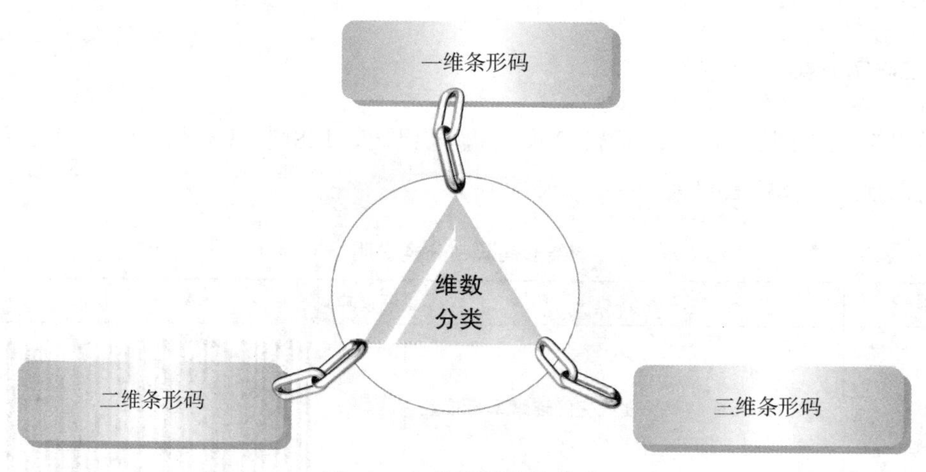

图11—3　条形码维数分类

11.2.2　二维条形码知识

二维条形码是用某种特定的几何图形，按一定规律在平面（二维方向上）分布的黑白相间的图形上记录数据符号信息。二维条形码在代码编制上巧妙地利用构成计算机内部逻辑基础的“0”“1”比特流的概念，使用若干个与二进制相对应的几何形体来表示文字数值信息，通过图像输入设备或光电扫描设备自动识读以实现信息自动处理。

1. 二维条形码的分类

二维条形码能够在横向和纵向两个方位同时表达信息，因此能在很小的面积内表达大量的信息。

（1）矩阵式二维条形码

矩阵式二维条形码（又称棋盘式二维条形码）是在一个矩形空间通过黑、白像素在矩阵中的不同分布进行编码。具有代表性的矩阵式二维码有Code One、Maxi Code、QR Code、Data Matrix等。矩阵式二维条形码如图11—4所示。

图11—4　矩阵式二维条形码

（2）行排式二维条形码

行排式二维条形码（又称堆积式二维条形码或层排式二维条形码），其编码原理是建立在一维条形码基础之上，按需要堆积成二行或多行。具有代表性的行排式二维条形码有Code 16K、Code 49、PDF417等，如图11—5所示。

图11—5　行排式二维条形码

2. 二维条形码的识别方法

二维条形码的识别有两种方法，一是透过线型扫描器逐层扫描进行解码；二是透过照相和图像处理对二维条形码进行解码。

目前，企业中较常用的方法为第一种，通常采用条形码识读器进行识别。

11.2.3　条形码编码规则

使用条形码扫描是今后市场流通的大趋势。为了使货物能够在全世界自由、广泛地流通，企业制作使用货物条形码，都必须遵循条形码编制的相关规定。

目前通用的编码体系包括以下3种：

1. 商品条形码

商品条形码是指由一组规则排列的条、空及其对应字符组成的标志，用以表示一定的商品信息的符号。商品上最常使用的就是EAN商品条形码，EAN商品条形码分为EAN－13（标准版）和EAN－8（缩短版）两种。如图11—6所示。

通用商品条形码一般由国际代码（前缀部分）、制造厂商代码、产品代码和校验码组成。商品条形码中的前缀码是用来标志国家或地区的代码，赋码权在国际物品编码协会。制造厂商代码的赋权在各个国家或地区的物品编码组织，我国由国家物品编码中心赋予制造厂商代码。产品代码是用来标志产品的代码，赋码权由产品生产企业自己行使。

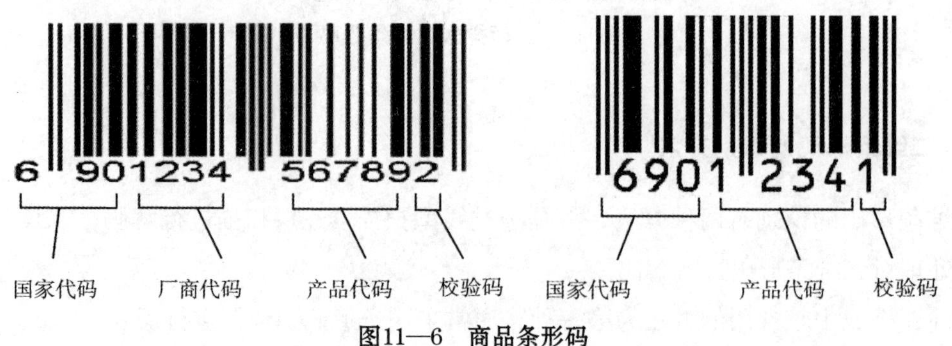

图11—6　商品条形码

2. 储运条形码

储运条形码是用在货物装卸、仓储、运输、配送等过程中的识别符号，通常印在包装外箱上，用来识别货物种类及用途。

储运条形码可分为14位标准码（DUN14）与16位扩大码（DUN16）两种。若有以重量计算的货物，还可以追加6位加长码。具体见表11—3。

表11—3 储运条形码说明

名 称	详细说明
DUN14 码	对同一包装内数量不同、同一包装有不同商品组合的情况，在商品条形码前加一位储运条形码，形成 DUN14 码
DUN16 码	当一位储运码不够用时，可将其扩展至 3 位，形成 DUN16 码
加长码	在用标准码或扩大码不足以计算货物时，可以用另外 6 位加长码来补足

3. 128条形码编制规则

128条形码的编码技术是根据EAN/UCC128码的定义标准，将数据转变成条形码符号。编码时，应用识别码定义其后码长度的意义，信息码长度可变。样式如图11—7所示。

图11—7 128条形码

11.2.4 条形码识读设备

条形码识读器（Bar Code Reader）是指集扫描器和译码器为一体能够识读条形码符号的设备。条形码识读器的分类：可按条码识读器的扫描方式、操作方式、识读码制能力和扫描

方向对各类条形码识读器进行分类。具体分类见表11—4。

表11—4 条码识读器的分类

标准	分类	说明
按扫描方式来分类	接触式	◆ 接触式识读设备包括光笔与卡槽式条形码扫描器
	非接触式	◆ 非接触式识读设备包括 CCD 扫描器、激光扫描器
按操作方式来分类	手持式	◆ 手持式条形码扫描器应用于许多领域，这类条形码扫描器特别适用于条形码尺寸多样、识读场合复杂、条形码形状不规整的应用场合 ◆ 包括激光枪、手持全向扫描器、手持 CCD 扫描器和手持图像扫描器等
	固定式	◆ 固定式扫描器扫描识读不用人手把持，适用于省力、人手劳动强度大（如超市的扫描结算台）或无人操作的自动识别应用 ◆ 固定式扫描器有卡槽式扫描器，固定式单线、单方向多线式（栅栏式）扫描器，固定式全向扫描器和固定式 CCD 扫描器
按识读码制能力来分类	光笔	◆ 光笔只能识读一维条形码
	激光笔	◆ 激光笔只能识读行排式二维条形码（如 PDF417 码）和一维条形码
	图像式	◆ 图像式条形码识读器可以识读常用的一维条形码，还能识读行排式和矩阵式的二维条形码
按扫描方向来分类	单向	◆ 光笔和卡槽扫描器属于单向扫描
	全向	◆ 全向条形码扫描器又分为平台式和悬挂式

11.3 自动化仓库管理

11.3.1 仓库自动化技术

自动化技术是当代最引人注目的高科技之一。它能够在没有人的直接参与下，由机器设备或装置按规定的程序或指令自动进行生产。

自动化仓库是能自动存储和输出货物的仓库，由多层货架、运输系统、计算机系统和通信系统组成，它是集信息自动化技术、自动引导小车技术、机器人技术和自动仓储技术于一体的集成化系统。仓库实现自动化，主要具有以下几个作用，如图11—8所示。

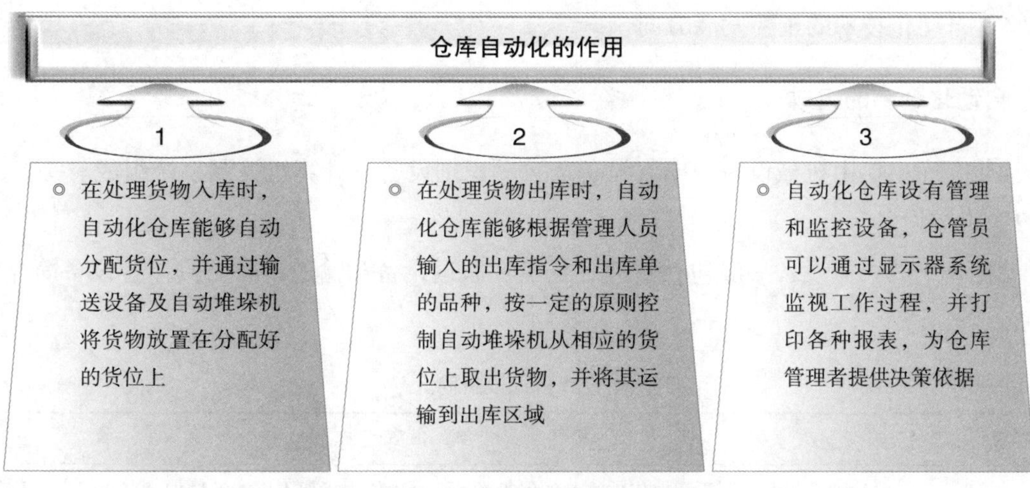

图11—8　仓库自动化的作用

11.3.2　自动化仓库简介

1. 自动化仓库的发展阶段

自动化技术在仓储领域中的发展可分为5个阶段，具体如图11—9所示。

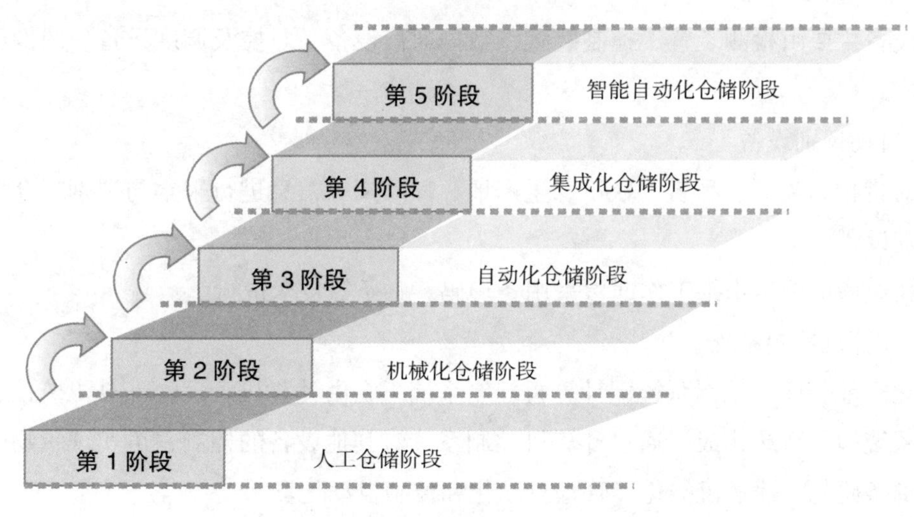

图11—9　自动化技术在仓储领域中的5个发展阶段

智能自动化仓储技术是将人工智能技术与自动化技术相结合，使仓库向更高级的智能自动化方向发展。目前，智能自动化仓储技术还处于初级阶段，在今后的若干年内，智能自动化仓储将是自动化技术的主要发展方向。

2. 自动化仓库的组成

自动化仓库主要由机械设备、电气设备、自动识别设备、计算机控制系统组成。

（1）机械设备

自动化仓库的机械设备一般包括货架、托盘、搬运设备和输送设备。具体各设备简介见表11—5。

表11—5　　自动化仓库机械设备简介

机械设备	简　介
货架	◆ 货架是指专门用于存放成件物品的保管设备。合理使用货架不仅能够增加储存空间，而且有利于实现货物“先进先出”的储存原则
托盘	◆ 托盘是指在一件或一组货物下面附加的一块垫板，自动化仓库的托盘需方便自动化作业
搬运设备	◆ 搬运设备是现代化智能仓库中的重要设备，一般由电力驱动。常见的搬运设备有升降梯、堆垛机、转臂起重机等
输送设备	◆ 输送设备是现代化智能仓库中的辅助设备，它具有衔接各个物流站的作用

（2）电气设备

电气设备主要由检测装置、控制装置、数据通信设备、监控及调度设备、图像显示及监视设备组成。

（3）自动识别设备

为了对货物的类别、品名、数量、生产地、保质期等信息进行采集与识别，仓库必须借助信息识别设备。

自动化仓库的信息识别工作通常采用条形码、磁条等技术进行。

（4）计算机控制系统

现代化智能仓库的控制系统即计算机控制系统，它由计算机管理、计算机监控、分拣及搬运输送系统等子系统构成。通过计算机控制系统对其他设备的控制，可实现货物的包装标准化、识别条码化、输送机械化、管理自动化和控制自动化。

11.3.3　系统方案设计图

自动化管理仓库系统是由很多子系统构成的。具体结构设计如图11—10所示。

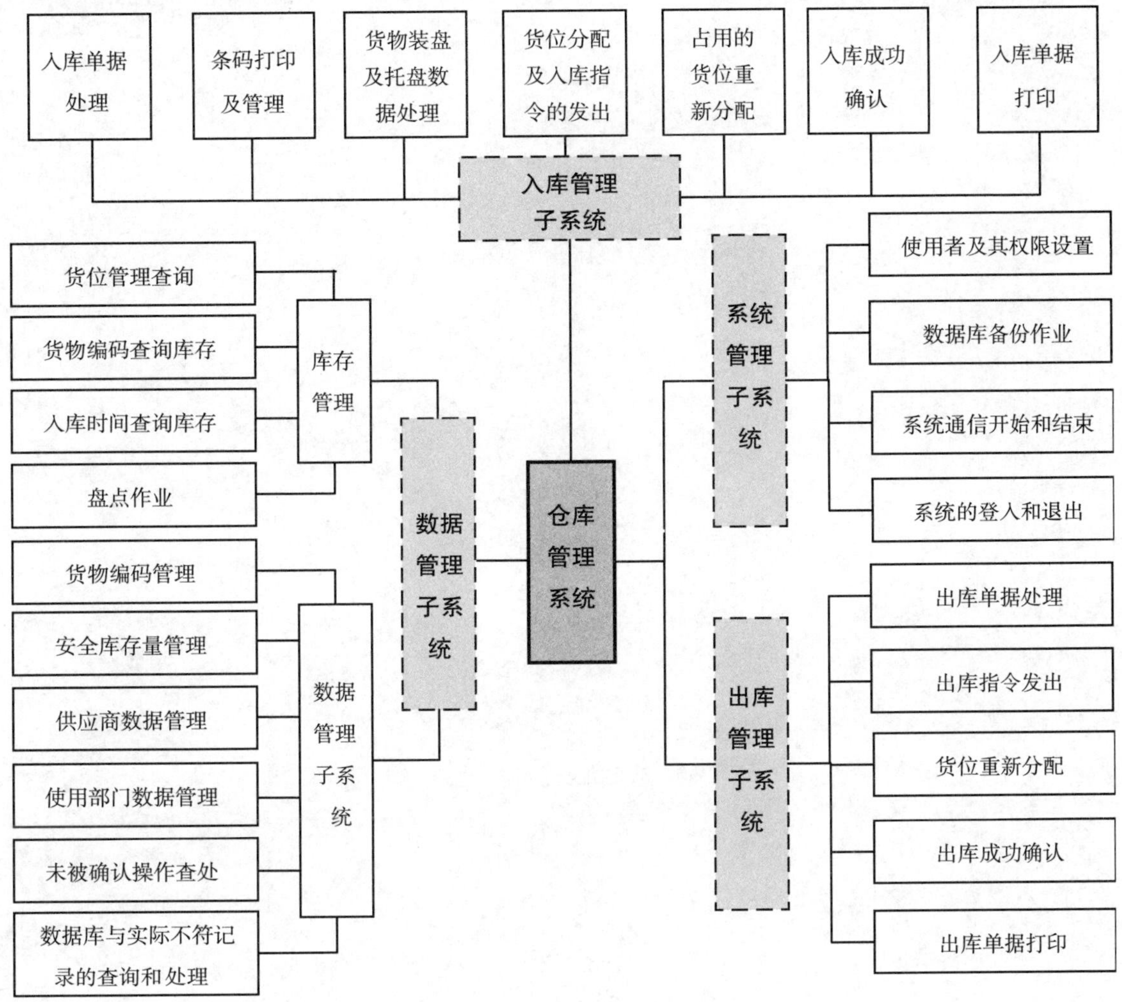

图11—10 系统方案设计